中国的女性戏曲

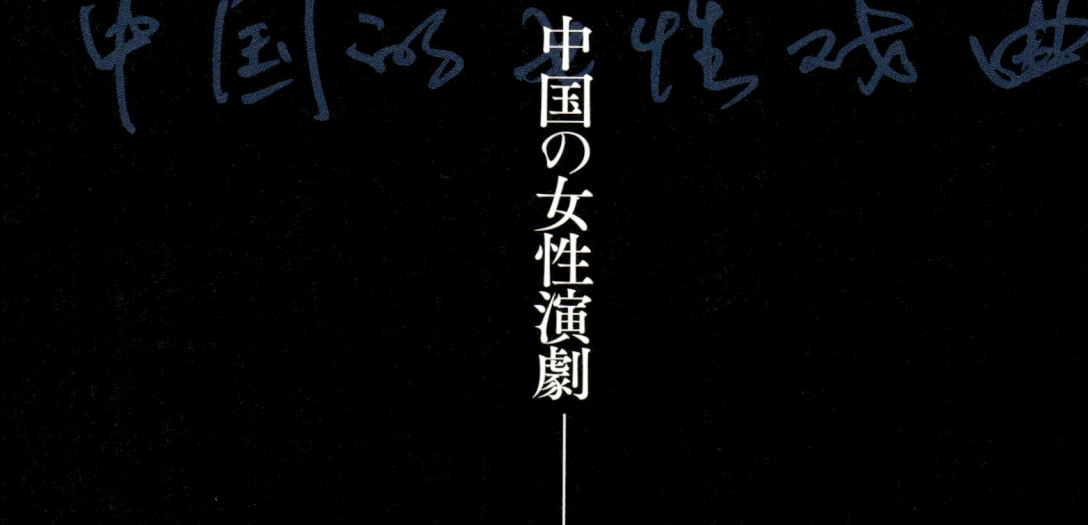

中国の女性演劇

――越劇とジェンダー

中山文〈著〉

勉誠社

口絵1　『西廂記』普救寺　中央：茅威濤（張珙役）

口絵2　『西廂記』　左：何英（鶯鶯役）、中：陳輝玲（紅娘役）、右：茅威濤（張珙役）

（左）口絵3　『寒情』
後：茅威濤（荊軻役）
前：陳輝玲（夏韻役）

口絵4　『陸游与唐琬』左：茅威濤（陸游役）　右：陳輝玲（唐琬役）

（上）口絵5　『班昭』　左：陳暁紅（班昭役）、右：葉惠萍（班固役）

（下）口絵6　『大唐驪歌』

左：鄭曼莉（則天武后役）、中：黄燕舞（薛紹役）、右：邵夢嵐（太平公主役）

（上）口絵7　『摂政王之恋』　左：陳雪萍（ドルゴン役）、右：謝群英（大玉児役）
（下）口絵8　『李慧娘』呉素英（李慧娘役）

（上）口絵9　『九斤姑娘』

（下）口絵10　『江南好人』　中央：茅威濤（沈黛役）

口絵12　方亜芬『梁山伯与祝英台』（祝英台役）（第四回日中戯劇友誼賞受賞者）

口絵11　茅威濤『二泉映月』（阿炳役）（第一回日中戯劇友誼賞受賞者）

口絵14　趙志剛『家』（高覚新役）（第二回日中戯劇友誼賞受賞者）

口絵13　謝群英『摂政王之恋』（大玉児役）（第三回日中戯劇友誼賞受賞者）

口絵16　陳飛『梁山伯与祝英台』
（祝英台役）

口絵15　呉鳳花『穆桂英挂帥』（楊宗保役）
（第五回日中戯劇友誼賞受賞者）

口絵18　鄭曼莉『孟麗君』（太師役）

口絵17　陳雪萍『梁山伯与祝英台』
（梁山伯役）

中国の女性演劇——越劇とジェンダー

目次

序章　越劇とはなにものか？

はじめに

中国に、越劇という女性ばかりで演じる劇種がある。浙江省地方の伝統演劇の一種で、日本に初めて紹介されたのは一九五五年の越劇カラー映画『梁山伯《りょうざんぱく》与《と》祝英台《しゅくえいだい》』だった。本邦初上演は文化大革命後の一九八三年十一月で、上海越劇院三団の『紅楼夢《こうろうむ》』である。これは日中平和条約締結五周年を記念したもので、二十五日間をかけて全国十二都市で上演され好評を得た。[1]

それ以前に中国で越劇と出会った数少ない日本人は、その印象を次のように語っている。一九八一年に上海で寧波市越劇団の『碧玉桃花』を観た小説家の竹西寛子は「驚いた、吃驚した……日本にいて聴き馴れた音楽とはやや異質ながら、ここにこれほど上質のミュージカルがある」[2]と感嘆した。一九八三年杭州で浙江省越劇団小百花集訓班を「宝石箱をひっくり返したよう」[3]な世界と評した日本演劇研究者の伊藤茂は、みずみずしい女優たちの美しさに、「時分の花」（世阿弥）、「おごりの春」（与謝野晶子）という言葉を想起している。

しかしこのあたかも宝塚歌劇団を彷彿とさせる越劇が、実は日中戦争勝利後に「現地の共産党組織の影響のもと、越劇における人民性とリズムの伝統を継承発揚させて改革を経た斬新な芸術的武器により反動統治に対し闘争を行った」(4)という一面をもつのだ。さらに一九八〇年代から越劇ファンを自称した杉山太郎は「（越劇の才子佳人劇が描くのは、）若い男女が愛情を武器にして封建思想と闘う姿」であり、「その思想性が他の劇種と差別化する一番大きな要因」だと述べているのである。(5)

「水彩画で描かれる華麗で淡く切ない夢の世界」(6)のどこに「共産党の影響」や「闘う姿」といういかつい一面があるのか。どう見れば文人と美女の恋愛を描いた才子佳人劇が杉山の言う「フェミニズム演劇」(7)になるのだろう。「女性ばかりで演じる華やかな舞台」という一面だけを取り上げて「中国のタカラヅカ」だとは呼べない複雑な歴史を、(8)越劇は有している。

拙著は越劇百年の歴史をジェンダーの視点で振り返るという試みだが、本章ではまず「戯曲」（伝統劇）と中国文化についての解説から始めよう。

（1）「戯曲」と中国文化

中国には「戯曲」と呼ばれる舞台芸術がある。戯曲は日本語では演劇の台本を指すが、中国語では全国の各地方にある、歌の入った伝統劇を指す。伝統、とはいうものの、何百年という時間的蓄積は問わず、演技に型や唱があるという演技・演出スタイルによる分類だ。(9)京劇や昆劇、越劇、川劇などはすべて「戯曲」に含まれる。現代中国の舞台芸術には話劇、オペラ、ミュージカルなど様々な上演形式があるが、これらはみな外国から輸入されたもので、中国人の伝統的精神世界を蓄積するのは「戯曲」だけである。[10]

古来、中国人にとって「戯曲」は、庶民が普段着で楽しむ娯楽だった。中国はとにかく広いので、方言どうしはまるで外国語のように通じ合わず、各地方には風土に根差した文化的・人間的特徴が生まれ、「戯曲」の音楽（旋律・節回し）には、その違いが顕著に反映された。外国語が飛び交う騒音の中でも故郷のお国訛りだけは耳に留まるように、言葉と人のアイデンティティは切り離せない。江南の豊かで穏やかな土地からは繊細優美な昆劇が、北西部の厳しい自然からは剛毅さと悲愴美をたたえた秦腔が生まれたように、人はお国訛りの響きの中に、故郷の文化に対する誇りの念を抱くのだ。

「戯曲」は装置や照明などの助けを借りず、俳優の技巧だけですべてを表現する。俳優は「四功」と呼ばれる唱（うた）、念（台詞）、做（仕草）、打（立ち回り）を駆使し、「一卓二椅」と呼ばれる一つの机と二脚の椅子だけの舞台で、あらゆる状況を表現する。また「戯曲」は人間を生（男役）、旦（女役）、浄（エネルギーの強い男役）、丑（道化役）などの役柄類型に分類する。衣装や化粧は虚構の世界を観客にわかりやすく伝えるための説明書となる。俳優は自分の身体と演技だけで観客の想像力を掻き立て、現実には見えていない世界を見せる。それこそが「写意」と呼ばれる「戯曲」の精髄である。

文字を知らない人々も演劇を通して『三国志』や『水滸伝』の物語に出会い、登場人物のエピソードを知り、人間はどう生きるべきかを学んだ。娯楽である「戯曲」も文芸の一ジャンルとして人を教化する役割をもっていた。だが衣装や仕草によって、身分や職業だけでなく性別さえも自由に着脱し流転生活を送る俳優は、為政者の目には社会の安定を害し風紀を乱す脅威と映った。元代の法律は俳優を賤民として、服装や移動手段など日常生活を厳しく制限した。「戯子《シーズ》」と呼ばれ、「婊子《ビアオズ》（娼婦）」「糧子《リャンズ》（兵隊）」と同列の下等な「三子《サンズ》」とされた俳優は、異なる階層との結婚や科挙受験などが許されず、社会的階層を越境することが禁じられた。

二十世紀初めの清朝末期、日本に住む中国人留学生たちは新派や新劇を学び、文明戯という歌わない演劇を生んだ。文明戯は伝統社会を描いてきた「戯曲」の近代化にも大きな影響を与え、(11) 写実的な近代劇である話劇への橋渡しとなった。話劇は台本に書かれた作家の意図を演出家が照明・美術・音響を駆使して立体化し、侵略を受け混乱する社会状況を観客にわかりやすく教えた。留学生というエリート層が先導した話劇は、政治的方向性を伝える重要なメディアとして成長していった。

一般大衆になじみの深い「戯曲」も近代国家成立時には愛国主義を、日中戦争時には抗日を、国共内戦時には政治的スローガンを伝える手段として重要な役割を果たした。さらに一九四九年の中華人民共和国建国後、政府は国民教育のための媒体として「戯曲」を重視し、「戯曲」改革に着手した。旧社会では被差別階級だった俳優は、人民に貢献する名誉ある職業とされ、主要な劇団は政府の文化部門が管理する国営劇団となった。

一九六〇年代の文化大革命、八〇年代の改革開放、九〇年代の市場主義経済から二〇〇〇年代のバブル期、バブル崩壊期を通じて、政治的意向や社会的状況はつねに演劇の中に反映されてきた。演劇は中国では昔から社会の変化を敏感に察知するアンテナであり、中国文化を知るための必須のピースとみなされてきたのである。

（2）演劇と女性

ではその演劇の中で、女性はどのような役割を担ってきたのだろうか。

明末清初の劇作家李漁が「世の中で最も身分の卑しい人間には娼（妓女）、優（俳優）、隷（使用人）、卒（兵隊）の四種類がいる。女優は娼であるだけではなく優もかねているのだから一人で二重に卑しい」(12)と語ったように、彼女らは「女」であり「俳優」であるために、二重の差別と迫害を強いられた。

明清二代にわたって男女隔離が社会規範として厳格化すると、女優は公共の場での上演が禁止された。十八世紀に乾隆帝が北京での女優禁令を強力に推し進め、ついに中国の舞台から女優が姿を消してしまった。男性ばかりの劇団では女役を専門にする〝男旦《なんたん》（おんながた）〟という役柄が注目を集め、男旦俳優の魏長生(13)が〝蹺《きょう》〟の技巧を発展させた。これは纏足《てんそく》した足の形を模倣した装具をつけることで女性のなよなよとした動きを表現する技術で、舞台ではそれが女性であることを表す記号となった。(14)

元代から辛亥革命前まで、「戯曲」に描かれた女役は、男性が創作し演じたものであり、基本的に女性そのものとは無関係だった。(15)西洋の古典演劇と同様に、そこには「父権性社会が女性にもつ偏見と軽蔑が表現されており」「絶対多数の演目では男性役が主役で、女性役は通常わき役か、そうでなければ優しくか弱いかどうしようもない淫乱」に描かれてきたとも言われる。(16)

それらの女性像に変化が生まれるのは、女優が舞台に戻ってからである。二十世紀に入ると清朝の統治は上海から緩み始め、公共の場での女優公演を禁止する法律も徐々に緩和された。一九一二年には女優禁令が取り消され、女優が舞台に上がり女性客が劇場の観客となり始め、舞台で描かれる女主人公の性格や境遇も大きく変化した。(17)良妻賢母、貞女、孝行娘という古い道徳思想の女性像が相対的に減少し、苦難に耐え愛情を追求するタイプの女性像が激増した。

同じ頃、日本に留学中の若い芸術家たちが新しい劇種「文明戯」を創り出した。西洋のロマン主義に憧れ社会革命の理想に燃えた彼らは、それによって社会批判の作品を演じた[18]。その活動は上海を中心にブームを呼び、辛亥革命に至る革命運動と結びついて発展し、形成されていく[19]。だがこの時期にはまだ女優がおらず、女性役は男優が演じていた。

一九一八年に啓蒙雑誌『新青年』が創刊され、西欧化推進や儒教批判、科学や民主の重視、文字及び文学改革などが奨励された。文明戯も台本や演出家制度を用いるようになり、さらに写実性を追求する話劇が誕生する。一九一九年に胡適がイプセンの『人形の家』を『新青年』に翻訳発表すると、自我に目覚める新しい女性像が大きな反響を呼んだ。だが蘭花指[20]や纏足の歩き方を身につけた男旦がこれらの〝新女性〟を表現するのは難しく、生身の女優が必要とされた。その結果、女子教育が進み女性解放思想がひろまる一九二〇年代になって、ようやく新しい時代の女優が誕生する。

新しい時代の女優にはどのような役割を求められたのだろうか。例えば、胡適の初期話劇『終身大事』はイプセンの影響をうけたもので、主人公の田亜梅は親の勧める結婚と恋人の間で悩んでいる。だが彼女は「君は自分で決断すべきだ」という恋人の手紙で目覚め、決然と両親の支配下から立ち去る。まるで王子様にキスをされて目覚める白雪姫のように、女性は男性の言葉によって目覚めて行動するのだ。

また新中国成立前に最も多く上演された街頭劇『その鞭を置け』(陳鯉庭作)では、植民地化する東北地方の悲惨な状況を語る大道芸の少女が父親に鞭を振るわれている。それを見た青年労働者の呼びかけによって、父親もようやく本当の敵が誰なのかを理解する。知識ある男性が無知な大衆を目覚めさせ団結させるために、旧社会に虐げられる可哀そうな女性の存在が効果的だった。

女優はその誕生から男性作家の理想像や政治的メッセージを肉体化する役割を担っていたのだと言えよう。

（3）越劇と女性演劇

当時の話劇は精英（エリート）である知識人がリードしており、女優の演じる女役は、男性作家・演出家の客体であった。文学においても、女性の生き方や考え方に分け入った作品は文学全体の周縁に位置づけられた。そのため上昇志向をもつ女性作家は幅広い支持つまり男性読者に認められることを求めて、性別を越えた人間の問題を描いたのである。男性であれ女性であれ、知識人が作品の根幹を作ることに違いはなかった。(21)

では、女優が作品作りの主体となり、自分自身にとって重要な問題を表現した演劇は中国には存在しなかったのだろうか？　筆者はその答えとして、一九四〇年代の近代都市上海に生まれた女子越劇を挙げる。

越劇の源流は十九世紀中葉、浙江省紹興地区嵊《じょう》県《けん》一帯の男性農民による田舎芝居にさかのぼる。それが一九一〇年代に上海に進出して「田舎の芝居から都会の芝居へ」と変容して上海に基盤を築いた。だが、日中戦争期の上海に多数の女子越劇班が集うと男班の人気をはるかにしのぎ、「男優から女優へ」という変容を果たしたのである。

すでに男優が女性役を演じる必要のなくなった時代に、なぜ女優が男性役を演じる女子越劇が生まれたのか。そこでは何がテーマとされたのか。そこに群がる女性観客たちは、女子越劇に何を見ようとしたのか。役者と役柄の間に存在するジェンダーの捻じれは、いったい何を生んだのだろうか。

越劇を語る時に注目すべきは、「知識人男性に代わる知識人女性が生んだ」演劇作品ではなく、「女優が生んだ」という点である。彼女らは「女性」であり「俳優」であるために、旧社会の中で二重の差別と迫害を強いられてきた。女子越劇の女優達はまさにこの差別の歴史から誕生し、一九四〇年代上海で女性が女性のために演じる「女性演劇」として大輪の花を咲かせたのである。

とはいえ、彼女らは自分たちの努力だけで成功の道を切り拓いたわけではなかった。彼女らの登場の前には、約半世紀にわたる浙江省農村出身の男性芸人による苦闘の道程があった。男性芸人の芸能がどのように女性にバトンタッチされ、その中で何が継承され、何が変化していったのか。また中華人民共和国成立時に共産党が越劇にどのような影響を与え、現代の姿に成長したのか。はたして越劇の展開は共産党の指導という他律的なものに起因するのであろうか。

(4) 先行研究

越劇の歴史は比較的短いうえに成立早期には社会的地位が低く学問の研究対象とは考えられていなかった。そのため中華人民共和国建国以前には、研究者による正規の研究は見られない。主に娯楽性の強いタブロイド版の新聞雑誌に当時の姿をとどめるだけで、そのほとんどはファンによる役者批評だ。書物になっているのは、姚水《ようすい》娟《けん》や竺素娥《じくそが》など数名の著名俳優の個人専集と「雪声」「芳華」など著名劇団の資料集で、その他の関係資料としては戯単(チラシ)、説明書(パンフレット)、戯考(歌詞抜粋)などがある。これらは宣伝文や当時の感想や劇評で、うたい文句やご祝儀的なものが多いが、その中には史料価値のある言葉も含まれる。

一九四九年以降、あいついで越劇研究書が出版される。鐘琴編『越劇』(一九五一年)、汎涛編『越劇曲調研究』(一九五二年)、陳捷等編『越劇曲調』、浙江越劇団音楽研究組編『越劇曲調介紹』(一九五三年)、朱秋楓編著『怎麼様写越劇唱詞』(一九五六年)などだ。これらはいずれも簡単な小冊子形式のもので、普及と実用のために作られた。アマチュア劇団員やファンの要望に応えて越劇史、曲調、歌詞などの基本状況が整理されていった。

公式に越劇関係の著述が出版されるのは、文化大革命が終わってからである。一九八〇年代から九〇年代の初めにかけて、各地の政協文史委員会、越劇団や関連組織のもと、越劇史や関係者の著作が次々出版された。文化娯楽編集部編『越劇芸術家回憶録』（浙江人民出版社、一九八二年）、嵊県文化局越劇発展史編写組編『早期越劇発展史』（浙江人民出版社、一九八三年）、高義龍撰編『越劇史話』（上海文芸出版社、一九九一年）、嵊県政協文史資料委員会編『越劇溯源』（浙江文芸出版社、一九九二年）などが出版された。また浙江省政協文史資料研究委員会編『浙江文史資料選輯』（一九八六年）、中国戯曲志上海巻編集部編『上海戯曲史料薈萃』（一九八六年）、中国人民政治協商会議上海市委員会編『戯曲菁英』（上海人民出版社、一九八九年）などの叢書にもかなり多数の越劇史関連の回想録が含まれている。

この時期には著名越劇俳優の伝記、文集、歌唱集も出版された。『袁雪芬《えんせつふん》的芸術道路』（章力揮・高義隆著、上海文芸出版社、一九八四年）、『范瑞娟《はんずいけん》表演芸術』（顧錫東《こしゃくとう》序・呉兆芬整理、上海文芸出版社、一九八九年）、『坎坷前面是美景——傅全香《ふぜんこう》的芸術生涯』（傅全香等著、百花出版社、一九八九年）、『尹桂芳《いんけいほう》唱腔選集』（連波編集、海峡文芸出版社、一九八六年）などである。上海越劇芸術研究室は一九九四年に『説戯談芸——上海越劇院建院三十周年舞台芸術文選』を、二〇〇六年には『重新走向輝煌——越劇改革五十周年論文集』の二冊の論文集を出版した。また一九九七年の『上海越劇志』（中国戯劇出版社）、二〇〇六年の『中国越劇大典』（浙江文芸出版社）はこの種の著作物の総まとめであり最高峰である。この時期の越劇研究は基本資料と関係文章の収集であり、これらの書物では共産党による越劇への注目や共産党幹部の越劇俳優への親しさが繰り返し語られている。

越劇研究に新たな局面が開けたのは新世紀に入ってからである。中でも傑出しているのは傅謹『草根的力量——

台州戯班敵田野調査与研究』（広西人民出版社、二〇〇一年）、張煉紅『歴煉精魂――新中国戯曲改造考論』（上海人民出版社、二〇一三年）、姜進《きょうしん》『詩与政治――二十世紀上海公共文化中的女子越劇』（社会科学文献出版社、二〇一五年）、李声鳳『舞台下的身影――二十世紀四五十年代上海越劇観衆訪談録』（上海遠東出版社、二〇一五年）であろう。それぞれ社会学、女性学、現代文学・文化研究の理論や方法を用い、フィールドワークやファンダム研究を行っている。(22)

傅謹『草根的力量――台州戯班敵田野調査与研究』は越劇が地方上演でどのような活動を行い、どれほど土地の人々に求められているかを八年にわたるフィールドワークにより詳細に報告している。張煉紅『歴煉精魂――新中国戯曲改造考論』の論は多数の劇種におよび越劇専門書ではないが、越劇の古典作品に詳しい分析がなされている。李声鳳『舞台下的身影――二十世紀四五十年代上海越劇観衆訪談録』は一九四、五〇年代の上海で女子越劇のファンに丁寧にインタビューを行ったファンダム研究として特筆すべきである。なかでも、女性戯曲として越劇史について新たな読みを行ったのが姜進『詩与政治――二十世紀上海公共文化中的女子越劇』であり、拙書もここから大きな啓発を受けている。

また、二〇一〇年代以後は若い研究者の博士論文としてまとめられた書物も出版されている。張艶梅『中国越劇走向何方　近20年来中国越劇研究』『新中国「戯改」与当代越劇生態』、廖亮『都市文化語境中的上海越劇(1917-1949)』である。張艶梅『中国越劇走向何方　近20年来中国越劇研究』は近二十年の演劇市場における越劇の変化を追い具体的な数字をあげて現状分析を行う。『新中国「戯改」与当代越劇生態』は戯曲改革が民営劇団に与えた影響に注目し、五〇年代が戯曲にとってほんとうに「黄金期」だったのかを問うている。廖亮『都市文化語境中的上海越劇(1917-1949)』はこれまで袁雪芬《えんせつふん》の新越劇の影に隠れがちだった姚水娟《ようすいけん》の改良文戯を再評価し、二十年来の筆者の疑問に答えてくれた。いずれも共産党との関係よりも越劇ファンとの関わりから生まれた現在の越劇の姿を教えてくれるものであり、今後の越劇研究の方向性を示唆するものであろう。

（5）本書の特徴

二〇一五年に出版された蔣中崎《しょうちゅうき》編著『越劇文化史』『越劇文化論』[23]は国家社会科学基金芸術学項目の成果であり、合計約一二〇万字という大部のものである。上記の多数の先行研究、資料について必要箇所を抜粋しており、中国国内で出版された越劇史関連の書物に目配りが行き届いている。『越劇文化史』では越劇史の時代を「形成期」「繁栄期」「改革期」「創新期」「多様化期」と名づけている。拙著ではその区分を尊重しつつ、越劇の発展を担った人や環境をジェンダーの視点から考察し新たな時代区分を提案した。その特徴を以下に挙げる。

第一は、『越劇文化史』の「形成期」第一章「落地唱書時期（一八五一～一九〇六）」、第二章「小歌班時期（一九〇六～一九二二）」、第三章「紹興文戯時期（一九二二～一九三八）」第二節までをまとめて「男たちの越劇」と呼ぶ点である。これは男性農民による語り物が演劇の形態に発展して上海に地歩を固めるまでの時期を指している。

第二は、『越劇文化史』が「形成期」の第三章「紹興文戯時期（一九二三～一九三八）」第三節とした時代を「少女の越劇（一）（一九二三～一九二九）」とし、第四節を「少女の越劇（二）（一九二九～一九三八）」とした点である。これは蔣書が上海での男班の活躍にフォーカスしているのに対し、拙書ではその同時期に浙江省巡演を経て誕生する女班の発展に視点を置いていることによる。具体的には、男班が紹興文戯として上海で地歩を固めている同時期に、浙江省で少女による越劇がスタートしていたことを示している。「少女の越劇（一）（一九二三～一九二九）」は初の女子科班である施家嶴《しかおう》第一女子科班の時代を、「少女の越劇（二）（一九二九～一九三八）」はその成功を見て続々と生まれた女子科班の時代を指している。

第三は『越劇文化史』が「繁栄期」と呼ぶ時期を「姉妹の越劇」と名づけたことだ。これは一九四七年の「越劇十姉妹」の活動につながる女優間のシスターフッドが、この時期から育まれていたことを意味する。「繁栄期」のなかでも蔣書が「改良文戯時期（一九三八～一九四二）」と呼ぶ姚水娟の時代を「姉妹の越劇（一）（一九三八～一九四二）」とし、「新越劇時期（一九四二～一九四九）」と呼ぶ袁雪芬を筆頭とする越劇十姉妹の時代を「姉妹の越劇（二）（一九四二～一九四九）」とした。

第四は、『越劇文化史』が「改革期」としてまとめた「改人改戯時期」「男女合演時期」「文化大革命時期」を、本著では「父の越劇」と名づけたことである。これは越劇が共産党の宣伝塔として活躍し、全国第二の戯曲の地位を得た建国後の十七年間と文化大革命によって戯曲世界全体が多大な打撃を被った「政治の時代の越劇」を意味している。

第五は、『越劇文化史』が「越劇創新期」と呼ぶ時期である。蔣書はこの時期を文革後の体制立て直しのための「リスタート繁栄期」と各地方が越劇改革を行った「改革創新時期」に分けている。本書ではこの時期を「母の越劇（一九七六～二〇〇〇）」時代と「女たちの越劇（二〇〇〇～）」時代とした。文革終焉後、越劇の話題の中心は上海から越劇の故郷である浙江省に移り、浙江《せっこう》小《しょう》百花《ひゃっか》越劇団が戯曲界の救世主として全国の注目を集めた。「母の越劇（一九七六～二〇〇〇）」と名づけたのは、上海で成長した女子越劇が「実家」である浙江省に戻り、小生スター茅威濤《ぼういとう》と演出家楊小青《ようしょうせい》という二人の女性の合作によって『陸游与唐琬《りくゆうととうえん》』『西廂記《せいそうき》』という名作が誕生したからである。これらは「詩的越劇」と呼ばれ、上海の越劇とはまったく異なるレベルの総合芸術へと越劇を押し上げた。

二〇〇〇年に茅威濤とのコンビを解消した楊小青はフリーの演出家として多数の小さな越劇団を指導し、地方に埋もれていた実力ある女優たちを次々と梅花賞《ばいかしょう》に導いた。茅威濤のような資質や条件に恵まれた小生スターを必要とした「母の越劇」時代を経過し、多様な女性の人生にスポットライトを当てる「女たちの越劇」の時代が始まったのである。

おわりに

拙著は越劇という中国唯一の女性戯曲の歴史を、一人の女性の成長史になぞらえて読み直そうとする試みである。彼女はどこで誰から生まれ、どのような環境で育ち、誰から何を学び、または学ぶことをやめ、どんな応援団を得て現在の姿になったのだろう。まずは、誕生の地である浙江省から話を始めよう。

注

（1）銭法成主編『中国越劇』（浙江人民出版社、一九八九年）二三一頁。
（2）竹西寛子「耳目抄—50—越劇・宝塚・シベリウス」（『ユリイカ』一九八四年三月号、青土社）。
（3）伊藤茂『上海の舞台』（翠書房、一九九八年）六三頁。
（4）森平崇文『社会主義的改造下の上海演劇』（研文出版、二〇一五年）六二頁。
（5）杉山太郎『中国の芝居の見方　中国演劇論集』（好文出版、二〇〇四年）一一頁。
（6）佐治俊彦『かくも美しく、かくもけなげな——「中国のタカラヅカ」越劇百年の夢』（草の根出版会、二〇〇六年）九四頁。

（7）同（5）一九頁。

（8）細井尚子「越劇と「少女歌劇」」（『新版　越劇の世界――中国の女性演劇』NKStation、二〇一九年）七七頁では、越劇と宝塚の相違を「伝統との折り合いの付け方」と指摘している。佐治俊彦「越劇の現代と「編導制」」（愛知大学現代中国学会編『中国21』vol. 46、風媒社、二〇一七年）にも詳しい。

（9）同（8）六八頁。

（10）季国平『中国の伝統劇入門　季国平演劇評論集』（晩成書房、二〇一七年）一七頁。以下本節の解説は、当書による。

（11）松浦恆雄「文明戯の実像――中国演劇における近代の自覚」（『中国における都市型知識人の諸相――近世・近代知識階層の観念と生活空間』大阪市立大学大学院文学研究科COE国際シンポジウム報告書、大阪市立大学大学院文学研究科都市文化研究センター、二〇〇五年）。

（12）譚帆『優伶　古代演員悲歡録』（百家出版社、二〇〇二年）八二頁。

（13）魏長生（一七四四～一八〇二）は四川省の地方劇秦腔の男旦俳優。蹺については、黄育馥『京劇・蹺和中国的性別関係　一九〇二―一九三七』（生活・読書・新知三聯書店、一九九八年）。

（14）周慧玲「女演員、写実主義、〝新女性〟論述――晩清至五四時期中国現代劇場中的性別表演」（『戯劇芸術』（上海戯劇学院学報）二〇〇〇年第一期総九三期）。

（15）蘇瓊『跨語境中的女性戯劇』（学苑出版社、二〇一六年）四頁。

（16）蘇瓊はフェミニスト研究者の言葉として、同注（13）『京劇・蹺和中国的性別関係　一九〇二―一九三七』一三〇頁にある、これらの言葉を挙げている。だが、厳密にはそれほど単純なものではなく、吉川良和は晩清北京の梆子劇に描かれた女性像を①善良な女性②恋する女性③賢明な女性④愛される女性⑤凛々しい女武将⑥悲運な女性⑦したたかな女性⑧悪徳の女性⑨不倫をして殺される女性⑩不倫をして殺人をする女性の十通りに分類している。『北京における近代伝統演劇の曙光――非文字文化に魂を燃やした人々』（創文社、二〇一二年）二六二～二七六頁。

（17）松浦恆雄「二〇世紀の京劇と梅蘭芳――二〇世紀の演劇」（宇野木洋・松浦恆雄編『中国二〇世紀文学を学ぶ

人のために』世界思想社、二〇〇三年)。
(18) そのスタートは一九〇七年、春柳社による『椿姫』『アンクルトムの小屋』の日本上演である。その後、進化団が辛亥革命期の代表的劇団となった。
(19) 文明戯は話劇の早期段階形態であると同時に、二十世紀に入って生まれた「戯曲」劇種の形成にも大きな影響を与えた。
(20) 蘭の花のように見える指の動きで内心の様々な変化を表現する女性役の演技術。
(21) 蘇瓊は早い時期に女性作家が描いた女性演劇作品として石評梅『這是誰的罪?』(一九二二年)、白薇『打出幽麗塔』(一九二八年)、袁昌英『孔雀東南飛』(一九二九年)を挙げている。蘇瓊『跨語境中的女性戯劇』(学苑出版社、二〇一六年)三四頁。
(22) 李声鳳「対于越劇学学科建設的一点設想」(安怡主編『長三角与越劇学術論文集』文化芸術出版社、二〇二三年)一四二~一四四頁。
(23) 『越劇文化史』『越劇文化論』ともに浙江大学出版社、二〇一五年。

第一章　男たちの越劇
――浙江省の遺伝子

はじめに

中国では越劇の遺伝子を〝三源一流〟と概括する。〝三源〟は民間文化、古典文化、現代文化（外来文化を含む）を意味し、〝一流〟は一九四〇年代に始まる全面的な越劇改革を指している。(1)〝一流〟を特徴づけるキーワードは「女性」と「近代」である。「女性」とは女性だけで演じる劇団を中心に据えた劇種であること、「近代」とは一九四〇年代の上海で共産党の指導を受けてその特徴が「人為的に形成された」ことを指す。(2)

一九四〇年代に生まれた女子越劇こそが越劇という劇種の本筋とはいえ、その起源は一九〇六年に浙江省の男性農民が始めた田舎芝居に遡る。それが「田舎の芝居から都会の芝居へ」「男の芝居から女の芝居へ」という二度の劇的な変容を経て現在の形となった。

本章では、半農半芸の男性たちの田舎芝居が浙江省で流行して一九一〇年代に上海に進出し、他劇種から学んで自らの芸術性を高め、一九二〇年代に上海で紹興文戯と改名して最盛期を迎えるまでの歴史について述べる。

彼らはその発展途上で、いったい何を獲得し、何を捨ててきたのか。半世紀の後に上海の女性文化として花開く越劇の種を、浙江の男たちがどこでどのようにして見つけたのか。この時代の越劇を、本書では「男たちの越劇」と呼びたい。

遺伝子とはヒトの体の部品を作るための重要な情報を記録している領域であり、ヒトの個性を生み出す設計図のことである。(3)「男たちの越劇」の「精神的な遺伝子」は、どのような形で一九四〇年代の女子越劇に継承されているのだろうか。

第一節　落地唱書時期（一八五一～一九〇六）

越劇の誕生は一九〇六年のこととされ、二〇〇六年には越劇誕生百年の記念行事が盛んに行われた。だが無から有が生ずることはなく、当然ながら一九〇六年以前にも越劇に至る歴史や物語はあった。本節では、その時期つまり「落地唱書《らくちしょうしょ》」と呼ばれる時代について、蔣中崎《しょうちゅうき》編著『越劇文化史』『越劇文化論』を主たるテキストとして概説する。

「落地唱書」とは、浙江省紹興市嵊県《じょうけん》(4)一帯で見られた歌や語りによる語り芸の一形式である。越劇の形態に至るまでの段階を細かく区分すれば、「田頭唱書《でんとうしょうしょ》」（一八五一～一八六一）、「沿門唱書《えんもんしょうしょ》」（一八六一～一八七九）、「落地唱書」（一八七九～一八八九）、「走台書《そうだいしょ》」（一八八九～一九〇六）となる。この四段階を総称して越劇の「落地唱書」時期と呼ぶのが通例である。

（1）「田頭唱書」（一八五一～一八六一）

「田頭唱書」とは、農民が仕事を離れた余暇に歌うものだったが、当地の農民の歓迎を受け、農閑期には外地に余興に行って副収入を得ることもあった。嵊県西郷甘霖鎮に「馬塘村の田頭唱書は一八二〇年以前から大流行していた」との記録がある。

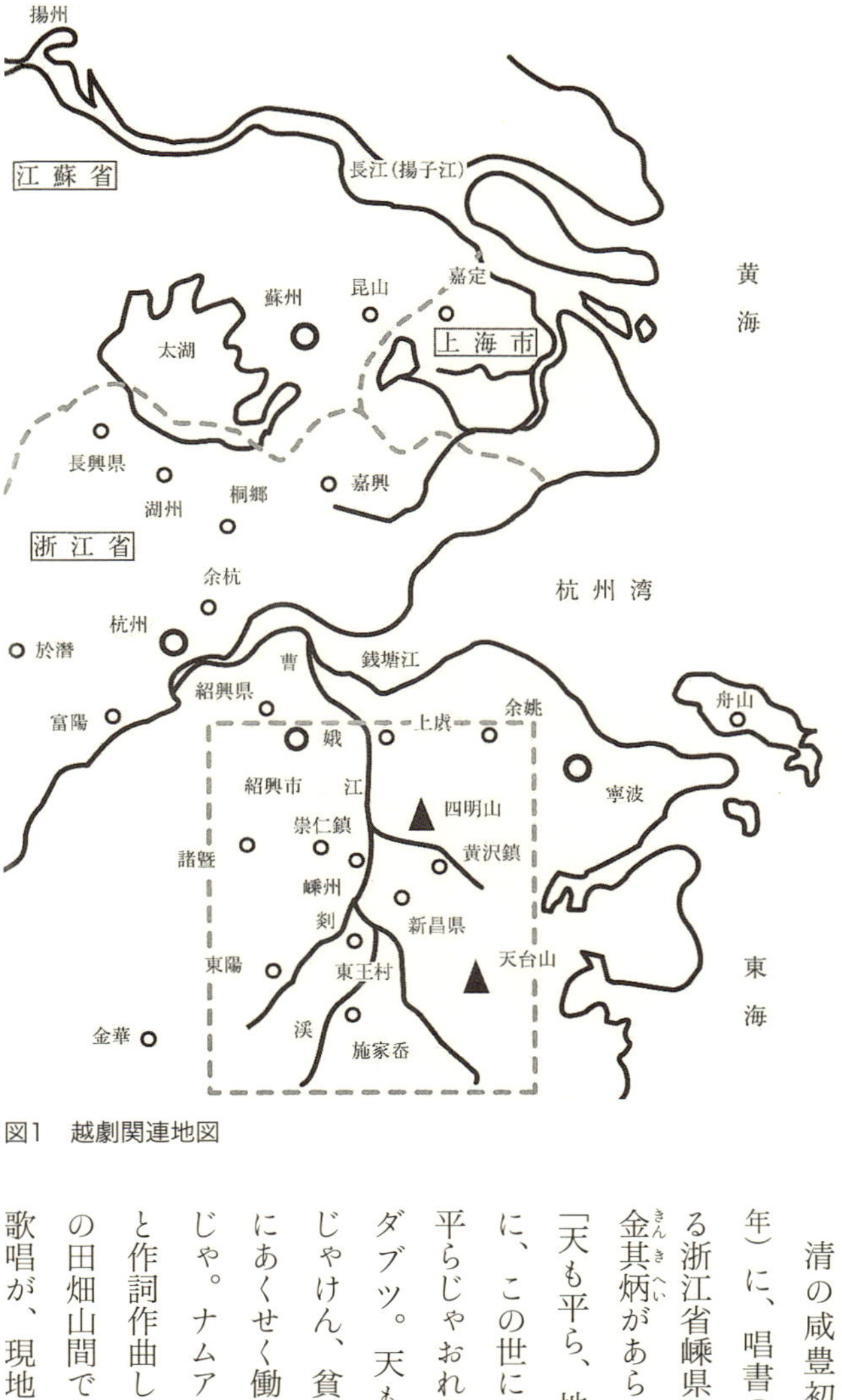

図1　越劇関連地図

清の咸豊初年（一八五一年）に、唱書の始祖とされる浙江省嵊県甘霖馬塘村の金其炳《きんきへい》があらわれる。彼は「天も平ら、地も平らじゃに、この世に生きると心は平らじゃおれん、ナムアミダブツ。天も空、地も空じゃけん、貧乏人がどげんにあくせく働こうが空っぽじゃ。ナムアミダブツ」(5)等と作詞作曲して歌った。この田畑山間で歌われた即興歌唱が、現地の庶民に大いに受けた。内容は農民の身近で起こるエピソードやその時の気持ち、または縁起の良い言葉を連ねたもので、それらを格律に合わせて詞を作っていた。

メロディは嵊県の民間で流行していたさまざまな小唄や民謡を借りた。彼は歌詞の一句ごとの末尾に入れた「ナムアミダブツ」の合いの手を「四工合上尺」（管楽器の孔名に由来する「工尺譜」でラミソドレを指す）のメロディを長く伸ばして歌ったので、これを「四工合」と呼ぶ。金其炳の歌う「四工合」のメロディは滑らかで、学のない農民にもわかりやすく喜ばれた。こうして半農半芸の唱書芸人が生まれた。

その後、彼は聴衆のリクエストに応えて、旧小説をネタにして物語をつなぎ合わせて歌詞を作り、さらに人気を博した。彼を師と仰ぐ者が相次ぎ、馬塘村だけでも金阿土、金伝高、金洪山、金和忠、金小花等二、三十人がいた。弟子たちのほとんどは単独で歌ったが、金芝堂《きんしどう》、相金堂らが二人組で歌うスタイルを創り出し、後の発展に大きい影響を与えた。

(2)「沿門唱書」（一八六一～一八七九）

「沿門唱書」とは、流しの門付け芸能である。家の門前で歌を唱って金品を乞う「売唱」のことで、困窮した庶民の手っ取り早い収入源となった。一八四〇年以後の浙東農村ではこのような芸人が急増した。その理由として以下の三点が挙げられる。

第一に農村経済の疲弊、破綻。アヘン戦争後の「南京条約」により、上海、寧波、福州等五つの港が開かれた。上海、寧波に近い浙東地区では、それまでの伝統的な農業経済は市場経済にとってかわられ、旧来の農村の基盤が失われた。

第二に太平天国の乱の影響。一八六〇年太平天国軍が英仏連合軍と浙東地区で激戦を繰り広げ、その鎮圧のために清朝政府が農民に課税し、農民の貧窮が加速した。

第三に毎年のように続いた自然災害。記録によると一八二〇年から一八六九年までの五十年間に、嵊県は水害、日照り、虫害、地震災害等二十件余りもの自然災害に見舞われている。

そのような状況で、馬塘村の農民は農閑期になると沿門唱書の出稼ぎに出た。「農作業する三季より、出稼ぎの一季の稼ぎが多い」といわれ、特に同治年間（一八六二～一八七四）の災害後は、多数の農民が沿門唱書で糊口をしのいだ。

その門付けのスタイルは、身軽な服装で出歩く簡単なものだった。芸人は左肩に生活品用の、右肩に食料品用の布袋をかけ、手には竹で作ったキセルを持つ。歌う時には、屋敷の主人が嫌がるので敷地内には入らず、門前で立つかしゃがんで、キセルで敷居を叩き伴奏のリズムをとった。一くさり歌うごとに、餅や粽などの食料を恵んでもらう。このようにして一軒一軒歌って歩くのである。一八六〇年には馬塘村の沿門唱書は近隣の浙北部杭州、嘉興、湖州一帯に及び、かつての半農半芸形態から専業化した姿に発展していく。

この時期のメロディも金其炳が田頭唱書時代に生みだした「四工合」で、歌詞はすべて演者の即興だった。内容は「彩頭話」と呼ばれる短くおめでたい物語か農村の小さなエピソードで、『繭姑娘』『繡荷包』『惰姑娘』等の作品であった。

（3）「落地唱書」（一八七九～一八八九）

沿門唱書の芸は、素人にも真似しやすく、歌いやすく、受けも良かったため、芸人は増加し各地へ散って行った。彼らはそこで見聞を広げ、歌う演目を増やした。その結果、競争が生まれ、必然的にもっと良いものにしたいという改革への内発的欲求が生まれた。

嵊県から近隣の各県に活動範囲を広げるうちに、徐々に中小の村にある茶楼や居酒屋で歌わせてもらうようになった。およそ一八七九年のころには、茶楼の主人と契約を結び、安定した上演場所を確保した。門の前に立ったまま歌う形式から、広間や茶楼で椅子に腰かけて歌う形式に変化した。これを「落地唱書」と称する。

嵊県は農地が狭く、生活に困窮した農民はしばしば浙北部の杭州、嘉興、湖州一帯に出て小さな商売や手工業に従事した。杭州府の臨安は当時「小嵊県」と呼ばれるほど嵊県出身者が多く、嵊県出身の落地唱書芸人も多く集まった。比較的富裕だった余杭には、当時まだ小規模な町だったにもかかわらず、すでに五十軒以上の茶館があったという。

一八七五年、唱書芸人の金和林は靴修理の職人として余杭に流れてきた。彼の歌は農家の婦人や老人に特別受けが良く、収入は大いに増加した。すぐに「一月靴修理をするよりも、一晩歌う方が実入りが良い」ことに気づき、転業を決意。金其炳に弟子入りして金芝堂と改名した。彼は観客の要望に応えて長編の物語を編んだ。古くから伝わる物語の中から『双珠鳳』『玉蜻蜓』『玉連環』等の新作を作り、それらは落地唱書時期の代表的演目となった。

一八七九年、金芝堂ら数名の芸人は余杭の岳陽楼茶館支配人の要望を受け、その地に留まることを決めた。芸人たちはここで初めて常打ちの上演場所を得たのであった。これを機に、移動しながら上演場所を求めていた落地唱書は定まった茶館の舞台での上演を始め、その後「走台書」へと姿を変えていく。

（4）「走台書」（一八八九～一九〇六）

唱書芸人が茶楼で定期的な上演を行い始めると、上演形式は一層改良された。

①「吟哦《リンガ》北調」と「吟哦南調」の誕生

一八八九年、金芝堂は「吟哦調」(6)と呼ばれる独特のスタイルを生み出した。その吟哦調の伝承過程で、嵊県にある剡渓《ぜんけい》という川の南北両岸で異なる流派（南北両派）が生まれた。その遠因は金芝堂らが余杭の岳陽楼の主人と契約を交わしたことである。紹興出身（嵊県は紹興府に属した）の芸人に縄張りを荒らされまいと、杭州出身の芸人が徒党を組んで岳陽楼に押しかけ金芝堂らを追い出した。怒った金芝堂は嵊県出身の芸人たちと相談したが、剡渓南部の出身者は強硬案に反対し、彼に賛同したのは剡渓北部の出身者ばかりだった。

この事件は裁判沙汰になり、最終的に杭州府は縄張り争い再発防止のために「府下では誰でも唱書をしてかまわない」という高札を出した。だが金芝堂らは、「南側の芸人は同郷の情や同業の義のない輩だ」として、杭州府下での営業を許さなかった。

もともと剡渓南部は辺境の山間地区で教養のない芸人たちが大多数を占める。演目も民間伝説や戯曲から採ったものが多く、『黄糠記』『剪刀記』等だった。句末の押韻が不徹底で、「放満天空」と呼ばれた。張国森が「哀哀調」という荒々しく単純明快で躍動的なメロディを創出し、後の「吟哦南調」へと発展する。彼らは地元嵊県のほか、昌化、臨安などの山間区で活動した。

一方、剡渓北部は平地が多く、人口も密集して比較的都会化していた。この地では芸人も普通一、二年は私塾で学んでおり、見識も広かった。唱書の内容も伝説、小説、弾詞などから移植して改編したものが多く、『珍珠塔』『双珠鳳』『玉蜻蜓』等の長編作品を生んだ。彼らは地元以外に杭州、嘉興、潮州などの平原地区で活動をした。彼らの「吟哦北調」は金其炳が生み出した「四工合」から発展したもので、「吟哦調」の正統とされた。

両派は居住地域も上演地域も観衆も異なるため、作品の内容も異なっている。南派では『琵琶記』『売婆記』『黄糠記』『剪刀記』等の倫理道徳、忠孝善悪を表現するものが多く、北派は『双獅図』『三美図』『四美図』『五美図』等の美女と落魄した才子の恋物語が多い。両派の特徴はその劇目の内容から「南俗北雅」と呼ばれた。(7)

②「賦子」と「肉子」

演目が長編化するにつれ、ストーリーも緻密に、人物形象も子細になってくる。それを表現するために簡単な様式が生まれた。それが「賦子」と「肉子」である。

「賦子」とはその場その場の状況を特徴的に歌う決まり文句で、どんな演目でもその状況にあれば使用できた。例えば「花園賦子」「夜景賦子」「出征賦子」などがあり、多数の「賦子」を覚えていることが、即興力を試される芸人の助けとなった。(8)

特定の「賦子」が長い作品のハイライト場面として発展した芝居を「肉子」という。『碧玉簪《へきぎょくさん》』の「三蓋衣」「送鳳冠」などの名場面を指す。「賦子」から「肉子」に発展するためには、「ストーリー上不可欠な場面であること」と「上演を重ねて、観客が肉子だと認識すること」の二つの条件が必要とされた。

以上、「田頭唱書」「沿門唱書」「落地唱書」「走台書」の四段階を経て、早期越劇は唱書という語りや唱による芸態（語り芸）から演劇の形へと歩みを進める。

落地唱書の時代には国家や将軍・大臣等男らしいモチーフを描く演目（武書）に人気があった。だが『越劇文化史』[9]に記された落地唱書時期（一八五一〜一九〇六）の主要な劇目（七十三演目）の中で現在もしばしば上演されているのは、『双獅図』『玉蜻蜓』『珍珠塔』『碧玉簪』で、いずれも家族の問題を題材にしたものである。それには理由があった。武書が演劇化する中ではどうしても武戯が必要となるが、その修得には幼少期からの長い訓練期間が不可欠になる。貧しい農民の娯楽として出発した落地唱書には、紹劇[10]のように武戯への発展は困難だったのである。

しかし発展の方向性が制限されたことによって、彼らは家庭内テーマに特化した作品に磨きをかけることになった。流浪を始めて上演場所が広がった小歌班以後もその方向性は変わらず、上海進出後にはそれが却って有利な条件となった。

第二節　小歌班時期（一九〇六〜一九二二）

小歌班時期は、流浪の前期（一九〇六〜一九一六）と上海進出後に紹興文戯と改名するまでの後期（一九一七〜一九二二）に分けることができる。[11]前期は語り物の演芸から生まれた「田舎の芝居」が浙江流浪の経験の中で、社会の蔑視に耐えながら自分を豊かに成長させた時期である。後期は上海に腰を据えて京劇や紹劇等の他劇種に学び、都会の観客に受容される「都会の芝居」へと変貌を遂げた時期だといえるだろう。

（1）前期　演芸から演劇へ

一九〇六年春に嵊県出身の落地唱書芸人たちが立て続けに浙江杭州の於潜、余杭、嵊県で上演を行った。それは、これまで落地唱書という「演芸」であったものが、衣装を着け化粧をして役に扮する「演劇」へと変貌を遂げた最初の上演だった。

最初の上演は於潜県楽平郷外伍村である。一九〇六年農暦正月末（二月二十二日）、嵊県の南派芸人高炳火《こうへいか》、李世泉、銭景松ら七名が同地へやってきた。彼らは嵊県のなかでも異なる村の出身で、昼はそれぞれで仕事をしたが夜は一緒に過ごしていた。

村人たちは彼らの人数が多く、歌も演技もうまいことを喜び、いっそみんなで衣装を着けて舞台で芝居を演じてくれないかと申し出た。だが芝居の経験などない芸人たちは自信がなく、衣装等のないことを理由に断ろうとした。しかし村人たちの気持ちはおさまらず、必要なものはこちらで準備するから、と押し切られる形で話が決まった[12]。

村人は手分けして、文人役用の衣装や化粧道具を揃え、簡易の露天舞台を造った。どんどん話が進んでいく中、芸人たちはまな板の上の鯉の気分で舞台に上がったものの、「失敗したら、明日早朝にずらかる」つもりでいたという。

演目は『十件頭』[13]と『倪鳳扇茶《げいほうせんちゃ》』[14]で、前者は小旦（若い女役）と小丑（道化役）の二人芝居、後者は小丑と小旦と小生（若い男役）の三人芝居である。役者を担当しない他のメンバーは太鼓と影歌い（役者の歌に合わせて裏方で唱和する役）を担当した。何の準備もない初の試みだったので当然失敗続きだったが、観客は喜び、気分は大いに盛り上がった[15]。翌日は登場人物の多い『頼婚記』[16]を選ぶと、舞台がにぎやかになり、「好」の声が飛んだ。彼らはけっきょく一か月近く上演をし、清明節（祖先の墓参りをする日。四月上旬頃）を前に故郷に戻った。

第二の上演は余杭陳家庄での上演である。南派芸人が於潜で成功したというニュースはあっという間に広まった。一九〇六年農暦二月初め、余杭の富裕者陳錫龍の屋敷に投宿していた北派芸人馬《ば》潮水《ちょうすい》ら十名も、村人の求めに応えて上演することになった。陳家は大きな四角いテーブルを並べて簡易舞台を造り、自宅にあった秀才（科挙合格者）の被る帽子、長衫馬褂(17)、女性の婚礼衣装などを集めて衣装を揃えた。演目は観客もよく知る『珍珠塔』に決め、それぞれの登場人物に適した者を選んで全員に配役した。この時の上演は、歌うことと動くことが一人でできずに観客に大笑いされたという。本来三時間で終わるはずの演目に四時間半もかかってしまった。今回の北派の上演も芝居としては失敗だったが、唱書から芝居の形式に向かうためには必要な一歩だった。

第三の上演は嵊県東王村での上演である。農作業のために故郷に戻った高炳火、李世泉らから於潜県での経験を聞いた村人たちは、自分たちもぜひ見てみたいと申し出た。三月二十七日、村人たちは李世泉家の祖先廟の前に露天の舞台を建て、芸人たちは長衫馬褂や花柄のスカートを借りてきて準備をした。

於潜県で失敗した教訓から、一人一役にして舞台上での混乱を避け、伴奏役も決めた。演目は『十件頭』をオープニングに、『双金花』(18)をメインにすることとした。役柄ごとに小生は長衫、花旦はスカート、浄は長衫馬褂を衣装とした。この準備の整った上演に、役者も観客も大いに興奮した。中国の公式記録では、この一九〇六年三月の嵊県上演をもって、越劇史の起点とする。

観客は紹興でよく上演されていた武戯を主とする紹興大班と区別して、この新しいスタイルを「小歌班」と呼んだ。また伴奏に篤鼓を使用したので、その音色から「的篤班《てきとくはん》」(19)とも呼ばれた。ここで落地唱書芸人たちは半農半芸のセミプロ芸人から、芝居を生業とする演劇集団の小歌班へと変貌を遂げたのである。

三月二十七日の上演以後、東王村の劇団は周辺の村から次々と声がかかるようになった。その一か月後には北派芸人金炳弟らも馬塘で『双金花』『珍珠塔』等の上演を行った。芸人たちは次々と一座を組み、統計によると一九〇七年までに嵊県内に十三の小歌班があったという。そのうち南派は五組、北派は八組で、これ以後は一人で巡業をしていた芸人も小歌班の一座に参加するようになる。中には落地唱書の経験のない者もおり、彼らは先輩芸人から芝居を学んだ。この新興の小歌班から兪存喜、白玉梅《はくぎょくばい》、黄雲仙ら著名俳優が生まれた。

一九五六年に老芸人兪柏松《ゆはくしょう》が語ったことによると「一年足らずの間に剡渓の南北両岸に二百以上の一座ができた。彼らは七、八人で一座を組み〝豆腐皮〟と呼ぶ籠を担いで巡演をした」という。当地を流れる剡渓の南北両岸で小歌班の仕事は繁昌し、「的篤班」の黒い苫船が往来して紹興の各地へ巡業に出かけた。

だが当時の上演は芝居としてはひどく幼稚なものだった。演目は落地唱書時代のもので、内容から基本的動作まですでに決まってはいたものの、ある人物を揶揄して説明する歌詞を当の人物が歌ってしまい、客席の失笑を引き起こすこともあった[20]。

組織としても緩やかなもので、一座とはいえ俳優は流動的だった。時には途中でよその俳優が参加したために急きょ配役を増やしたり、逆に途中で役者が引き抜かれて上演を中止したりすることもあった。一座は全く即興の寄せ集めで、座員の行き来は自由だった。

伴奏については楽器を揃えて簡単な曲調をもとに自作自演し、上演前に「鬧頭場」と呼ぶ演奏をつけることを定例とした。衣装については、初めは普段着だったが次第にお金をかけるようになった。紹劇を真似て赤や緑の上着、模様入りスカートなどの衣装や、烏紗帽（文人の帽子）、色々な形の髭、鞭や笏などの小道具も揃えた[21]。

小歌班はたちまちブームとなり、当時の民謡に「小歌班を観ていたら、男は野良仕事を忘れ、女は飯炊きを忘れ、子供は家に帰るのを忘れる」と歌われるほどだった。

落地唱書の芸が専業的な演劇集団へと発展し、成功した原因は二点ある。一点は嵊県一帯で自然災害が数年続いて経済が衰退していたために、多少でも芸術的才能があればこぞって小歌班に参加したため、人材に恵まれたこと。もう一点は小歌班の演目が広く農民に親しまれたもので、多数の観客を獲得する魅力をもっていたことである。

当時の演目で現在も上演されるものに『箍桶記《ことうき》』(22)（『九斤姑娘』）があるが、ここには農民の素朴な感情の中に、作者の諧謔とユーモアが感じられる。同じフレーズを反復する歌唱法を使い、素朴で生き生きとした人物を描き、搾取・偽善・愚昧を嘲笑批判し、勤労・勇気・善良・智慧を讃えている。越劇はその始まりから、身近にいる人々と出来事を得意テーマにしてきたのだ。

一九〇七年、出世祝いや誕生祝いの席での上演が増えるにつれ、一座のマネージメントをする商売が生まれた。芸人を金のなる木と考えた興行主が一座ごと買い入れ、芸人に給料を支払い、上前をはねて金を儲けた。どうすれば興行主や小屋主との関係を作り、上演地域を拡大し、芸術レベルを上げ、収入を増やし、さらに大きな上演市場を占められるか。それが次なる課題となった。こうして専業化への第一歩を歩み出した小歌班は興行ビジネスの渦に巻き込まれていくことになる。

(2) 紹興・杭州進出へ

小歌班の増加とともに、すべての一座がいつまでも嵊県内にひしめいているわけにはいかず、新たな上演場所を求めて近隣の中都市である紹興、杭州へと巡業を始める。

一九〇七年に小歌班は紹興で興行した。だが、当地で人気の紹劇は忠孝節義や国家の大事をテーマにしたものが多く、小歌班の得意とする家庭倫理や男女の情を描く作品はなかなか人気を得ることができなかった。しかしここで彼らは紹劇や灘簧《たんこう》(23)から演目や表現方法を学び、大きな進歩を見せた。

一九一〇年に李世泉らの一座が初めて杭州で興行を行った。その後一九一六年までの間に他の小歌班も続々と杭州に入り、『箍桶記』『双珠鳳』などの喜劇で杭州市民の人気を得た。一九二〇年には杭州大世界(24)に小歌班の専用舞台が設けられるまでになった。上演演目は、『箍桶記』『双珠鳳』『双金花』『珍珠塔』『玉蜻蜓』などだった。紹興、杭州での上演は、農村芝居から都会の芝居へと脱皮を遂げようとする彼らにとって、他劇種から演目や表現方法を学び取るために重要なステップであった。

(3)「淫戯」の汚名——警察・裏社会との戦い

農民たちに支持されればされるほど地域の封建勢力、とくに「団練」と称する武装した地域ボスへの上納金をめぐって揉めることが増えた。また「淫戯」とそしられ迫害も続いた。その小歌班への迫害はすでに一九〇六年の東王村での上演の時から始まっていた。団練のボスだった土豪樊金煥が、武装した十八人の手下を連れて上納金を迫り、それに怒った村人が団結して小歌班を守ったというエピソードが伝わっている。

小歌班時代の十年間には、このようなことがしばしば起こった。例えば一九一三年に馬潮水を筆頭とする「醒世社」という科班(25)は、諸暨での上演中に警察署長の周仲増に踏込まれた。周は小歌班が淫戯を上演して同郷の自分のメンツをつぶしたといいがかりをつけて、一日四元の上納金を求めたのである。芸人たちが無視すると、彼らを捕えただけでなく衣装や鬘などをすべて焼き払い、さらにトップ俳優に女役の衣装を着せて町中を引きまわした。この侮辱的行為を受けた芸人に同情し、警察への怒りを募らせた観客たちが徒党を組んで警察署を襲撃し、芸人たちを解放したという事件が起きている。田舎町ではこのような団練や警察の嫌がらせによる事件が頻発し、芸人たちは一座を解散したり、牢に繋がれたりすることもあった。そのたびに彼らは上納金をせびられた[26]。

警察が土地のボスとつるんで行うあからさまな嫌がらせは、その後の紹興文戯時代にも女子科班の時代にも続いた。被差別者への迫害は旧社会では日常茶飯事で、女子科班にとってはさらに女性ゆえの蔑視も加わり、彼女らを苦しめた。たとえどんなに収入が増え人気が出たとしても、戯曲俳優への蔑視は中華人民共和国成立まで続くのだった。

(4) 後期　上海進出への道程

近隣の中都市で人気を集めた彼らは、やがて大都市上海進出という野望を抱くようになる。彼らにとって、上海とはどのような場所だったのだろうか。

アヘン戦争の敗北によって中国は帝国主義列強にむりやり開港を迫られた。なかでも上海は、一八四三年の開港以来またたく間に静かな漁村からヨーロッパ的な都市へと変貌し、各地からの移民を集めた。上海は交通の要地かつ商業の中心地であるだけでなく、太平天国、辛亥革命、抗日戦争と重大事件のたびに移民が流れ込み、人口は急激に膨れ上がった。統計によると、上海の人口は一九〇〇年に百万人を、一九一五年には二百万人を越え、一九三〇年には三百万人を超えたという。平凡な田舎の港町が一躍アジア第二の都市となり、ロンドン、ニューヨーク、東京、ベルリンに次ぐ世界五大都市の仲間入りを果たしたのである（図2）。

移民たちの需要に従って全国各地の劇種と芸人たちが次々に進出し、上海は開放的な芝居のるつぼとなった。

図2　1930年代の上海

十九世紀後半には上海の演劇界は空前の繁栄を見せ、昆劇、徽《き》劇、京劇、話劇、淮《わい》劇、滑稽劇、粤《えつ》劇などあらゆる劇種が不夜城の空にきらめいた。森羅万象を受け入れる懐の深さをもつ上海は、劇団にとっては無尽蔵の金鉱であり、芸人にとっては自分の才能を開花させ富と名誉を与えてくれる最良の空間だった。

一九〇八年からは新式劇場が次々と建築され、一九三〇年代には百か所以上、十万席にも上った。新式劇場の規模は普通千席から大きな所は二千～三千席で、一九二六年に改修した天蟾舞台は三千二百席だった。チケット代は観客の懐に合わせて一等席から七～九等席まで準備された。それらの劇場の多くが一日二～三ステージ、一年で四百本以上の作品を上演していた(27)。

杭州で成功をおさめて自信をつけた小歌班の若者たち(28)が、次なる目標として上海進出を目指したのは自然なことであった。当時二十～三十代の若い彼らは「上海という大都市へ行くと世界が開ける、自由な天地に踏み出せる」という単純な野望を抱いたのである。

また蔣中崎は彼らの背中を押した要因として以下の点を指摘している。第一に、彼らの地元である農村が経済的に破綻していたこと。第二に、上海には多数の紹興出身者が働いており、すでに小歌班の観客層が存在していたこと。(29)第三に、上海の商工業の発展につれて文化娯楽産業が盛んになり、小歌班の興行がビジネスとして成立したこと。第四に、芸人自身の上昇志向があったこと、である。

一九一七年四月に袁生木小歌班が初めて上海に進出して以来、嵊県南北両派の小歌班は本格的な上海進出を試みた。(30)前後六回の挑戦の末、一九二〇年にようやく北派の衛梅朶《えいばいだ》らの一座が民興茶園で、南派の白玉梅・王永春らの一座が第一戯院でともに一年間の上演を果たした。その後は南北両派の芸人が同じ舞台に上がり、『碧玉簪』『梁祝』『孟麗君』『琵琶記』などの人気演目によって上海に地歩を築いた。彼らは念願の大勝利を果たした。だがそれは、「都会の芝居」へと続く新たな道程の第一歩に過ぎなかった。

(5) 音楽改良と昇平歌舞台

上海の観客は変化を好む。常にもっと新しいものやもっと美しいものを要求し、それがすぐさまチケットの売れ行きに反映する。この過酷な競争の中で勝ち残るには、地方劇は互いに学習し融合し自分たちを成長させていかねばならない。(31)小歌班が劇種間の競争を勝ちぬき上海の観客に受け入れられるためには緊急な改革が必要だった。具体的には都会の演劇としての表現形式（音楽）と内容（演目）の獲得である。

上海に根付こうとする小歌班にとって、伴奏に弦楽器のないことは致命的な弱点だった。そのために小歌班は誕生時からしばしば「淫戯」と呼ばれて営業妨害を受けた。(32)何より、このままでは、都会の演劇として上海の観客に受け入れてもらえない。芸人たちもその重要性を痛感していたが、日々の上演に追われて解決できないままだった。

小歌班のレベルアップは、観客増加による増収を目論む劇場主にとっても大きな関心事である。一九二〇年、芸人だけでは解決できないと悟った昇平歌舞台のオーナー周麟趾《しゅうりんし》は、(33)嵊県から楽師として鼓板(三枚の板でできた拍子木)の周紹堂、板胡(板を張った胡弓)の周小燦、鑼鼓(銅鑼と太鼓)の周林芳を高額の報酬で招き、越劇史上初のプロ楽隊を構成した。(34)

周麟趾は嵊県出身で、華興舞台のオーナーとして故郷の芝居を上海に移植することに熱心だった。小歌班に商機を見た彼は同郷の関之羽、王金水らに出資を求め、一九二〇年に華興舞台を三階建てに改修して昇平歌舞台と改名した。工事期間中は小歌班芸人たちを丸抱えにして留め置き、技術の向上のために教師を招いて勉強させた。プロ楽隊構築の背景として、芸人たちに地道なトレーニングを課したのである。(35)

プロの楽師と経済的支援を得て、衛梅朶、張雲標、馬潮水らベテラン芸人が音楽改革に真剣に取り組んだ。音楽改革の内容としては、第一に伴奏のなかった部分に弦楽器の間奏を入れたこと、第二に歌に合わせて楽器伴奏を入れたことである。彼らは芸人たちとともに節回しと伴奏の研究を始め、楽器も変更して格段に豊かな音楽性を獲得した。(36)

音楽改革の第三が、旦役(女役)の歌唱法だった。それまではどの役柄もみな地声で歌っていたため、小旦(若い女役)も小生(若い男役)もほとんど区別がつかなかった。そこで京劇の男旦《なんたん》(おんながた)の裏声を真似て、地声と裏声を組み合わせようとした。だが裏声で歌うには幼少時からの厳しい訓練が必要で、大人になってからでは発声方法がわからない。叫び声のようになったり、台詞がはっきりしなかったり、急に大きくなったり小さくなったりと、安定しない。旦役の俳優はいろいろ試してみたが、結局きちんとした解決方法は見つからないままに終わった。しかしこの努力も無駄ではなく、これまでよりも細やかでしとやかな歌唱となり、衛梅朶や白玉梅らは独自の特徴をもつようになった。(37)

音楽上の弱点をある程度乗り越えた小歌班は、上海で幅広い観客を獲得し始めた。他の一座からも著名芸人を呼び寄せたおかげで観客が増えて芸人たちの収入も増えた。昇平歌舞台は小歌班の専門劇場として名を馳せ、後に女班の上海デビュー上演もこの劇場で行われた。こうして小歌班はついに大都市上海に自分の居場所を見つけたのである。

（6）演目について

小歌班成功の鍵として、演目が時代の要求にマッチしていたことは特筆しておかねばならない。一九一一年の辛亥革命以後、中国社会に広い範囲で激烈な変化が起こる。女優や女性観客が劇場に入った結果、演劇文化自身が女性化したこともその中に数えられる。

近代的国家形成のためには「女性解放」は不可避の話題であり、五四新文化運動[38]では女性解放が社会の変革度合いや現代化度合いを測る指標として用いられた。『新青年』等の出版物を通して女性解放の思想は全国に普及した。関係テーマの自由恋愛、自主婚姻、女子教育、女子就業と経済独立、家庭と社会における女性の地位などの問題が『新婦女』や『婦女雑誌』などの女性雑誌[39]にあふれた。

これらによる啓蒙が、家庭を出て社会で新しい役割とふさわしい責任を担おうとする女性の誕生を促した。ある者は革命組織に参加し、ある者は教育事業に貢献した。若い女性は新式学校で新知識を得、劇場で話劇活動に参加する者も生まれた。女芸人と女性観客の増加は娯楽市場において無視できない力となり、彼女らの参加が伝統劇に新しい女性形象を生み出した。その結果、これまで男性中心だった伝統劇界が女性化し始めたのである[40]。

最初に顕著な女性化を見せたのは京劇だった。民国期に現れた梅蘭芳《メイランファン》、尚小雲《しょうしょううん》、荀慧生《じゅんけいせい》、程硯秋《ていけんしゅう》ら四大名旦は旦役と旦役俳優の地位を一挙におし上げ、生役をおしのけて主役の地位に就いた。西洋の演劇に詳しく梅蘭芳のブレーンも務めた斎如山《さいじょざん》は「女性観客を惹きつけられる俳優だけが今後人気が出るだろう。どんなに素晴らしい役者でも、男性にしか人気がないようでは売れることは難しい」と語った(41)。

旦役人気について梅蘭芳は「女性観客は芝居を見始めたばかりで、見方が素人です。にぎやかなのを見に来るわけだから、まずは美しいものに魅かれるはず。譚鑫培《たんきんばい》（一八四七〜一九一七、京劇の老生俳優）のような渋い魅力はその芸術性がわかってこそ楽しめるもので、外見だけではなんの興味もわかないでしょう。だから旦役をするからには、女性観客が見たいと思う姿になったのです(42)」と自分の役柄である「青衣《せいい》」という女性役の美しさが観客獲得に寄与した理由を語っている。

小歌班もまた、女性観客の重要性に気がついていた。だが農民出身の彼らに京劇に対抗する見た目の華麗さがあるはずもなく、演目の内容で勝負を賭けた。その契機となったエピソードがある。

二〇〇六年に浙江テレビが越劇誕生百周年を記念して、その歴史をたどる詳細なドキュメンタリー番組『紀録片百年越劇』を制作している。それによると、「一九一八年七月二〇日華興戯園、『碧玉簪』のラストで、夫が妻に跪いて許しを請うシーンが大いにうけた。当時西洋文化に憧れ田舎芝居をバカにしていた上海の上流階級の女性たちが感動で涙した。彼女らは銀貨や身につけていた指輪や腕輪を舞台に投げ入れるという熱狂ぶりで、芸人たちを驚かせた。北京で五四運動が起きる一年以上も前の事である(43)」という。

この時に初めて高額の報酬を得た彼らは、演目の重要性に目覚めた。女性観客の喜ぶ演目を作るために、ブレーンとして積極的に文化人を取り込むという方策をとった。最初の劇作家として迎えられたのが『孟麗君』を書いた兪龍孫《ゆりゅうそん》（一八九五〜一九九一）で、その後京劇を真似て連台戯（連夜続き物の演目）の新作を始めたのも彼の

アイデアによる。(44)

馬潮水たち男班が掘り当てた女性観客の喜ぶ演目という宝の泉は、その後に続く紹興文戯時代にも多数の作品を生み、女子越劇の成功にとって極めて有利に働いた。彼らの人気演目『碧玉簪』『梁祝』『琵琶記』『孟麗君』はいずれも封建制度下の女性の悲惨さをテーマとしており、それが当時の反封建・女性解放運動の時流にかなっていた。一九二〇年代初期の上海では文明戯や他劇種での女優の出現、髦児戯《もうじぎ》、男班の隆盛(45)が続いた。そこには将来の女班の上海進出と爆発的人気を予感させる兆候が見えていたのである。

第三節　紹興文戯時期（一九二二～一九三八）

（1）紹興文戯男班の上海興行

一九二一年から二二年にかけて、芸人たちは小歌班の名前を紹興文戯と改名した。最初にこの名を使用したのは費翠棠《ひすいとう》、顔煥亭《がんかんてい》らの戯班で一九二一年九月一六日の昇平歌舞台でのことだった。続いては一九二二年六月から八月にかけて馬潮水、王永春、白玉梅らの戯班が初めて大世界(46)で上演を行った時である。当時大世界は上海最大の総合娯楽センターとして屈指の場所で、劇場規模は大きくなかったが、日々の来場者は膨大で影響力は絶大だった。改名は大世界の劇場オーナーである黄楚九から馬潮水たちへの要求で(47)、これ以後は他の戯班も紹興文戯と名乗るようになった。

一九二〇年代から三〇年代前半にかけて、紹興文戯は上海で成長を続け、空前のにぎわいを見せる。上海に入ったのちの主な俳優は、小生に王永春、支維永、小旦に衛梅朶、白玉梅、金雪芳、老生に馬潮水、小丑に馬阿《ばあ》

図3　男班

順《じゅん》、浄に金栄水がいる。最盛期には生木班、梅朶阿順班、馬潮水・張雲標《ちょううんひょう》班、王永春・白玉梅班、金雪芳班、紫金相・支維永班等二十班余りが興行し、嵊県の名だたる俳優が皆上海に集合した。中でも白玉梅・王永春、衛梅朶・張雲標のコンビが最も高い人気を誇った。

一九二三年以後、彼らが上演を行ったのは大世界や新世界等の遊技場、茶楼、旅館、小劇場等である。たとえば王永春は栄記大世界遊楽場、支維永は恒雅、馬潮水は大方、謝碧雲は長楽、周鴻昇は大新遊楽場、李桂芳は新大滬、裘鳳山は新世界、鳳喜班は新新花園等で、みな長期上演を行っていた。不完全な統計ではあるが、紹興文戯（小歌班を含む）時期で男班（図3）が盛んだったころには常打ち小屋も小型の長春楼（二五〇席）から中型の共和戯院（八五〇席）や永安天韵楼（七二〇席）まで、三十軒余りに上ったという。

小歌班から紹興文戯への過渡期に大きな影響を与えた昇平歌舞台は一九二三年に閉館し、その後主要な小屋はフランス租界にある大世界、南市の蓬萊戯院、老北門の第一戯院、南京路の新世界の四軒に集約されていった。

この間に彼らがお手本としたのは歴史の古い京劇や紹劇で、そこから確立された表現技術（程式）を学び、古代装の大作を創り上げた。演目は海派京劇[48]の影響を受けて連台戯が多かった。

上海の観客は新しいもの好きだ。紹興文戯も古い演目ばかりを上演していてはすぐに飽きられてしまう。新演目を作れるかどうかは劇種の存亡を決める大問題だった。当時上海の戯曲界では連台戯が大人気だったので、彼らも京劇や紹劇を真似て、古代装の連台戯を次々と舞台に上げた。この時期の上演演目は九十三作にも上り、そのうちの五十作余りが連台戯である。『越劇文化史』ではそのうち重要なものとして『宇宙鋒』『玉堂春』『宝蓮灯』『孟麗君』など二十七作をあげている。

最初の連台戯は嵊県出身の兪龍孫が伝書『華麗縁』と唱本『再生縁』から改編した二十八本ものの『孟麗君』である。昇平歌舞台で上演していたが、途中で劇場が爆破された（後述）ために十三本で中止となった。第二作は陳叔美編『弥来佛』。第三作は陳千千が京劇を改作した『狸猫換太子《りびょうかんたいし》』である。その後も続々と新作を発表し、最長の『漢光武』では観客を惹きつけるために三つの作品を合体させて四十八夜もの連続作品を作った。

当時の連台戯は観客をつなぎとめようと無駄に話を長くしたため、退屈なものや筋の通らないものも多かった。だが、ここで生まれた作品が確かに紹興文戯の財産となり、いくつもの作品が加工され受け継がれたのである。

(2) 上海における紹興文戯男班

嵊県の田舎芝居として誕生した紹興文戯[49]が大都会上海で受容された理由について、蔣中崎は二点を挙げている。

第一に、上海人口構成の変化による寧紹観客群の増加である。一八四二年の開港以来、上海には全国から移民が集まったが、中でも人口の多かったのは、第一に江蘇、第二に浙江の出身者である。同郷の者は共通の方言や習慣をもつので集まって暮らし、仕事の関係でも助け合った。また出身地の差が社会階層にもつながった。経済の発達した広東、浙江、蘇南からの移民は新しいビジネスの中堅を担ったために、上海のビジネスマン、知識階級やホワイトカラーの絶対数は広東、浙江、蘇南出身者だった。なかでも浙江移民は金融機関業者としてその名を知られていた。つまり一九二〇年代には、上海に浙江方言を懐かしむ富裕層人口が増加し、そのおかげで紹興文戯という新しい娯楽が商機を迎えていたのである。

第二に娯楽スタイルの変化である。この時代の越劇の成長を語るには、寧紹観客の増加という直接的影響以外に、上海における消費娯楽文化産業の急速な発展も視野に入れなければなるまい。一九二〇〜三〇年代、余暇の使い方はもはや少数の特権者、富裕層、インテリ青年だけのものではなく、一般市民もまた都市社会の進歩として享受できるものになっていた。上海には様々なランクの娯楽が生まれ、各自の経済状態によってふさわしい娯楽が選べた。地方劇の入場料は安く、貧しい労働者にとって最良の娯楽だった。また女性の社会進出とともに、男女が連れ立って参加できる劇場が重宝された。

このような時代の流れに恵まれたために、紹興文戯の上海での発展は早く、進歩も大きかった。だが彼らも決して順風満帆だったわけではない。一部の人々にとって紹興文戯などは低俗な地方劇に過ぎなかった。さらに紹興文戯の芸人たちはその出身故に、他の地方の芸人が受ける以上の蔑視と迫害をうけていたのである。

当時上海に流れてきた嵊県出身者には、まともな職にありつけずに上海の裏社会と結びついて強盗誘拐やゆすりたかりを働く者も多く、警察関係者は彼らを「嵊県幇強盗」と呼んでいた。紹興文戯の芸人はみな嵊県出身なので、ときには堕落した芸人の中から彼らの一味となる者もいたのである。昇平歌舞台を爆破したのも、そのオーナーの一人である関之羽を撃ち殺したのもそんな連中だった。それ以後、何か訴訟が起きるたびに、いつも紹興文戯がいわれのない濡れ衣を着せられて処罰を受けるようになった。

一九二四年には、賭博犯を取り逃がした警察が大世界の紹興文戯芸人全員を捕え、馬潮水と王永春を二十日余りも拘留したことがあった。また強盗事件の嫌疑によって一座の全員が逮捕され、馬潮水と王永春は一人五百元の保釈金を要求されたこともあった。軍閥盧永祥と孫伝芳が上海を奪い合った時には、紹興文戯俳優三十数名が捕えられ、むりやり戦場へ送られかけた。これらに類することは数知れず起こった。だがこの苦境の中でも芸人たちはへこたれず、上海で新局面を開いてきたのである。この功績は越劇史上消えることはない。

おわりに

一九四〇年代女子越劇のスター俳優尹桂芳《いんけいほう》は、芝居を学んだ理由を問われて「ほかの劇団の姉妹たちと同様に、生活のためです(50)」と答えている。この言葉は越劇の母胎である「落地唱書」時代の金芝堂たちの姿を彷彿とさせる。尹桂芳もまた紛れもなく、彼らの末裔なのだ。女子越劇が「男たちの越劇」から継承した六つの「精神的な遺伝子」を挙げてみよう。

第一に、自立遺伝子。自分の仕事で経済的に自立することを切望し、自分の仕事に誇りを持つために勤勉に働く性格を作る。

第二に、団結遺伝子。故なき虐めには、団結して戦う。小歌班初期演目の多くは、地主階級に搾取される農民の苦しい生活を描いたものだったので、支配階級から迫害を受けた。彼らの芸は「淫戯」と呼ばれて、上演を禁じられ、しばしば逮捕された(51)。紹興文戯の時代にも出身地を理由に不当な迫害を受けた。だが男たちは苦境に屈せず、南北派閥の小異を排して団結し、上海の地で花を咲かせた。

一九四〇年代の女優たちも女性という理由で劇場主たちに「金のなる木」とされ、性的な視線を浴びる人生を強いられた。袁雪芬《えんせつふん》をリーダーとする越劇十姉妹の越劇改革は、芸術運動であると同時に人間としての尊厳を取り戻すための社会運動でもあった。

第三に、学習遺伝子。いつの時代も男たちは先輩劇種を学んで自分を変容させ、成長させてきた。この姿勢は一九四〇年代の新越劇が「話劇を父に、昆劇を母に」新しいスタイルを生み出したことや、二十一世紀の女子越劇がミュージカルや宝塚歌劇団に学ぼうとすることにもつながっている。

第四に、自己認識遺伝子。小歌班の時代、作家兪龍孫に『孟麗君』を依頼したエピソードは一九三〇年代の姚《よう》水娟《すいけん》と樊迪民《はんてきみん》の関係や一九四〇年代の袁雪芬が劇団内部に創設した劇務部（第五章）を連想させる。彼女らは自分の能力や知識の欠落を熟知するからこそ、人気に傲らず知識人の智恵を借りることに躊躇がない。

第五に、発想力遺伝子。自分の弱点を自分の長所に変える力である。武戯の技をもたなかった紹興文戯は、家庭ものや恋愛ものの演目を発展させるしかなかった。だがそれを自分の個性として上海の女性観客を獲得し、女子越劇に大きな財産を残した。女子越劇も男性俳優の欠損を劇種の長所として発展し、女性観客が理想とする男性像を体現する小生の技を磨いた。

第六に、強運遺伝子。小歌班が上海に根づく事ができたのは、演目の内容が女子解放という時代の流行に乗ったことが大きな理由である。越劇が中国第二の劇種に成長したのも、新中国成立直前に男女平等を掲げる共産党に出会ったからである。各時代が越劇を愛し、越劇を選び、その背中を後押ししたように思えてならない。これこそが「男たちの越劇」から継承した最強の遺伝子なのかもしれない。

「男たちの越劇」時代の直後に女子越劇の時代が到来するわけではない。それはまだ先の話であり、その前に「少女の越劇」時代を迎える。

注

（1）上海越劇芸術研究中心、高義龍主編『越劇芸術論』（中国戯劇出版社、二〇〇九年）四頁。

（2）杉山太郎『中国の芝居の見方　中国演劇論集』（好文出版、二〇〇四年）一九頁。

（3）http://healthcare.itmedia.co.jp/hc/articles/1505/01/news149.html　二〇一二年十二月二十四日閲覧。

（4）一九九五年に嵊州市と改名している。嵊県文化局越劇発展史編写組編『早期越劇発展史』（浙江人民出版社、一九八三年）五～六頁によると、嵊県は浙東中部に位置する山に囲まれた土地で、剡渓の両岸を含み、古来その山水の美しさがしばしば文人に詠われてきた。肥沃な農地と桑茶畑が広がるが、農地が圧倒的に少ないために生活は貧しく、農閑期には杭嘉一帯で小さな商売や手工業に従事する農民が多かった。嵊県人の性格は粗野だが、貧しさに鍛えられて打たれ強いとされる。民間の宗教活動から歌舞のうまい者も数多く生まれ、普段から民歌、民謡、民間舞踊が盛んだった。村々には祠堂や廟が多く、祭りの際にはその舞台で紹劇、徽戯、金華婺劇、余姚灘簧劇などが上演された。中でも紹劇の紫雲班は嵊県に二百年以上も根を下ろしており、小歌班の誕生時には彼らが衣装や道具、教師や楽師も提供して最も大きな影響を与えた。また嵊県では仏教活動が非常に流行しており、そこで歌われる「宣巻」調が越劇の基本メロディに影響を与えた。落地唱書早期の四工合は「宣巻」調が発展したものである。現在、この地には越劇博物館のほか、嵊州越劇芸術学校、関係者たちの憩いの場「越劇の家」が建設され、越劇発祥の場として全国から見学客を集めている。

（5）佐治俊彦『かくも美しく、かくもけなげな「中国のタカラヅカ」越劇百年の夢』（草の根出版会、二〇〇六年）一六頁。

（6）高義龍『越劇史話』（上海文芸出版社、一九九一年）、同（4）『早期越劇発展史』、嵊県政協文史資料委員会編

『越劇溯源』（浙江文芸出版社、一九九二年）は「吟哽调」と、応志良『中国越劇発展史』（中国戯劇出版社、二〇〇二年）は「吟吓调」と記している。発音はいずれもyinxiadiaoで、同じである。

（7）銭宏主編『中国越劇大典』（浙江文芸出版社・浙江文芸音像出版社、二〇〇六年）二六頁によると、「図」の文字のつく演目のほとんどは才子佳人のラブストーリーである。一人の男性が二人、三人、四人、五人の美女と恋愛するもので、当時の都市住民の好みに合致した。北派の演目には勧善懲悪物もあるが、やはり才子佳人物が主体だった。「南記北図」はその後の小歌班、紹興文戯時期の演目の基本となっている。その内容から、「紹興大班は天下のため、小歌班は嫁さんのため」と言われた。

（8）深窓の令嬢が花園で遊ぶ場面では『花園賦子』が用いられる。「主僕双双進園中、繞出桃園路路通。君子竹来大夫松、繍玉開花玉屛風」で始まり、数十句にも及ぶ。張継舜捜集整理『落地唱書　越劇伝統説唱』（浙江文芸出版社、一九九二年）には小歌班時代の田舎芝居だったころに使用されていた賦子が三十数種類掲載されている。

（9）蔣中崎『越劇文化史』は『上海越劇史』『中国越劇発展史』『越劇芸術概論』『中国越劇大典』『越劇発展史』等の研究成果を踏まえており、現在最も全面的なテキストと言えるだろう。

（10）紹劇は〝紹興乱弾〟〝紹興大班〟とも呼ばれたが、一九五〇年にこの名に定められた。浙江省紹興市上虞県を起源とし、三百年以上の歴史と四百以上の劇目をもつ。高音で激昂する歌唱、荒々しく素朴な音楽、大胆で自由奔放な表現技術は文武兼ね備えた独自の芸術スタイルをもつ。猿を演じることを得意とし、最も代表的な劇目は『孫悟空三打白骨精』である。

（11）同（4）『早期越劇発展史』四九～七九頁。

（12）曹凌燕『梦入剡溪的篤声　趣説越劇』（百家出版社、二〇〇一年）一三頁。

（13）『十勧哥』ともいい、若い妻が夫にきちんと学ぶべきことを勧める内容。

（14）『双珠鳳』の一部で、倪鳳という少女が見合い相手にお茶を入れる内容。

（15）同（7）『中国越劇大典』一二頁によると、俳優が自分のものと間違えてほかの役柄の台詞や歌詞を歌って、舞台上は大混乱したが、それでも一人で演じる落地唱書よりも華やかで面白く、村人から翌日の上演を求められた。

(16) 役者が足りず、一人に二役を当てたために、前の人の歌が終わらないうちに歌い始めたり、双方相手が歌いだすのを待って沈黙してしまったりと失敗続きだった。
(17) 長衫は丈の長い男物の一単の中国服。馬褂は長衫の上に着る中国式の羽織。
(18) 王文龍と蔡蘭英の恋愛物語。
(19) 小歌班の別称。『かく美しく、かくもけなげな』三一頁で佐治は「簡単な尺板や竹の節の太古の伴奏楽器の音からきた命名だそうで、「テケテケ芝居」とでも訳すか」と記している。
(20) 落地唱書『頼婚記』の「陈氏花脸晚娘亲，要把阿囡图赖婚」という歌詞をそのまま陳氏役が歌い、自分で自分を罵ることになった。同（4）『早期越劇発展史』四六頁。
(21) 資金不足のせいで土地廟から仏像のつけている髭や衣装をこっそり拝借してくることもあったという。同（4）『早期越劇発展史』四七頁。
(22) 村の人気者、九斤姑娘をめぐる恋物語。
(23) 余姚の地方劇。注（4）参照。
(24) 大世界は敷地内に複数の劇場を有する遊芸場。
(25) 旧時代の戯曲俳優を養成する場で、養成所と劇団が一つになったもの。戯曲俳優になるためには唯一の通り道だった。
(26) 同（4）『早期越劇発展史』四九〜五〇頁。
(27) 本節ここまでの上海についての情報は以下の書による。胡暁軍・蘇毅謹『戯出海上　海派戯劇的前世今生（海派文化叢書）』（文匯出版社、二〇〇七年）六頁。
(28) 一九一七年の上海進出に参加した芸人らは、金栄水（一八七九〜一九五七）、衛梅朶（一八九〇〜一九三一）、馬潮水（一八八五〜一九七四）、張雲標（一八九五〜一九六五）で、皆二十〜三十歳代だった。
(29) 同（6）『越劇史話』二四頁。
(30) 同（6）『越劇史話』は「四闖上海灘」とし、浙江テレビ『記録片百年越劇』では「百年越劇〇二—一九一七三闖上海灘」としており蒋中崎の記す六回とは数え方が異なっている。だが、いずれも一九二〇年の上演をもって上海への定着としている。
(31) 同(27)『戯出海上』六〜七頁によると、「一九〇六年上海進出した淮劇は徽劇、京劇との合演から演目や表現方法を増やし、非呉語体系の劇種でありながら上海に自分の地位を築いた」とされる。
(32) 同(7)『中国越劇大典』二二頁には楽器伴奏がないために「正戯」ではなく「淫戯」と見なされて上演が拒否された例が示されている。
(33) 同(7)『中国越劇大典』では周麟趾、同(4)『早期越劇発展史』では周麟芷、同(6)『越劇史話』では周霊芝と表記されている。
(34) 同(4)『早期越劇発展史』八五頁。
(35) 同(4)『早期越劇発展史』七二〜七三頁。
(36) 同(6)『越劇史話』三二〜三五頁によると、音楽改革は四段階で行われた。第一にそれまでの人の声による伴奏を弦楽器の演奏に移し替えたこと。第二に「余姚灘簧」を真似て、人の声で合いの手を入れていた部分を楽器の伴奏に替えたこと。第三に紹興大班の間奏形式を借りて、間奏の曲調と節回しに一定のルールを作ったこと。第四に伴奏との掛け合いで最後の字句を長くのばしたり、音の高さをずらしたりという変化を作ったことである。また伴奏楽器も板胡(胡弓の仲間、胴に桐の薄い板を貼り、細くて高い音が出る)から比較的柔和な音色の平胡へと変えられた。その結果伴奏と節回しの調和がとれ、音楽性が格段に豊かになった。
(37) 同(6)『越劇史話』三四頁によると、小歌班芸人たちの収入は少なかったが、あらゆる機会を摑んで勉強しようとした。一九二〇年の梅蘭芳上海公演時にも、彼らの多くが数日分のギャラをはたいて観劇にかけつけた。彼らは当時上海で最大の人気を誇っていた京劇から所作や伴奏を学び、自身を充実させていったのである。
(38) 一九一〇年代の中国(中華民国初期)に起こった文化運動。儒教に代表される旧道徳・旧文化を打破し、人道的で進歩的な新文化を樹立しようということを提唱し、学生・青年層に圧倒的な支持を得た。
(39) 谷雲星「近代中国における女性雑誌の歴史」(『HABITUS』二七巻、西日本応用倫理学研究会、二〇二三年)。
(40) 姜進『詩与政治 二十世紀上海公共文化中的女子越劇』(社会科学文献出版社、二〇一五年)四四頁。

（41）同（40）四四頁による。筆者未見。『斉如山全集』第四巻（一九六四年）八六～八八頁。

（42）同（40）四五頁による。筆者未見。梅蘭芳『舞台生活四十年』第一集（一九五二年）一二八頁。

（43）『紀録片百年越劇〇二―一九一七三闖上海灘 男子越劇小歌班』https://www.youtube.com/watch?v=1AjeADMhC2U
同じ記事が以下に掲載されている。

鐘冶平・何国英主編『萬紫千紅総是春 大型電子節目《百年越劇》文集』（浙江人民出版社、二〇一〇年）二〇頁。

（44）連台戯の新編作品はいずれも一本の芝居としてまとまりがあり、起伏に富み、人物の喜びと悲しみ、出会いと別れが流れるように描かれていた。また言葉はわかりやすく生き生きとして、情緒に富み、濃厚な人間味と郷土の息遣いを感じさせるものが作られた。

（45）一九二一年二月、衛梅朶、馬阿順、張雲標らが昇平歌舞台で、王永春、白玉梅らが新群仙茶園で、紫金香、支維永、篠金鐘らが綺雲茶園で上演して、小歌班の三班競演を見せた（《上海文化芸術志》編纂委員会・《上海越劇志》編纂委員会編盧時俊・高義龍主編『上海越劇志』（中国戯劇出版社、一九九七年）七頁）。これにより小歌班時期もっとも著名な「三小」――小生の張雲標、小旦の衛梅朶、小丑の馬阿順――が知られるようになる（同（9）『越劇文化史』六六頁）。

（46）一九一七年黄楚九が開設した娯楽施設。内部には多数の小型戯台があり、各種の戯曲や曲芸、歌舞、サーカスなどが順番に上演されていた。

（47）同（4）『早期越劇発展史』八一～八二頁によると、早期男班芸人の馬潮水、王永春、白玉梅らは「越郡班紹興戯劇」の名で大世界にデビューした。だが、しばらくすると大世界のオーナー黄楚九が名称の変更を要求してきた。大班が名乗るならともかく、嵊県の田舎芝居が「越郡」を名乗り、「紹興戯劇」を名乗るのはあまりに僭越で、「観客にとっても紛らわしい」との理由だった。

（48）藤野真子「上海の京劇」（宇野木洋・松浦恆雄編『中国二〇世紀文学を学ぶ人のために』世界思想社、二〇〇三年）二三六頁によると、一九二〇年ころから北京のものとは区別して上海の京劇をこう呼んだ。北京では芝居は「聴く」が上海では「見る」というように、視覚的要素を重視し、社会や観客のニーズに合わせた娯楽性の強い演出を目指した。その第一人者として周信芳《しゅうしんほう》が挙げられる。

(49) 寧は江蘇省南京、紹は浙江省紹興を指す。

(50) 尹桂芳「我走過的芸術道路」(《文化娯楽》編輯部編『越劇芸術家回憶録』浙江人民出版社、一九八二年)八〜一八頁。

(51) 上海越劇芸術研究中心編『越劇男班老調精選』(上海音楽出版社、二〇一五年)一一頁。

第二章　少女の越劇（一）

――男たちが生み育てた卵たち

はじめに

『徒然草』の一節に「木の葉の落つるも、まづ落ちてめぐむにはあらず、下よりきざしつはるに堪へずして落つるなり」とある。新しいことの始まりは、すでに前の時代の中に準備されている、ということだろう。そのように紹興文戯が活躍している時期、女班が芽を出そうとしていた。少し時間をさかのぼり、男班の陰で動き始めていた女班誕生の事情から述べていく。

一九二〇年代、上海では女子演劇ブームが起こっていた。五四新文化運動の後、女性解放・男女平等の波は戯曲の世界にも届き、一九二〇年代初頭には上海の舞台にも女優の姿が見られるようになっていたのである。一九二二年に「紹興文戯」と改名した男班が「大世界」で初上演した時にも、同時に「女子新戯」、「女子申曲（滬《こ》劇）」、「女子宣巻（宗教講談）」、「女子説書（講談）」が上演していた。また「広舞台」では「広東女班」が常時上演しており、「共舞台」では京劇の「男女合演」が上演されており、(1)女性が舞台に上がる華やかさが人気を集めていた。

当時、「大世界」や「新世界」などの娯楽センターは、各地から地方劇や曲芸の集まる博覧会場であり、同時に展示即売会場でもあった。人だかりのする劇種があるかと思えば、閑古鳥の鳴く劇種もある。集まった男女芸人たちは必死に自分の芸をアピールし、興行主は観客の様子をうかがいながら商機を探った。(2)そこで成功モデルとして人目を引いたのが、髦児戯《もうじぎ》と呼ばれる少女の京劇班である。(3)

一九二二年、上海の「新世界」では十一、十二歳の少女京劇団が上演して大人気を博していた。少女が老生を演じる新鮮さや京劇の基本をしっかり身につけた少女たちの美貌と美声。昇平歌舞台のマネージャー王金水はそこに商機を見出した。「少女に紹興文戯をやらせたら、きっと当たる。これは儲かる!」。彼は目標を上海の娯楽市場に定めて、故郷嵊県《じょうけん》で初の紹興文戯女子科班設立に向けて動き始めた。(4)

彼の嗅覚は確かだったが、それが証明されるまでの道程は予想をはるかに超えて困難だった。一九二三年に彼の創設した第一期の女子科班は三度の上海上演を試みたものの、いずれも失敗。警察の妨害をかいくぐりながら浙江省各地を上演して回った。彼女らが各地で撒いた種が実るのは一九二九年以後で、その後は浙江省のあちこちで雨後の筍のように女子科班が誕生する。これが第二期の女子科班である。

ここではまず、女子越劇のアイデアが一九二〇年代初期に上海で流行していた「女優、髦児戯、男性小歌班」の三つから生まれたものだということを確認しておきたい。その上で第一期と第二期の女子科班で養成された女優をとりまく状況の変化に焦点をあて、女子越劇の形成過程を辿る。本章では第一期女子科班の誕生から解散までをとりあげ、「少女の越劇」誕生期の様子を考察する。

第一節　施家嶴《しかおう》第一女子科班の創設者

（1）王金水という人

金向銀「女子越劇第一班――施家嶴女班」(5)によると、王金水（一八七九～一九四四）は嵊県中南郷施家嶴《しかおう》出身で、漆匠の父のもとに生まれ、手工業を営む農村家庭で育った。四人兄弟の長男だが、家業は弟に継がせ、自身は同村の一人娘の農家の婿に入った。私塾で学んだ経験をもち、貧しい施家嶴では文化人の一人に数えられた。体も強く度胸と知識もあり、生活力旺盛で、当時は上海に出て古着や菓子、朝鮮人参などの商売をしていた。

ここで施家嶴と上海の演劇界のつながりについて説明しておこう。嵊県施家嶴は百戸に満たない山村の小さな村だが、青石の産出地として有名である。澄潭江の渓谷に位置し、四方をそそり立つ青山に囲まれている。谷川が巡り、深い木々に奇怪な形の岩たちに囲まれ、あたかも桃源郷のような景観である。

その行政所在地の蒼岩村は辛亥革命と反袁世凱闘争時期の光復会(6)にとって嵊県の重要な拠点で、「一千烟灶，八百強盗」（民家が千軒あれば、八百軒が強盗）と呼ばれていた。王金水の家族の証言によると、彼は蒼岩村出身の兪《ゆ》芝祥《ししょう》（一八七二～一九五二、辛亥革命後最初の紹興県知事）、兪基椿《ゆきちん》（一八七二～一九五二）ら光復会の中心メンバーと親しかった(7)。また反袁世凱派で嵊県頭目の支章元、洪慶標、王良雲らとも秘密裏につき合いがあり、王良雲に政府の追手がかかった時は、王金水が匿い経済的にも助けたという。これらの事から王金水の政治的傾向や交際範囲の広さが読み取れるだろう。

袁世凱が倒れると、辛亥革命と反袁世凱闘争に加わっていた嵊県出身者は次々に上海に出た。王金水もこの関係を頼って、上海と嵊県を往復する小商いを始めた。この時、兪基椿がすでに上海十六鋪（埠頭、当時の上海経済の中心地）に「鏡花舞台」を開いており、王金水も間もなく同郷の周麟趾《しゅうりんし》が経営する「昇平歌舞台」のマネージャーとなった。もともとは商売人だった王金水が小歌班の上演業務を通して、演劇関係者となっていったのである。[8]

王金水が女子科班創設のアイデアについて、まず兪基椿に相談をもちかけると、兪基椿も賛成した。この点について、王金水の娘王梅芬は「兪基椿が女子科班は儲かると言ったから、父はやる気になったのだ。彼からお金も借りた」と語っている。また兪基椿は武戯の教師として自分が経営していた蒼岩小京劇班の武生役者を推薦した。男班芸人たちも女子科班を大いに歓迎し、金栄水と任阿求《にんあきゅう》を教師に推薦した。[9]

王金水の女子科班創設は、単なる芝居好きの商売人が自分一人の思いつきで拙速に着手したわけではなかった。彼の計画は小歌班内部の状況に精通した上で上海の演劇関係者に相談し、科班組織と教師選定についてきちんと準備をしたものであった。

（2）金栄水という人

女子科班の教師について王金水から相談を受けた周麟趾は、男班芸人たちと話し合った。男班自身がようやく上海に足場を築いたばかりで、これからの局面を打開していこうという時に小生や小旦の主役級俳優を引き抜かれては営業に差し障る。「老旦（老女役）か浄なら、抜かれても上演にさほど支障は出まい」[10]ということで、浄役の金栄水に白羽の矢が立った。

金栄水（一八七九～一九五七）は嵊県出身で、落地唱書の時代から金水清について芸を学んだ。金水清は吟哦《リンガ》調の始祖の一人である金芝堂の兄弟なので、金栄水は唱書直伝の弟子と言える。[11]一九一七年に男班が初めて上海進出を試みた時から参加しており、「芸人として上海で成功する」という野望を持った小歌班初代の芸人だった。芸名を「矮尼姑《あいにく》（チビの尼さん）」といい、各種唱書の曲調に精通していた。多数の「賦子」「肉子」をそらんじており、どんな演目でも自在に対応した。さらに小歌班では「廂房老虎」と呼ばれて「派場師傅」（舞台監督）を担当していた。(12)

経験豊富であらゆる役柄をこなした金栄水だが、上海進出時にはすでに中年の域に達して喉が衰えていたため、出番の少ない浄役に甘んじていた。しかし当時すでに十七年の舞台経験のキャリアは、教師としては大いに役立った。後年、第二期の女子科班の創設時でも彼のようなベテラン俳優が新人育成に携わるのは、極めて合理的だったといえよう。

とはいえ、女子科班の教師という仕事は決してたやすいものではなかった。当時流行していた髦児戯がそうであったように、芝居をする女子は芸と同時に色を売る者として見られた。また紹興文戯は男班ですら「淫戯」と謗られ、他劇種よりも警察の取り締まりが厳しかった。そのような世界に女子を導くことがどれほど世間の非難を浴びるかは火を見るよりも明らかだ。世間の冷たい視線から幼い少女たちを守りながら、ほとんど文字も知らず文化的素養もない彼女らにどのようにして芝居を教えればよいのか。

彼女らの将来やその父兄に対して責任を果たすために、金栄水は自分の人生の成果をすべて少女たちに注ぎ込んだ。「小歌班を上海で流行させる」(13)という大いなる目標を掲げて彼女らの教育に邁進した。俳優出身の彼が「上海」を語る時、そこには商売人出身の王金水とは異なる夢や希望があったに違いない。金銭だけでは語ることのできない、俳優としての生き方を少女たちはこの男班出身の師匠から学ぶことになるのである。

第二節　施家嗇第一女子科班の教育

(1)生徒募集

一九二三年二月、王金水は施家嗇に生徒募集の告示を出した。私財を投げうち、「十歳から十五歳の少女」「入学者は衣食住費免除」「三年の年季満了後には金の指輪一つ、チーパオ一着、革靴一足、給料として銀貨六十元を給付」[14]という好条件をつけた。だが生徒はまったく集まらなかった。そればかりか、王金水は「少女を地獄に陥れて金儲けを企む卑劣な輩」だと非難の声にさらされた。

当時の芸人や俳優は被差別階級にあり、死後も一族の墓に入れてもらえなかった。中でも女役の男性芸人は、衣装を身に着けると「女」が座ったものは不吉だという理由で、衣装箱に腰かけることも許されなかった。このように、芸人のうちでも女芸人への蔑視はさらに厳しかったため、「女優」を養成するとはスキャンダラスな事件と映り、生徒を募集する人間の了見が疑われたのである。

だが王金水の決心は揺らがなかった。自分の意が決して女子を不幸にするものではないと証明するために、まず自分の娘王桂芬を入学させ、続いて姪の施銀花《しぎんか》(一九一〇年生)、遠縁の趙瑞花《ちょうずいか》(一九一二年生)や王湘枝も説得して入学させた。マネージャーには息子の王国鈞を、琴師には従兄弟の王春栄をというように一座の主要メンバーに親類縁者を招き、怪しい学校ではないことをアピールした。それが効果を奏して希望者は次第に増加し、近隣の村から五、六十名の少女たちが集まった。入学に際しては、顔、スタイル、声の順に重視し、九歳から十三歳までの二十名を選んだ。

（2）教育方法

一九二三年七月、[15]初の女子科班が開学した。ここからは金栄水の出番である。集まった生徒はみな幼くて教養もない。二、三年勉強したことのある者が数名いるだけで、ほとんどが読み書きすらできない。最低レベルの歴史常識も芝居の基礎もまったく知らず、広い世間に出たこともない。このような少女たちに、三か月で一本の芝居をマスターさせるのは至難の業だった。

そこで金栄水が編み出したのが、芝居の稽古と基本訓練を並行して行う実践的トレーニング法である。当時の生徒の回想によると、その手順は以下のようなものだった。[16]まず生徒の素質に合わせて役柄を決める。次に「説戯」（ストーリーを語って聞かせ、内容を把握させること）を行う。特に人物関係には注意し、呼称と登場の順序をしっかり記憶させた。続いて各人の歌詞を書きだした「単片」を本人に渡した。俳優は自分がいつ舞台に登場し、どうやって退場するか、自分が舞台にいる間の流れと相手役をどう呼ぶか、などが分かっていたら良しとした。

当時の上演には台本がなく、男班芸人が長期間かけて練り上げた「賦子」を場面に応じて使い回していた。[17]時間が許せば余分に多く歌い、なければ途中で止めておく。また唱の途中に、舞台袖から「もっと引き延ばせ」と合図があれば、即興で作詞をして歌い続けねばならなかった。[18]

「賦子」と「単片」をもとに演じる芝居を路頭戯（幕表戯）という。前章でも述べたように、「賦子」が演目の中で固定化して使われるようになると「肉子」と呼ばれ、これをもつ演目は「肉子戯」と呼ばれて、その後台本をもつ作品への過渡的な形となった。[19]

金栄水はまず「賦子」をつなげた「単片」を作ってストーリーの流れを把握させると、「賦子」の文章は口伝えで教え、動きは真似をさせて教え込んだ。自分の十八番の『双珠鳳』を最初のテキストとし、『琵琶記』『玉蜻蜓』『碧玉簪《へきぎょくさん》』などの一シーンを教えた。これらの演目は男班が広めて、上海でも人気の演目である。これらを身につけておきさえすれば、上海でもすぐに舞台に立つことができるのだ。

また唱だけではなく、武戯の教師を招いて立ち回りの稽古も行った。[20] 上海で飽きられないためにはレパートリーを増やさねばならない。芸の幅を広げるためには、唱だけでは不足だということが、自分の経験から金栄水には嫌というほどわかっていた。一日十数時間におよぶ厳しい訓練が三か月続けられた。

金栄水は少女たちに、最初から「何かを演じる」俳優になるための教育を授けた。それは「芸能」から出発した初期男班たちの苦労を糧として生まれたプログラムだった。その教育は、予定通り三か月後に最初の成果を見せた。

十月、施家嶴第一女子科班は施家の祠堂の前で「串紅台《かんこうだい》」（化粧や衣裳を着けた本番さながらの試演会）を行った。[21] 村の掟で女子が正式の戯台に上がることは許されなかったため、簡易の舞台を作った。演目は『双珠鳳』で、施銀花、屠杏花《ときょうか》（一九一三年生）、馬秋霞《ばしゅうか》、兪菊英が舞台に立った。上演前には決まり通りに、芝居の神様「唐明皇」を拝み、鼻を白く丸く塗った丑役が舞台で踊ってから開幕の銅鑼を鳴らした。施銀花十四歳、屠杏花十歳だった。[22] まともな衣装もなかったが、少女たちの幼い演技は新鮮で、村人の喝采を浴びた。こうして少女たちは幼い俳優としての道を歩み始めたのである。

第三節　施家畚第一女子科班の活動

（1）上海進出と失敗

儲けを焦った王金水は嵊県で数ステージ上演した後、一九二三年の初秋には杭州へ進出し、杭州大世界遊芸場で「紹興文戯文武女班」の看板を掲げた。演目は『双珠鳳』などだったが、一か月もすると客足が途絶えた。原因は彼女らがあまりに幼く舞台に不慣れだったことと、男性芸人の節回しをそのまま真似したので少女の歌声に合わず極めて聞き辛かったからだという(23)。座員の食費も出せなくなった王金水は、嵊県に撤退するしかなかった。

嵊県でしばらく調整を試みたのち、王金水は一九二四年一月十四日に上海初進出を試みた。座員にはその後早期越劇の「三花」と呼ばれるようになる施銀花、趙瑞花、屠杏花がいた。「紹興文戯文武女班」の看板を掲げ、京劇を真似て「髦児小歌班」の名で新聞広告を出した。全員苗字を「賽」に改名し、上海で他劇種に勝るぞという意気込みを醸し出した。

「二十二名もの故郷の妹たちがやってきた」と喜んだ男班の応援を得て、彼女らは昇平歌舞台で四日間八ステージを上演した。だが大都会での初舞台とあって、少女たちは緊張のあまり喜怒哀楽の表現もできず、また演目も『四香縁』という古いものだったので観客は少なかった。はじめは珍しがった観客たちも、あまりにお粗末な演技に足が遠のいた。そこで会場を小さな茶館などへ移して『双金花』『趙五娘』などを上演し、何とか三か月間は頑張ったが事態は好転せず、上海を離れた。杭州の大世界遊芸場に戻り数ステージ上演した後、改めて上海進出を試み茶楼で上演した。だが、今回もやはり客を呼ぶことができず、失意のうちに嵊県に戻った。

（2）上海進出失敗のもつ意味

初の上海進出に失敗して杭州まで引き返した王金水は、なぜ性急に再度の上海進出を行ったのか。この二度にわたる上海進出と失敗は、その後の女班の成長にどのような影響を与えたのだろうか。

性急な上海進出の事情については、複数の資料に「王金水が儲けを焦った」とあるが[24]、それ以上の詳しい事情を教えてくれる資料は見当たらない。ただちょうどその時期に、男班の目覚ましい活躍が事実として残っている。一九一七年の上海初進出からすでに六年が経過していた男班は、上海という新天地に着実に根づき始めていた。一九二三年六月三日に衛梅朶《えいばいだ》・張雲標らの男班が初の新世界上演を果たすと、十二月二十三日には王永春らの男班が初の小世界遊楽場上演を果たした。彼らは着々と自分たちの活動エリアを広げていたのである[25]。男班の隆盛を横目で見ながら、これに乗じて女班を売り出そうとする王金水の焦りがいかほどであったかは想像に難くない。

だが筆者は、この二度の失敗は王金水を経済的に苦しめたが、女班の成長にとって決して無駄ではなかったと考える。当時彼女らはみな十歳を越えており、最年長の施銀花はすでに十四歳になっていた。思春期の少女たちが短期間に二度も上海の空気を吸うことになったのである。彼女らが大都会のもつ華やかさと熱気に圧倒されつつ、真剣勝負にかける大人たちの緊張感を肌身に感じたであろうことは容易に推測できる。上海は自分たちの未熟さを突きつける、怖しく厳しい場所に見えたはずだ。だが同時に少女たちはそのまばゆく輝く大都市を自分たちのゴール地点として目に焼きつけたに違いない。誕生直後に二度も上海を見たことで、「少女の越劇」は農民芸から出発した男たちの越劇とはまったく異なる運命を歩むことになったのだ。

さらに幸運だったのは、故郷に撤退した彼女らを施家嶴の人々が暖かく迎えてくれたことである。故郷の人々は幼くして上海上演をやってのけた少女たちを誉め称え、女性は上がれないという規則を破って祠堂にある「縄武堂」での上演を許し、上演前には鶏の血で舞台を清めた。さらに無料で一般公開することにしたので、近隣から親戚友人が集まり、鶏や豚を捌いての大宴会となった。その日は立錐の余地もないほどの観客で、村中空前のにぎわいを見せたのである。

少女たちもその場の雰囲気に乗せられて思い切った演技を見せ、観客は柔らかな故郷の方言の唱に心を揺さぶられた。観衆の盛り上がりは、上海・杭州での冷たさとまったく別世界であった。(26) 一座は施家嶴に続いて蒼岩と甘霖でも上演し、同様に熱烈な歓迎を受けた。

少女たちは故郷での上演を通して、俳優として多数の観客に熱く受け入れられる快感を知った。上海での失敗と故郷での成功は、彼女らに俳優としての厳しさと喜びを教えたのである。観客の熱い視線と声援が、少女たちに芝居をすることは苦しいだけではなく、大いなる喜びだと教え、芸に対する貪欲さを学ばせた。上海公演は大人たちの算盤勘定とは別のところで、少女たちにプロとしての心構えを芽生えさせた。その経験が自ら俳優として生きる姿勢とそのための精進へと向かわせたのではないか。

（3）浙江巡演と警察の妨害

この生活の中で彼女らを最も苦しめたのが、突発的に起こる警察の取り締まりだった。当時の女班はここだけだったので、どうしても目立った。特に施銀花、屠杏花、趙瑞花は二年の間に大人びて、身体も成長し美しくなったので、なおさら警察の注意を引いた。

嵊県の警察は「女子の芝居は風紀を乱す」との理由で一座を取り締まり、余姚《よよう》などではしばしば逮捕に及び、全員が逮捕されることすらあった。芝居途中で警官が現れた時には、少女たちは観客の中へ逃げ込んだ。警官の迫害を逃れるため、夜の上演が終わるとすぐに苫船で移動しなければならなかった。日中は小さな船の中から顔を出さない生活を長く続けるうちに、頭にはシラミがわき、身体にはおできができた。

劣悪な状況の中でも、彼女らは諦めずに上演を続けた。警察の妨害を免れる紹興大班[27]（紹劇）の上演形式と節回しを積極的に学んで警察の目を逃れようとした。各地での経験を積む中で、彼女らは自分の芸を磨き、一座にも多少の蓄えができるようになっていく。

だが一九二五年、農村での上演にはつきものだった賭博にはまったマネージャーが、一座の貯金をすってしまった。軍閥の混戦もあり、すでに中年の坂を越えていた王金水は気持ちが萎え、一座をいったん嵊県崇仁鎮出身の裘広賢《きゅうこうけん》に譲り渡した。

第四節　裘広賢という人

裘広賢（一八八四～一九五三）は正直な人柄で仕事は機敏、芝居好きで、一九二五年に一座を引き取ってからは生徒を厳しく管理した。常々「清白做人、認真唱戯。（清く正しく生きよ、まじめに芝居をせよ）」と教えることで少女たちの両親への責任を果たそうとした。芸を売る女性の常として、彼女らの将来には性的な罠や嫌がらせが待ちうけている。それを見越した上での彼の厳しい管理と指導は、後年多数のスターを誕生させた。彼は一座を率いて杭州、嘉興、湖州など浙江省の各地を二年間近く上演して回った。裘広賢が率いた二年間で施銀花は十七歳、趙瑞花は十五歳、屠杏花は十四歳になった。少女たちは美しく成長しただけでなく、芸術的にも長足の進歩を遂げる。

図1　嵊州の戯台

一九二五年、嘉興で男旦《なんたん》の陳素娥《ちんそが》が所属する紹興文戯男班と出会った少女たちは、技術向上のために同じ舞台に上がった。ここで女子の声では男性の節回しをそのまま使えないことが明らかになった。その問題を解決したのが施銀花である。彼女は琴師王春栄と協力して、「四工調」という女声にフィットし、単純明快で生き生きした新たな節回しを生み出した。これによって女子の声の特徴を発揮できるようになり、女班の節回しは男班を越える魅力を備えた。また趙瑞花も嵊県の民謡の要素を加えて、音楽性はさらに豊かになった[28]。

少女たちは決していつまでも教師に学ぶ生徒のままでいたわけではなかった。彼女らは自分たちの努力と精進で、男班出身の師匠たちが教えることのできなかった女の芸を編み出したのである。舞台経験も豊富になり演技も上達した彼女らの上演は、大きな人気を獲得した。肉体の成長とともに、身体の条件に適した芸を自ら創り上げる。まるで男班に与えられた古い殻を破って自ら成長する雛鳥のような勢いが当時の彼女らにあったのだということを覚えておきたい。

第五節　施家嶴第一女子科班の成功とその意義

一九二七年春、裘広賢への貸出し期間が終わると、[29]女班は王金水のもとで三度目の上海進出を試みた。神仙世界等で約二か月興行したが、今回は「四一二事変」[30]と時期が重なり上海が物騒になったため、すぐに浙江に戻ることにした。

七月、科班は入学時に結んだ「三年は生徒、一年は見習い」という契約を守り、科班から戯班へと移行した。以後、俳優の給料は等級に従って支払われるようになった。女班人気の上昇とともに、農村よりもチケット代の高い杭州、紹興、寧波など中都市での上演が増え、俳優の収入も増加した。[31]

しかし一九二八年になると、十八歳になる施銀花をはじめとして結婚年齢に達した女優達が次々に結婚退団し、座員が趙瑞花、屠杏花ら十二名になってしまった。これでは都会で上演するには陣容が揃わず、しかたなく嵊県に戻った。

施家嶴には長らく帰っていなかったので、今回の帰郷を故郷の人々は待ち望んでいた。趙瑞花や屠杏花などのスターは駕籠で送迎され、その待遇は昔日とは雲泥の差だった。県内の上流階級にも人気は高く、一九二九年には金持ちの誕生日に余興に招かれ、七、八十里[32]を駕籠に揺られて行列をしたこともあった。

王金水と裘広賢はこの女子科班のために四年の心血を注ぎ、それがようやく報われた。一万元余りの儲けを山分けすると、王金水は満足して引退した、と言われている。[33]こうして、一九二九年に施家嶴第一女子科班は解散を迎えたのであった。

おわりに

一九二三年の嵊県で初の女子科班が誕生した背景として、蔣中崎《しょうちゅうき》は『越劇文化史』（八六〜八九頁）で以下の五点を挙げている。

第一に社会と時代の変化。一九一九年の五四運動以後、「女性解放」「男女平等」のスローガンとともに各種の女権運動が盛んになり、二〇年代初期には女性が参加する舞台が脚光を浴び始めていた。男性観客は女優のおかげで舞台が華やかになることを喜び、女性観客も女性が主役になる作品を待ち望んだ。また嵊県での近隣出身者には辛亥革命から五四運動の間に光復会に参加した進歩的人物も多く、彼らの民主的思想も施家嶴第一女子科班の形成に積極的な影響をもたらした。施銀花ら初の女班メンバーは嵊県で纏足《てんそく》をほどいた第一世代で、彼女らの存在が女子科班設立をスムーズにした。

第二に演劇市場に対応する劇団組織の発展。上海ではこれまでのように芸人たちが勝手に一座を組むわけにはいかず、きちんとした組織体制が必要とされた。一座は老板（劇団オーナー、〝後台老板〟ともいう）、班長（座長）、台柱（主演俳優）、一般俳優、専門の楽隊、事務職員等からなり、老板が資金を出して衣装道具を揃え、班長が管理をした。チケット代は劇場七、劇団三の割合で分けるのが一般的だった。劇団が得た収入はすべて老板のもので、班長や俳優たちに給料を支払った。つまり王金水は上海で上演を商品と考えるシステムを熟知しており、魅力ある「商品」として女子越劇を誕生させようとしたのだ。

第三に、女優が生活の手段を得る職業として注目されたこと。一九二〇年代、浙江農村の貧困家庭では女子の将来は女工か童養媳《トンヤンシー》(34)か妾しかなかった。幼い女工の給料は極めて低かったため、女優という職業の誕生は女子の生き方を広げて歓迎された。一座にとって、需要と供給のバランスがとれたのである。

第四に、京劇「髦児戯」の流行。清末、江蘇浙江一帯で「髦児戯《もうじぎ》」と呼ばれる少女だけの京劇団が出現し、一九二二年には上海の新世界で十一、十二歳の少女京劇団が上演して大人気を博した。少女が老生を演じる新鮮さや京劇の基本をしっかり身につけた少女たちの美貌と美声が王金水に女子科班への興味を起こさせた。嵊県出身者の多い上海で、お国言葉で歌う少女たちの芝居に人気が集まらないわけはないと考えるのが自然であった。

第五に男班に限界が見えたこと。男性俳優たちの表現には厚みが足りず、女役の節回し問題も打開策が見つからず、中年の域に達して芸術探求の欲求が薄れ、経済的なゆとりとともに堕落した生活を送る者が出てきた。また文明戯が流行し、戯曲改良が叫ばれる中でその競争力は次第に低下していった。そこで紹興文戯の将来を見据えた王金水が自分の故郷の女性に新しい希望を見出した。

しかしながら、筆者は第五点についてはいささか疑問を感じている。施家嶴第一女子科班が生まれた一九二三年は、男班はまだまだ上り調子で販路拡大の時代である。この時点で男班に限界を感じたのであるとすれば、それは王金水よりも俳優として舞台に立っていた金栄水の肌感覚ではなかったか。

俳優としてもっとも輝いていたはずの時代を上海の舞台で過ごすことができなかった金栄水にとって、少女たちの成功は俳優としての自分が生き直すことに思えたのではないだろうか。彼のように度胸、知識、才能を備えた得難い教師にめぐり合えたことは女子科班にとって大きな幸運であった。と同時に、彼にとっても少女たちとの出会いは僥倖であったと思えるのだ。一九二九年に始まる女子科班ブームでも金栄水は複数の科班に教師として招かれ、彼のもとから多数の有名女優が生まれている。彼は少女たちへの責任を果たすという一生をかけた事業をまっとうできたのである。

男性の切り拓いた茨の道を後進の女性が突き進むという女子越劇の歴史は金栄水を初の教師として選んだこの時点で決定づけられた。金栄水の俳優としての経験は第一期生の教育に生かされた。そして彼の教育をうけ上海を体験した一期生達が、今度は「客師《きゃくし》」（後述第三章）として直接間接的に二期生の教育に当たっていくのである。施家嶴第一女子科班が奮闘した六年間は、故郷に居場所のなかった少女たちが自分の力で居場所を獲得するために必要な時間であった。金栄水は彼女らに成長する方法と進むべき道を教え、裘広賢は彼女らが道を踏み外さないように厳しく監視し指導した。良き師匠に従いながら、少女たちは自分の努力と才覚で新しい女の芸を発明し、「人気と経済力」という成功を手に入れたのである。

彼女らの成功について、後世の人々はこのように評価する。「越劇女班の創設は、当時の多数の若い女性たちに社会や家庭の圧力や束縛を打ち破らせ、舞台で芸に精進すると食べていけることを教えた。そしてこのことが女優の社会的地位を変えたのである。これは彼女らがこの社会で人権と自由を争った結果である[35]」。

さらにその後の上海における女班大活躍の歴史から見ると、この六年間は越劇にとっての「種撒きの時期」であった[36]。彼女らの舞台を見た少女たちはスターに憧れ、それを応援する家族も増加した。社会状況は変わり、一期生の少女たちが次世代の少女たちに新しい女性のロールモデルを見せたのである。

次章では、女子科班第二期生の物語を紹介しよう。

注

（1）高義龍『越劇史話』（上海文芸出版社、一九九一年）四一頁。

（2）胡暁軍・蘇毅謹『戯出海上　海派戯劇的前世今生（海派文化叢書）』（文匯出版社、二〇〇七年）一八一頁。

（3）少女京劇班は一八七〇年頃（同治年間）江蘇へ、上海へは一八七〇年代後半、一八九〇年頃杭州へ行き上演した。一九二二年杭州から嵊県で上演した髦児戯班が大人気を博したという記録がある。だが彼女らは「色芸ともに売る」もので、封建社会の商女の流れだった。戯曲改良にも参加せず、都会に囚われ農村に根差さなかったので五四運動後は衰退し、二〇年代末には姿を消した。嵊県政協文史資料委員会編『越劇溯源』（浙江文芸出版社、一九九二年）五一頁。また一九二〇年代初の上海では、黎錦暉（一八九一～一九六七）の指導の下、女子児童の歌舞劇が上演されていた。星野幸代「上海の少女レビュー・ビジネスの隆盛と衰退――〈見られる〉性《ジェンダー》と身体表現」（中国ジェンダー研究会編『中国の娯楽とジェンダー　女が変える／女が変わる』勉誠社、二〇二二年）。

（4）姜進『詩与政治　二十世紀上海公共文化中的女子越劇』（社会科学文献出版社、二〇一五年）六九頁。嵊県文化局越劇発展史編写組編『早期越劇発展史』（浙江人民出版社、一九八三年）八五頁。

（5）金向銀「女子越劇第一班――施家嶴女班」（同（3）『越劇溯源』）五二～五三頁。

（6）一九〇四年に蔡元培らが中心となって清国に設立した中国の革命団体。

（7）同（5）五二頁。

（8）同（5）五三頁。

（9）同（5）五三頁。

（10）同（1）四二～四三頁。

（11）同（4）『早期越劇発展史』一〇三頁。

（12）同（5）五七頁。

（13）周乃光「金栄水和他的教戯法」（同（3）『越劇溯源』）二五五～二五六頁。

（14）金向銀「女子越劇第一班――施家嶴女班」（同（3）『越劇溯源』）五四頁によると、当時農村では長期雇いの年収が四、五十元、子供は二十元以下、裁縫炊事の女性は月給が一、二元であった。銭宏主編『中国越劇大典』（浙江文芸出版社・浙江文芸音像出版社、二〇〇六年）では百元としている。

（15）農暦五月二十七日、同注（14）『中国越劇大典』二七頁。

(16) 周乃光「金栄水和他的教戯法」（同（3）『越劇溯源』）二四八～二五七頁。
(17) 張継舜捜集整理『落地唱書　越劇伝統説唱』（浙江文芸出版社、一九九二年）には小歌班時代の田舎芝居だった頃に使用されていた賦子が三十数種類掲載されている。
(18) 金栄水は少女たちに自分のもてる賦子を教えるだけではなく、目にしたものをすぐに歌詞にできる能力を鍛えた。施銀花はその後二百数十の演目を上演したが、それができたのも賦子と目にしたものをすぐに歌詞にするという能力があってこそである。
(19) 事前に役者同士が互いの台詞やしぐさのやり取りなどのきっかけを確認することを「介頭」という。師傅が「派場」し「説戯」して、俳優が「介頭」でだいたい合わせたら、普段から覚えている「賦子」を運用して、芝居ができる。同（4）『早期越劇発展史』一〇五頁。
(20) 金栄水は男班の堕落ぶりに失望していたという資料もある。その後の少女たちへの教育に対する情熱からも、役者として旬の時期を上海で過ごすことができなかった彼が、自分の果たせなかった夢を託した可能性は強い。
(21) 毎日十時間以上の訓練を三か月続けて「串紅台」を行うというのが一九二九年以降に誕生する第二期の女子科班でも標準となっている。
(22) 衣装を着せてもらって喜んだり、道化役が鼻を丸く塗られるのを嫌がったりと、それほど幼かったのである。鐘治平・何国英主編『萬紫千紅総是春　大型電子節目《百年越劇》文集』（浙江人民出版社、二〇一〇年）。
(23) 路頭戯には即興力が何より必要とされるが、教師に教え込まれたばかりの少女たちにその力はなかった。また当時の曲調「正調」は男声の音域で低音の出ない少女たちには合わなかった。同（14）『中国越劇大典』二九頁。
(24) 金向銀「女子越劇第一班――施家嶴女班」（同（3）『越劇溯源』）五八頁。同（1）一五頁。
(25) 《上海文化芸術志》編纂委員会・《上海越劇志》編纂委員会編、盧時俊・高義龍主編『上海越劇志』（中国戯劇出版社、一九九七年）八頁。
(26) 金向銀「女子越劇第一班――施家嶴女班」（同（3）『越劇溯源』）五九頁。
(27) 紹興大班の演目は宮殿戯で正規の芝居だが、女班の演じる恋愛ものは淫戯で世の中の風紀を乱すというのが警察の言い分だった。施銀花は警察の妨害を避けるために師傅（師匠）と楽師の指導の下で紹興大班を学び『宝蓮灯・劉彦昌訓子』を覚え紹調で歌えるようになった。その後も徐々に紹劇の「流水」などの曲調を覚えた。同（14）『越劇溯源』『中国越劇大典』二九頁、同（1）四八頁。

（28）同（4）『早期越劇発展史』一〇七頁によると、「四工調」とは伴奏の胡琴を六—三定弦としたもの。趙瑞花についても、同書による。

（29）この間の事情を詳しく語る史料が管見にして見つかっていない。浙江テレビもバトンタッチの理由については語らず、裘広賢の存在は一九三〇年に誕生する「高昇舞台」の班主として再浮上する。彼は厳格な科班管理で有名で、その指導からは筱丹桂《しょうたんけい》、賈霊鳳《かれいほう》、商芳臣《しょうほうしん》、周宝奎《しゅうほうけい》、裘大官など有名女優を多数輩出している。その事実から考えるに、第一期少女たちの思春期に彼女らを束ねた経験は、第二期の育成に極めて重要な意味をもったといえる。彼が施家嶴第一女子科班を指導した二年間で、日々美しく成長する思春期の少女を性的な誘惑から守る難しさを知ったに違いない。「清く正しく」生きることこそ、彼女らが役者の道をまっとうするための必要事項だったからであろう。

（30）一九二七年四月十二日、国民党右派による共産党員の大規模逮捕、殺戮事件。

（31）当時の彼女らの活躍は都市観客と文芸界に一定の反応を引き起こした。『杭俗遺風補遺』『紹興晩報』『中国戯曲志・浙江巻・大事年表』に女班の記事が掲載され、評価されている。同（3）『越劇溯源』六二頁。

（32）中国の単位、一里は五〇〇メートル。

（33）王金水は女子科班で元手を失ったが、金栄水とともに女子科班の創始者として歴史に名を残したとする史料もある。同（14）『中国越劇大典』二九頁。

（34）童養媳とは将来息子の嫁にするために買い取る女の子のこと。第三章注（3）参照。

（35）同（14）『中国越劇大典』二七頁。

（36）金向銀「女子越劇第一班——施家嶴女班」（同（3）『越劇溯源』）六三頁。

第三章　少女の越劇（二）

——男芸から女芸へ

はじめに

前章「少女の越劇（一）」では初の女子科班である施家嶴《しかおう》第一女子科班の誕生と活躍について述べた。本章はその影響下に生まれた多数の女子科班が浙江省巡業をする時代を「少女の越劇（二）」として追及する。女優という職業を選んだ少女たちはこの修行時代に何を学んだのだろうか。

前章で述べたように一九二三年、王金水[1]は浙江省嵊県《じょうけん》の施家嶴村に初の女子科班を開設した。女子科班は女優の養成所で、ここで芝居を学んだ者がそのまま女班の一座を組み興行した。だがその後六年間、第二の女子科班が生まれることはなかった。女班は幼な過ぎてレベルが低いため客が入らないと、さんざんな評判だったからである。収益が少なかったので、女班を結成しようとする者もおらず、当然家族も娘に芝居をさせようなどとは思わなかった。

しかし施家嶴第一女子科班が浙江省各地を巡業するうちに、一座のレベルも上がり、何より社会状況が変化してきた。一九三〇年の世界恐慌によって嵊県の絹産業が大打撃を受け、工場が次々閉鎖した。そのため貧農家庭の少女たちの働き口が奪われたのである。

数世紀来、浙江省経済の重要な位置を占めてきたのは絹織物産業で、浙北地区（杭州―嘉興―湖州平原地区）がその中心だった。それを支えたのが浙東農村の養蚕業と女性・少女の廉価な労働力である。特に嵊県は山地が多くて農耕に適さず、経済を養蚕に頼っていたために世界恐慌は当地の少女たちに甚大な打撃を与えた。

溺女[2]すら珍しくはなかった男尊女卑の風土の中で、少女たちの進路は上海か杭州の工場労働者か妾か童養媳《トンヤンシー》[3]になるかしかなかった。童養媳の悲惨な運命から逃れようとする少女にとって、舞台に立つ施家嶴第一女子科班のスターたちは新しい道を示す一条の光に見えた。彼女らは女優を新しい職業として意識し、また娘のもたらす現金収入をあてにした家族もそれを応援した。こうして施家嶴第一女子科班の活動期間は、結果的に越劇にとって「種撒きの時期」[4]となったのである。

本書では一九二九年から嵊県近辺の村々で次々誕生した女子科班を、第二期女子科班群と総称する。それらの多くが上海上演を目指したが、日中戦争で上海が孤島[5]となるまではいずれも定着できず、浙江省内を船で巡業して芸を蓄積した。

浙江巡業をする少女たちの人生を題材にした映画に、『舞台姐妹《ぶたいしゃまい》』（一九六五年、林谷・徐進《じょしん》作、謝晋監督、謝芳・曹《そう》銀娣《ぎんてい》主演）がある。越劇の故郷で生まれ、彼女らの生活を身近に知る作家や監督の手による本作は、女子越劇誕生期の越劇界をめぐる様々な状況をまるで百科事典のように解説してくれる。旅回り劇団の構成、人はどのようにして女優になるのか、田舎芝居の女優がどうやって大都会に出、どのような運命をたどるのか。実際に彼女らが経験したエピソードをもとにしたバックステージ作品である。

浙江省の旅回り劇団で姉妹の契りを結んだ二人の女優が師匠の死をきっかけに上海へ進出し、男たちの欲望が渦巻く興行界の中で袂を分かつ。姉の竺春花は師匠の言葉を守って芸の道に邁進し、妹の邢月紅《けいげつこう》は大都会の誘惑に堕落する。妹は姉の反対を振り切って劇場主と結婚したものの、結婚生活の破綻とともに失踪する。一方、共産党の教育によって思想的成長を遂げた姉は、新中国建国後の旅公演先で妹を探しあてて連れ戻す。二人は新たな気持ちで革命劇上演の巡業へと船出する、という物語である。

前半部には一九三五年の二人の出会いから一九四〇年の上海進出までが描かれる。緑深い渓谷を進む苫船の上で肩を寄せ合う少女たちののどかな姿は、まさに第二期女子科班生の共通経験である。本章では「堂会」が原因で警察に抵抗した竺春花が、見せしめとして三日三晩橋のたもとに晒されるシーンに注目したい。「堂会」とは旧社会において金持ちがお祝い事などで俳優を私宅に招き上演させることをいう。一座にとっては嬉しい臨時収入となるが、俳優にとっては歌うだけでは済まず、酒の相手やそれ以上のサービスを強いられることもしばしばだった。

夜の相手を断った邢月紅を拘束しようとした警察が上演中の舞台に乱入し、抵抗する竺春花が捕縛される場面がある。当時、土地の有力者と結託した地方の警察が、「淫戯の上演を禁止」する名目で一座に賄賂を要求したり、無理やり女優を拘束したりすることが頻繁に行われ、一座の最大の悩みとなっていた。

映画では警察に抵抗する竺春花の勇敢さと対照的に、物陰に隠れ恐怖に震える邢月紅の無力さが強調される。自分のために戦う竺春花を前に、邢月紅は怯えるだけで何もできない(6)。さらに師匠の死後、二人は上海で一儲けをたくらむ阿鑫坊主に連れられ、「葬式代の借金を返すため」に上海の劇場に進出する。この経緯によって、彼女らには「女性差別と職業差別に苦しみ、旧社会の犠牲となった無力で不幸な存在」というイメージが強烈に印象づけられた。

だが実際に、そうだったのだろうか。本当に彼女らは、卑劣な大人たちに搾取されるだけの、孤独で無力で不幸なだけの存在だったのか。また彼女らを取り巻く大人たちは、少女を金儲けの手段とし、性の道具として弄ぶ人間ばかりだったのだろうか。

辛い稽古に耐え、警察の妨害に遭い、男性の性的なまなざしに晒される毎日は間違いなく彼女らを苦しめた。だが境遇の似た同年代の少女たちが集団で寝食をともにして稽古に励んだ日々は、一人前の女優になるための貴重な修行時代でもある。確たる目標に向かって邁進する毎日は、たとえ辛くはあっても不幸だと断言はできまい。後年、上海で女子越劇の全盛期を担う姚水娟《ようすいけん》、筱丹桂《しょうたんけい》、袁雪芬《えんせつふん》、尹桂芳《いんけいほう》らはみなこの浙江巡業の日々から誕生した。女性の自立が極めて困難な時代に、彼女らは自ら故郷を捨てて女優という職業を選び取ったのである。たとえ幼い彼女らに自覚がなかったとしても、少女たちは新時代の女性のシンボルとなる道を選択していたのだ。

本章では、彼女ら第二期女子科班群の具体的な生活を通してその成長過程について考察する。浙江省を巡業する女子科班は、同じ境遇の者同士が身を寄せ合い、豊かな生活を目指して師匠のもとで学ぶ少女の集団だった。彼女らは先輩の生き方から女性の自立を考え、厳しい職業差別と性差別の蔓延する社会に対して女同士の絆で自衛した。そこには男性に頼らず、自分の力で人生を切り拓こうとする、江南少女たちの逞しい姿が浮かび上がってくるのである。

第一節　第二期女子科班群の誕生と成長

（１）第二期女子科班群の誕生

施家嶴第一女子科班の観客が増加して一座が儲かるようになると、女班に出資しようとする者たちが現れた。故郷に働き口を失くした少女たちも、女優という新しい仕事で家族を養い、童養媳という未来から逃れようとした。また上海で活躍していた男班俳優たちの中にも高齢化とともに舞台を退き、彼女らの教師となる者が生まれた。ここに資金・生徒・教師が揃い、女子越劇誕生の機が熟したのである。

一九二九年後半に二番目の女子科班となる「新新鳳舞台」が嵊県黄澤に誕生したのをはじめ、嵊県、新昌、紹興、富陽、臨安、三門、余姚一帯では女子科班の開設ブームが起こった。一九三〇年には崇仁に「高昇舞台」（筱丹桂、商芳臣、裘大官、周宝奎《しゅうほうけい》が出身）、後山に「群英鳳舞台」（姚水娟《ようすいけん》、竺素娥《じくそが》が出身）、長楽に「霓裳仙雲社」（邢月《けいげつ》芳《ほう》、邢湘麟が出身）、城関に「鏡花舞台」（馬樟花《ばしょうか》、陳呆呆が出身）の四校が開設された。一九三一年には「大華舞台」（尹桂芳、毛佩卿が出身）、「越新舞台」（王杏花《おうきょうか》、邢竹琴が出身）、「群芳舞台」、「天蟾鳳舞台」の四校、一九三二年には「仙姫景華舞台」、「新群英舞台」、「素鳳舞台」の三校、一九三三年には「四季春班」（袁雪芬、傅全香《ふぜんこう》が出身）をはじめとして六校というように、一九二九年から一九三七年の抗日戦争開始までに、嵊県の中だけで女子科班が二十六校も誕生した。(7) その後も一九三四年までに黄澤だけで十三校、後山に十一校が生まれた。(8) 一九三五年の調査では、人口四十万の嵊県だけで二百以上の「女子的篤班《てきとくはん》」があり、(9)「女優の数は二万人以上に上り、当時若い農民が嫁不足に悩んだ。戯班は数百にまで増えた」と伝えられた。(10)

これらの科班はいずれも名実ともに施家嶴第一女子科班の影響下にあった。その理由は二点ある。まず、施家嶴第一女子科班を率いた教師たちが第二期女子科班群の教育をも担ったことである。例えば「新新鳳舞台」は立ち上げ時には失敗したが、施家嶴第一女子科班の金栄水を教師に招いて成功に転じた。金栄水はその後「群英鳳舞台」にも招かれている。「高昇舞台」では裘広賢《きゅうこうけん》が、筱丹桂ら多数のスターを育て上げた。

次に、施銀花や屠杏花《ときょうか》ら施家嶴第一女子科班出身の女優が第二期女子科班群に「客師《きゃくし》」（後述）として招かれたことである。先輩女優たちは多数の科班を渡り歩き、後輩たちと共演して舞台の上で芸を伝えた。男性教師に学ぶしかなかった女子科班一期生は、自らの手で女の芸を生み出さねばならなかった。だが、二期生たちは科班に入学する前から女の芸を目にし、同性の先輩から舞台で女の芸を学ぶことができたのである。これは二期生の表現術に大きなアドバンテージとなった。

（2）女子科班の共通点

続々と生まれた女子科班で、少女たちはどのような生活を送ったのだろうか。科班は、いずれも少女を小歌班の俳優に育てるのを目的としたが、生徒募集、管理方法、教学内容についてはそれぞれ特徴があった。例えば「新新鳳舞台」は生徒が月謝を払って師匠に学ぶ子弟班、(11)「群英鳳舞台」は複数の人間が出資して科班を経営する合資経営制、「高昇舞台」は一人の出資者（「後台老板」、戯班オーナー）が入学者と契約を交わして教師を招き、班長が戯班（一座）を運営するという典型的な老板制だった。経営方法に関わらず女子科班の共通点を丁一・方爾は以下のように述べている(12)（以下抄訳引用）。

女子科班は女優の養成所と劇団を兼ねた学校形式をとり、（…）師匠が個人的に弟子を教えるという伝統的な民間の科班に比べると先進的なものだった。芝居を教える者は師匠（「師傅」）と呼ばれていたが、実際には学校の教師と同じだった。というのも、生徒が師匠のもとへ弟子入りして家伝の技芸を修得するのではなく、希望者は募集に応じて入学するという形をとったからである。そのため、これまで芝居とは無縁だった家庭の女子が多数集まり、科班側は入学者を選抜することができた。（…）生旦丑浄の役柄すべてが揃い、一座としての厚みが生まれた。彼女らは常時上演を行うことで芸を磨き、科班卒業時にはすでに豊富な舞台経験を積んでいた。また俳優の年齢がみな近かったことで、一座としてのまとまりが生まれた。（…）

科班の班長[13]には一定程度の教育と商売の経験をもつ、地方劇の愛好者が選ばれた。彼らは観客の好みを熟知し、組織力に優れ、フットワークも軽かった。教師には男班時代の有名俳優が選ばれた。彼らの指導法は口伝えで歌や台詞を教え、動作を演じて見せることだった。また小歌班が警察からしばしば上演禁止という妨害を受けてきた経験を踏まえ、絶えず京劇や紹劇に学んで芸術レベルの向上を図った。特に喩伝海の細やかな演技指導や飽金龍の厳しい基礎訓練は有名だった。教師たちはスター俳優を養成することを名誉と考え、熱心に教育した。

ほとんどの生徒は貧農の娘なので、生きるために強烈な職業意識をもっていた。勤勉に刻苦勉励し、常に更なる高みを目指し、新しいものを創造しようとした。また多数の科班が同時に存在したために競争が生まれた。厳しい緊張関係に置かれたことがさらに芸のレベルを向上させた。

科班では普通三か月の訓練後に「串紅台《かんこうだい》」が行われ、その後に巡業に出た。当時農村で上演すると一日の収入は二十～三十元だった。上演は観客と交流ができ、学びながら実践する絶好の機会である。少女たちはこの現場で、稽古場で師匠について学ぶよりも、はるかに多くのことを学び取った。彼女らは常に観客の反応に耳を傾け、師匠のもとに戻ると自分の弱点を修正した。しばらく上演して習った演目をすべて演じ終えると、また稽古場に戻って新しい演目を習うのである。

学んでは演じ、演じてはまた学ぶ。この繰り返しが短時間で多くの人材を育てた。その背景には、生徒の保護者や親戚友人を含む多数の観客との関係があったことを忘れてはならない。ここにはすでに「役者は舞台の皇帝」「観客は演劇の神様」という関係が生まれていたのである。

上海での女子越劇成功の基本にある「スターとファン」の関係や「観客の好み」を敏感に反映する作品作りは、この時すでに、少女たちの遺伝子に深く刻み込まれていたと言えよう。

女子科班の巡業先は浙江省全土にわたったが、なかでも重要な土地は紹興、杭州、寧波である。彼女らにとって紹興は常打ち小屋のある第二の故郷で、全省と上海への出発点となった。杭州は浙江省の文化・経済の中心であり、ここは全省と上海の中継点だった。寧波は上海の水路中継点であった(14)。つまり、すべての道は上海へと続いていたのである。二期生たちは、この旅の最終目的地が上海であることを常に意識させられていた。

第二節　男性教師と第二期生

男性教師たちはどのような心構えで少女たちを教育していたのだろうか。金儲けの手段と割り切る悪辣な班長や教師も多数いたであろう。だが、後年に名を残す名班長や名教師も確かにおり、彼らのもとからは多くの名優が育っているのだ。

図1　三花：左から　施銀花、趙瑞花、王杏花（『中国越劇大典』）

本節では女子科班の中でもいち早く上海に入り、一九三〇年代に「三花不如一娟、一娟不如一桂」（施銀花、趙瑞花、王杏花（図1）より姚水娟、姚水娟より筱丹桂が良い）と称された二大スター、姚水娟（一九一七年生）と筱丹桂（一九二〇年生）をそれぞれ育てた「群英鳳舞台」と「高昇舞台」を例に挙げて考察する。

（1）「群英鳳舞台」と竺均堂《じくきんどう》

「群英鳳舞台」（一九三一年、群英舞台から改名）は女子越劇史上最初の合資経営制の科班で、後に「越劇皇后」と称された姚水娟や「越劇皇帝」と称された竺素娥ら、早期女子越劇のスターを育てた。竺柏松「群英鳳舞台史略」によると、この一座の班長竺均堂が『民国弐拾年群英鳳舞台総清』という管理資料を残しており、当時の状況を教えてくれている。[15]

一九三〇年農暦三月、嵊県金山郷後山村で竺均堂が十名以上の出資者から千元を集めて「群英舞台」を設立した。三百元を出した竺均堂が班長となり、文戯・武戯ともに多数の教師を招いて教育を行った。竺均堂は芸に対しては厳しい規則を強いて女優たちを管理した。姚水娟、竺素娥ら二十人弱を抱え、紹興文戯以外に紹劇と京劇も教え、農暦五月には『梅龍鎮』でデビューして好評を得た。さらに三か月間訓練して巡業を開始するとたちまち大好評で、「文武揃った初の女科班」との評判を得た(16)。順調に増収したので竺均堂は出資者に返金し、将来性のない生徒には退学を命じて座員を整理し、一九三一年に「群英鳳舞台」と改名した(17)。

後山村は戯班村と称されるほど芝居好きの土地柄だった。一九三〇年の「群英舞台」設立から一九四九年までに二十軒以上の女子科班が村に誕生し、嵊県の中でも群を抜いている。もともと嵊県は多数の革命家を輩出してきた土地だが、その中でも後山村は比較的豊かで文化度も高く、一年中何かのお祭りが行われていたという。ほぼ全員が竺姓を名乗り、中でも竺均堂は土地の名士として知られていた。

竺均堂は村の知識人で、父親から譲り受けた酒蔵と食品店「同昌号」を営み、ゆとりのある生活を送っていた。芝居好きで、自分で楽器も弾き、舞台衣装の貸し出しも行った。女子科班の設立も村人の娯楽として自分たちの科班が欲しいと考えたのがきっかけで、ある程度の儲けは考えても、決して貪欲ではなかったという。衣裳貸しについても、日数計算をするのが相場だが上演日数計算で良いとし、知り合いには友達価格で安く貸し出した。

科班はまじめな運営で知られ、文戯と武戯に優秀な教師を招いた。その中には施家嶴第一女子科班の名教師、金栄水もいた。竺均堂は資金・知識・衣装という、科班の運営に必要な物質的・技術的条件を備えていた上に人間的にも正直で一族の信用を得ていたため、親たちも安心して娘を送り出した。その結果、十七名の生徒が参加し、うち六名が後山村出身だった。その中に姚水娟と竺素娥が含まれていた。

科班は学習期間を三年間とし、まず白佛堂で五か月間の合宿を行った(18)。その期間にも竺均堂は生徒たちが「賦子」や「単片」を読めるようにと熱心に文字を教えた。上演に当たっては教師が口伝えであらすじを教え、役柄ごとに歌詞を書いて朗読して覚えさせた。彼女らの日課は、五時起床、鏡に向かって喜怒哀楽の表情の稽古、発声、賦子、単片を読む、立ち回りの基本練習を行う。朝食後は文戯の稽古で昼食と昼寝を挟んで、武戯の稽古を行う。夜は舞台で芝居を上演し、村人には無料で観てもらった。下手な演技には村人が容赦なく舌打ちをするので、みな自分への評価をまざまざと思い知らされた。観客の視線に晒すことで、生徒たちのやる気を刺激したのである。

「群英鳳舞台」では文戯・武戯ともに教育しただけでなく、紹劇や京劇など他劇種の演目も教えた。そのため生徒は立ち回りの基礎がしっかりできており、特に武戯に優れていた(19)。それが可能だったのも、竺均堂が新昌紹劇団と懇意にしており、良い武戯教師を招くことができたからだとされている。その後も竺均堂は生徒の芸の水準を上げるために、人脈と資力を尽くして各地から優秀な教師を招き、少女たちを教育した。

彼女らが学習期間に学んだ劇目は多い。そのリストには『売青炭』『梅龍鎮』をはじめ、『碧玉簪《へきぎょくさん》』『盤夫索《ばんふさく》夫《ふ》』等の文戯や『鉄公鶏』『盗仙草』『西遊記』等の武戯、『群英会』『金雁橋』等の靠把戯《こうはぎ》（鎧を着けた武将の立ち回り芝居）、さらには『祝狗上墳』のように道化役を中心にした芝居までもが含まれている。このレパートリーの広さがその後の姚水娟の活躍を支えたと言えるだろう。

「群英鳳舞台」の初上演は農暦五月二十二日である。科班開設後二か月も経っていなかったが、故郷後山村の村人たちから熱心に勧められて舞台に上がり、大作『梅龍鎮』を上演し、姚水娟が主役の李鳳姐《りほうしゃ》を演じた。科班はその後三か月の稽古を積んで、巡業へと旅立った。巡業時には科班から無料で靴、日傘、蚊帳が支給された。また上演の収益に応じて、少額ながら生徒たちにも小遣い銭が支給された。

八月、近隣の新昌県での上演中、「女子の芝居は風紀を乱す」として竺均堂が逮捕された。保釈金を積んで釈放されたものの、その後の上演は許されなかった。施家嶴第一女子科班の施銀花たちと同様に、二期生の少女たちも行く先々で警察の妨害に悩まされたのである。

一九三〇年十二月の紹興では竺均堂が事前に親戚の政府関係者に話を通していたため、上演は順調に行われた。また金栄水が、施家嶴第一女子科班時代の教え子で今や浙江省の大スターとなった趙瑞花、屠杏花を客師として招いたため、一座はたいへんな人気を集めた。その後は杭州を回り、一九三一年一月には余姚をはじめ浙江省の小さな村々を水路で巡演した。三か月で一六四二元の収入、二九八元の利益を上げ、出資者に三十元ずつ返金できた。農村が繁忙期に入る五月には嵊県へ帰郷し、約半年の上演期間を終えた。一九三一年後半は寧波地区の農村で上演を行ったが、竺均堂はそこで紹劇の名優趙樟全《ちょうしょうぜん》を招き、竺素娥に靠把戯の指導をしてもらった。『投軍別窑』『伐子都』『金雁橋』などを学んだ竺素娥は、好評を得て文武小生（文戯も武戯もこなす男役）として名を成した。

だが一九三二年五月、順調に成長していたはずの「群英鳳舞台」は突如、解散の憂き目にあう。設立から解散までわずか二年弱だった。開学時の規定では養成機関は三年と定められていたのに、それを待たずに解散することになったのである。その理由として竺柏松は次の二点を挙げている。[20]

第一に、世界恐慌の影響で一九三〇年から三一年にかけて上海の物価が高騰し銀が大暴落した。さらに一九三一年八月の嵊県台風水害による食糧危機と一九三二年一月の第一次上海事変のあおりで、食料を買う資金に困った科班の出資者から持ち株分の資金返却を要求されたこと。

第二に、「群英鳳舞台」が有名になったために、演技力のある姚水娟、竺素娥、姚月明《ようげつめい》、范玉楼《はんぎょくろう》らが次々と高い給料で他の科班に客師として招かれていったことである。

ここでは後者に注目したい。当時まさに嵊県で女子科班ブームが起こっており、どの科班も集客のためにスター俳優を「客師」として招くことに熱心だった。「群英鳳舞台」のスター姚水娟と竺素娥も、一九三一年三月、「越新舞台」に引き抜かれた。その他の俳優たちも「大華舞台」に引き抜かれてしまい、「群英鳳舞台」の本体が解散を余儀なくされたのである。同年五月には武戯教師の竺基煥《じくきかん》と文戯教師の趙洪奎《ちょうこうけい》も「大華舞台」に招かれて、一座を去った。

座員たちに去られた竺均堂は、新興の女子科班に衣装の貸し出しをして当座をしのいだ。抗日戦争勃発までに新たに「群英鳳舞台」の名で科班を二度興したがうまくいかず、「冬服を質に入れて」帰郷するところまで落ちぶれたという。最後は親から譲り受けた「同昌号」さえも食いつぶしたところでようやく科班運営を諦め、芸を捨てて農業に従事して老後を迎えた。

竺均堂の熱心な教育のおかげでスターになった少女たちは、より高い収入を求めて、年季明けも待たずに一座を去った。かつて「施家嶴女子科班が女科班の勃興を進め、女科班の勃興が施家嶴の解体を進めた」[21]と言われたように、「群英鳳舞台」一座もまた女優たちが育ち、散って行くことで内部から解体したのだ。まじめに芸を愛し、自分を育ててくれた師匠のもとを去り、より給料の高い劇団を渡り歩く。江南少女たちのたくましい一面が、ここに見えてくる。

(2)「高昇舞台」と裘広賢

一九三〇年農暦三月吉日にかつて施家嶴第一女子科班を率いた裘広賢が親戚から三百元の融資を受け、崇仁、長楽の二か所で二十三名の生徒を集め、崇仁鎮の戒徳寺で老板制の科班を設立した。生徒、科班、自分の出世を願って「高昇舞台」と命名した[22]。

入学時の契約書には、「教育期間は四年間、その間住居食費は免除の上、四年間に百元を支給する。一年目十元、二年目二十元、三年目三十元、四年目四十元」と書かれ、「生老病死は天命による」「勝手な離団は許さず」「指導に服従する」などの規則が決められていた。文戯の教師に男班の著名俳優喩伝海らを招いたほか、武戯の教師も複数招き、文武双方に長けた役者の養成を目指した。

十代の少女たちが芝居に集中できるように、裘広賢は経費を惜しまずスタッフを揃えた。経理担当者以外に生徒の母親ら二人を雇い入れ、家事全般を任せた。男女の交際については特に厳しく眼を光らせ、異性のいる部屋に入ることを一切禁じ、男性客が来ると席を外させた。一日三度の食事は役柄ごとのテーブルに集い、自分や教師らの監視のもとで摂らせた。就寝時には自分と教師らが交互に見回り、洗濯も大人が行い、生活の秩序を整然と保った。

裘広賢は少女たちが無断で外出し、客に会い、養父母の関係を結ぶなどの交際を一切禁止し、「做人要清白，唱戯要認真（身は純潔に、芝居は真剣に）」、「吃得苦中苦，方為人上人（最も辛い修行に耐えた人間だけが、成功を手に入れる）」を教育の信条とした。施家嶴第一女子科班を率いた経験(23)から、彼は社会の「戯子《シーズ》」に対する厳しい職業差別と、若い娘に対する容赦ない性的搾取を知り尽くしていたからである。(24)

社会の厳しい蔑視から守るために、裘広賢は生徒たちに「自重し、金に目をくらませず、恋愛禁止」を強いた。芸に専心させる教育方針のおかげで、「高昇舞台」は後年「越劇皇后」と称された筱丹桂、「滑稽大王」と称された賈霊鳳、名小生の張湘卿《ちょうしょうきょう》、文武老生の商芳臣、名老旦の周宝奎など、幅広い役柄から名優を輩出した。

裘広賢という人は、商売として科班を起こしたものの、後ろ暗い金儲けや生徒の虐待などはせず、まじめで教育熱心な「篤牌班長」(25)として有名だった。彼が最も警戒したのは社会が少女らに向ける性暴力である。巡業先の宿泊場所はいつも寺院の祠やお堂だったが、しばしば土地のならず者たちの襲撃にみまわれた。裘広賢は戸口に布団を敷き、中で眠る彼女たちを身を挺して守ったと言う(26)。彼は娘を育てる厳しい家父長の態度で少女たちを育てたと言えるだろう。

しかし、その努力も上海の魅力の前では無力だった。日中戦争後の一九三八年春、裘広賢は一座を率いて上海に向かい、恩派亜《エンパイア》大戯院で武戯『三本鉄公鶏』と文戯『盤夫索夫』を上演し、いずれも好評を博した。主役級の筱丹桂、張湘卿、賈霊鳳らの名は黄浦江両岸で轟き、急増したファンが舞台に押し寄せた。養女の関係を結ぼうとする者、舞台衣装を贈る者、金銀宝石を贈る者、と誘惑が後を絶たず、貧しい生活の中で芸に専心してきた少女の心を揺るがせた。「上海という場所は金を稼ぐには確かに宝の地だが、このままでは一座がつぶされてしまう」と考えた裘広賢は、一九三九年冬に一座を率いて帰郷し、故郷での上演を選んだ。

「高昇舞台」が上海を離れたことを知った男性ファンたちはすぐに張春帆《ちょうしゅんはん》(27)を嵊県に派遣し、主たる女優の家族を買収し娘に上海に戻るよう口説かせた。裘広賢が知った時には、時すでに遅く、筱丹桂の心は決まっていた。彼は筱丹桂にこう告げたという「上海では騙されないようくれぐれも注意せよ。危ない金は稼いではならない。欲を出すと罠にかかる。心せよ。私にはもう守ってやることができないのだから(28)」。

上海で一世を風靡しながらも張春帆の愛人となった筱丹桂は、一九四七年に張春帆による虐待が原因で自ら命を絶った。心配した通りの道を歩んでしまった彼女の訃報を、裘広賢はどのような思いで聞いただろうか。

第三節　第一期生の与えた影響

施家嚳第一女子科班の解散後、大多数の女優たちは故郷で結婚して舞台を去った。舞台を続けようとする者も自分たちだけでは一座を組めず、男班の上演に参加したり、二期生の客師となったりすることに活路を見出した。客師とは外部から招く専門家のことで、二つの役割が期待された。一つは客寄せの目玉となること。もう一つは共演する若い座員の手本となり演技指導をすることである。

だが一期生が二期生に見せたのは、芸の手本だけではなかった。結婚こそが女性の幸福で女優の安寧なゴールだと考えられていた時代に、一期生は新たな生き方を見せてくれたのである。本節では一期生が後輩たちに与えた影響を、仕事と結婚という二面から考察してみたい。

(1) 客師という仕事

施家嚳第一女子科班の解散後、趙瑞花と屠杏花は「群英鳳舞台」に客師として招かれ、紹興などで上演に参加して高額の報酬を稼いだ。趙瑞花には昼夜六十五ステージで七十五・八三元、一か月遅れで参加した屠杏花には衣装代などを含め四十一・五四八元が支払われた。上演日数で換算すると、一日一元の報酬に加えて一、二角のチップが支払われたことになる。それに対して、主要な教師や楽師で上演日あたりわずか五角（〇・五元）、班長の竺均堂ですら上演期間全体で二十一・六四五元、上演日計算では〇・三三三元に過ぎない。(29) だが彼女らが客師を務めたその約半年間で、生徒として在籍していた姚水娟、竺素娥らの芸術レベルは格段に向上したと言われている。客師の高給はそれに見合うだけのものであった。

一九三一年、趙瑞花は「高昇舞台」に招かれて客師となり寧波で上演、筱丹桂、商芳臣、賈霊鳳らと組んだ。彼女は偉ぶることもなく、後輩に惜しげなく芸を伝え、李艶芳、筱丹桂、竺水招《じくすいしょう》らの名優を育てた。特筆せねばならないのは一九三二年に、趙瑞花が魏素雲とともに「瑞雲舞台」を設立したことである。これが老板のいない、役者が自分たちだけで管理した越劇史上初の劇団（姉妹班）である。ここでは、役者に適した演目や舞台美術などの改革が行われた。[30]

一方、屠杏花[31]は紹興で客師を務めた後、一九三一年に単身上海に出て男班の謝志栄らと舞台に上がり、男班唯一の女小生として話題を呼んだ。これが上海初の男女混演[32]とされる。その後も屠杏花は一九三二年に寧波に移って男班との混演を続け、男性芸人から小生の演技を学んだ。一九三三年には四大名旦の一人白玉梅（男性）と『三笑婚縁』を混演したが、屠杏花の演技が本物の男性よりも男らしく、観客には性差の見分けがつかなかったという。

一九三五年に屠杏花が客師として「四季春班」に招かれた時の報酬は一二〇元で、大学准教授並みの給料だった。当時一座のトップ女優袁雪芬の月給が二十・八〇元だったことを思うと、客師の厚遇のほどがわかるだろう。客師の高給は後輩達に大いなる希望を抱かせ、努力する強い動機となった。[33]

(2) 結婚というゴール　施銀花の生き方

趙瑞花、屠杏花の人気と名声にじっとしておられなかったのが、寿退団を果たしたはずの施銀花である。一九二八年、当時十八歳の施銀花は紹興の資産家孫綏占《そんすいせん》に嫁いだ。女の幸福は安寧な家庭に収まること、と考えられてはいたが、「戯子」が金持ちの妻になることが果たして幸福なのかどうか。だがはっきりしていたのは、夫はこの結婚のために派手な婚礼を行わず、周囲に「正式の結婚」という印象を与えなかったということである。[34] 夫はすでに家庭のある中年男性で、芝居のファンではあったが、愛する相手としてふさわしくはなかった。[35]

結婚翌年に女子越劇の状況が大きく変わり、嵊県では続々と女子科班が生まれた。施銀花とともに舞台を務めていた趙瑞花、屠杏花、沈興妹《ちんきょうまい》、馬秋霞らは競うように後発科班に客師として招かれていった。彼女らの人気は益々上がり、その給与は月三十元から百元近くに及ぶという。さらに趙瑞花と魏素雲が二人で「瑞雲舞台」という越劇史上初の姉妹班を結成するまでになった。女子越劇のこの発展は、施銀花の予想をはるかに超えていた。仲間たちの活躍は施銀花に大きな衝撃を与え、舞台への思いが急激に募った。

一九三二年冬、施銀花はついに穏やかな結婚生活を捨て、舞台に復帰した。夫の反対を振り切り、裘広賢の招きに応じて「高昇舞台」で客師となったのである。夫はこれを許さず、離婚を言い渡した。妊娠中の施銀花は家庭も舞台も手放したくなかったが、夫はどちらかを選択するようにと迫った。一九三二年末、彼女は離婚を不服とし法廷に訴えた。だが夫は婚姻関係どころか同居も認めず、お腹の子の認知すら拒み、結局一九三三年一月に離婚が成立した。

裁判の甲斐なく、施銀花は家庭を失った。だが、それは夫権の桎梏から抜け出し、新たに自分の可能性を追求する自由を手にしたということでもあった。「高昇舞台」の後も身重の体で筱丹桂と寧波舞台で復帰すると、一九三三年十月には竺素娥と孫苗鳳《そんびょうほう》の立ち上げた「素鳳舞台」で客師となり、紹興模範劇場で上演した。紹興の観客は彼女の復帰を熱烈に歓迎し、「越国の行幸」と呼んだ。「紹興新聞日報」は「この世に並ぶもののない悲劇のヒロイン」「施銀花登場」という宣伝文句で観衆を引きつけた。[36] 一九三五年、施銀花は著名琴師邢雪琴を招くと、かつて自ら編み出した四工調をさらに発展させた。これにより女子越劇の表現技術は一段と成熟し、施銀花

は「花衫鼻祖《かさんびそ》（花衫の開祖）」(37)「越劇泰斗《たいと》」と称されるまでになったのである。(38)

施銀花の人生は、後輩たちに重要なことを教えたはずだ。一九二〇年代に四工調という女性向けの節回しを生み出し、男の芝居から女の芝居へと橋渡しをした彼女ですら結婚のために舞台を去った。それが当時の女性の、女優の幸福なゴールだと信じられていたからだ。しかし実際には、わずか数年で施銀花は舞台に戻ってきた。マスコミは彼女の復帰を「越劇界を活性化させるために私的幸福を捨てた」という美談として讃えたが、後輩たちは異なる真実に気づいたことだろう。一つは結婚が必ずしも幸福を意味せず、人生のゴールにもならないということ。もう一つは芸を磨き観客をもち高収入を得るというやりがいのある仕事は、舞台の上以外には存在しないということである。

施銀花が復帰後の一九三五年に四工調をさらに改良発展させ、それによって女子越劇の唱法が成熟したという事実は、芸の発展には経験の蓄積こそが必要であることを教えている。彼女にとっても、結婚で芸の道を辞めてしまっていては、その後の実力もさらなる人気も手に入れることはなかった。施銀花の離婚と復帰は、生きる糧として芝居の道に入り、自分の芸で豊かな生活を獲得することを目標とする二期生たちにとって鮮明なロールモデルを示してくれたのである。

第四節　シスターフッド

前節では親身な教師と優しい先輩との例を挙げたが、実際には悪辣な班長、教師や客師も多数存在した。袁雪芬の所属した科班「四季春班」の王天喜は悪辣な班長として有名で、女優との色恋沙汰や妊娠なども日常茶飯事だった。年頃で器量の良い女優は、班長や教師と「特別な関係」を結び、芝居を教えてもらうチャンスを増やした。班長らはそれを餌に女優を我がものとし、その後金持ちの目に留まる者がいれば、差し出して紹介料を稼いだ[39]。

また旧社会の芸人は自分の芸を他人に教えるのを嫌がるのが普通で、後輩指導のために招かれたとはいえ、自分の芸を盗まれまいとする客師も多かった。そのため後輩たちは舞台をこっそり覗いて客師の芸を「盗み」取らねばならず、現場が見つかると激怒され報復されることもしばしばだった。

当時の幕表戯には定まった台本がなく、教師から物語や人物関係を教えられると、舞台では使い回しの効く賦子を即興で歌った。多くの賦子を覚えて臨機応変に対応できるのが良い俳優とされた。そこで客師たちは経験の浅い相手に対してわざと演目に関係のない賦子を繰り出し、舞台で立ち往生させた。観客の野次を浴びせて恥をかかせ[40]、若い芽を摘もうとしたのである。多くの名優が客師の仕打ちを忘れ得ぬ記憶として恨みを込めて記している[41]。

少女たちがこの過酷な生活を耐え抜くことができた要因の一つに、同期生の中で築き上げた女同士の親密な連帯感があったのではないか。一つの科班には故郷の言葉と貧しさを共有する同世代の少女が二十から三十人も集められていた。彼女らは寝食をともにし、教師の鞭に耐え、互いに励まし合って困難を乗り越え、日々の舞台を務めた。そこには自然と同郷、同業の運命共同体が生まれ、強い帰属感が生まれた。その絆は「姉妹の情」という情緒的な意味合いを越え、のちの上海生活を支えるネットワークとなった。本節では、この時期の彼女らが築いた女同士の絆について考察してみたい。

（1）同性同士の絆

旧中国では男女の生活空間は極めて厳格に区別されたため、男性の社会的能力や感情の絆などはすべて男性の仲間によって育まれた。男性同士の感情的・知的な親密さは多くの中国古典に描かれてきた。例えば『三国志演義』や『水滸伝』は、ほとんど男性ばかりの世界における同士愛や「金蘭契《きんらんけい》」（義兄弟の契り）を描いている。また男性同士の性的な関係も珍しくはなく、それを表す「断袖《だんしゅう》」や「分桃《ぶんとう》」という言葉は、特定の支配者が同性の若い愛人に示した情愛の物語から生まれている。(42)さらに女役の俳優を性的対象とする「相公《しょうこう》」（男娼）制度は、劇場の中に学者や官僚などの知識人をメンバーとするホモソーシャルな場を作り上げていた。

一方、明清時期の書物で女性同士の性的関係が注目されることは極めて少ない。女性同士の絆については、特定の地方の特殊な家族の慣例として報告が挙げられる。有名なものには広東デルタの「不落戸《ふらくこ》」（移住の遅い結婚）や「自梳女《じそじょ》」(43)（親の決めた結婚に抵抗して家を出、仲間と生活する女性たち）がある。また湖南省の女性たちによって保存された「女書《にょしょ》」（女だけが使う文字）で、親しく心を交わして助け合い、密かな姉妹愛の契りを結んだ例が挙げられる。

中国女性史研究の先駆者小野和子は一九二〇～三〇年代の広東の製糸工場の女工たちが結んだ「金蘭契」（義姉妹の契り）について、「職業をもち自立する女性たちの絆」という点を強調している。(44)ここで興味深いのは、女性同士が同居することで自分の自由を奪う結婚を拒否しようとしたという指摘である。彼女らは主体的に自立を選び、異性婚を拒否した。あるいは親の言うとおりに名目上だけは結婚したものの、男性との共同生活を忌避するために生活費や、時には夫が妾をもつ費用までをも仕送りしたこともあったという。

越劇女優たちの経験した「金蘭契」は、広東の女工たちの例ほど急進的なものではない。彼女らの絆は「結婚まれている。

拒否」とは逆に、結婚や男性に生活を頼れないからこそ選んだものであり、自活する女性同士の助け合いから生まれている。

(2)「金蘭契」と尹桂芳

浙江省ではどのような女性たちが「金蘭契」を結んだのか。それを体現している人物として、尹桂芳(一九一九〜二〇〇〇)を例に挙げたい。彼女は一九四〇年代最初に「越劇皇帝」と称された男役の大スターで、現代でも「十人男役がいれば九人は尹《いん》派」と言われるほどの人気流派の始祖である。また同世代の女優仲間から「大姐」と呼ばれて特別な敬愛を捧げられていた。紹興にある越劇博物館の玄関そばには、現在もなお越劇姉妹たちを見守るかのように尹桂芳の銅像が据えられている。その伝記『徳芸双馨 尹桂芳伝』(45)には、女性同士の絆によって命を救われた経験が記されている。

浙江省新昌県の片田舎で生まれた尹桂芳は八歳で小作人だった父を亡くし、纏足《てんそく》の母と幼い妹弟を支えて農作業や家事を受けもった。母は近所から繕い物や洗濯などの賃仕事を得ていたが生活は苦しかった。母を苛んだのは貧困だけではない。寡婦であるがゆえに、常に周囲の男性から嘲笑を浴び、性的な蔑視を受けた。

母がついに村を捨て新たな土地での人生を選んだのは、周囲からの執拗な再婚の強要に耐えられなかったからである。母を後妻にするのと同時に、尹桂芳と妹をセットで童養媳にしようとする者が現れたのだ。それを断るとならず者たちが毎夜家を襲撃して嫌がらせを働き、親戚は僅かな仲介料のために暴力を奮って母に再婚を強いた。寡婦という家父長制から零れ落ちた女性に、小さな村は無情で冷酷だった。

このまま差別の中で苦しむならば、乞食をしてでも外の社会に出ようと母は決意した。歩き続けてようやくたどり着いた新昌県の中心街で、手を差し伸べてくれたのは、一人の女性だった。彼女もまた寡婦で、喪服をまとった見ず知らずの親子に同情し、自宅に泊めてくれた。二人は一夜を語り明かし、「自分の食べる分がある限り、あなたの分もあるからね」と言ってくれた彼女と尹桂芳の母は「金蘭姉妹の契り」を結んだ。しばらく彼女の家に住みながら、母は彼女のネットワークによって賃仕事を得て、家族で自活する道を探し当てたのである。(46)

さらに、尹桂芳本人の経験へと話をつなげよう。一九三八年、コンビの竺水招と黄岩で上演を行うと、当地の警察局長から「同郷人」のよしみで夜の宴席への招待が届いた。「同郷人」の意味を察した尹桂芳が宴席を拒否すると、翌日の上演中に実弾入りの銃を持った警官が派遣されてきた。事前に教えてくれた人のおかげで、農家に隠れて難を逃れ、翌朝早く近隣の小村へ移動した。だが今度はその土地の有力者に捕らえられ、三日間の奉納芝居を強制された。二日目を演じ終えたところで私服刑事に捕らえられ、村の留置所へ入れられた。翌日に県の留置所に収監されると、無実のまま五十三日間も拘留されたのである。本章の「はじめに」で述べた映画『舞台姐妹』の警察に逮捕され橋のたもとに晒されるエピソードは、その経験がもとになっている。

水招と私は悲憤極まった。私たちにどんな罪があるというのだ！一人の女優として身の潔白を守るため、死んでも悪徳勢力に屈するものか！二人で川のほとりに立ち、勢いよい流れを見つめているうちに、ふと死んでしまおうかという気がわいた。だが幸運にも一人の老農民に諭され、私たちは足を引きずりながらあの山の小さな村に戻った。（中略）その道すがら土地廟があった。土地神様の前で、二人は生死を共にするという金蘭の交わりを誓った。私たちは心の奥で密かに誓った。今後どんな環境に出会おうとも、どんな圧力を受けようとも、人間としての尊厳を守り、いつまでも正直で善良な人間になるのだと。(47)

この一文は「今になって考えると、これ（金蘭の交わりを誓うこと）と土地神様とは何ら関係もないのに、おかしなことをしたものだ」と続く。だが尹桂芳は、二人でいたからこそ生き抜けたという竺水招への篤い信頼を神仏の前で誓いたかったのではないか。彼女にとって「金蘭の交わり」は命をかけて誓うべき神聖なもので、女性同士の絆に厳しい現実を超越する力を感じていたのではないか。彼女がそう考える背景には、女性の貧困と性暴力の記憶が刻みつけられている。そこに手を差し伸べてくれるのは、女性同士の絆だけだったのである。

おわりに

一九四〇年代の女子越劇を代表する女優袁雪芬は、当時の生活を振り返り、こう述べている。

私は十一歳の年（一九三三年七月）に四季春班に入門した。芝居を学び紹興、諸暨、杭州、寧波、上海などを巡業して回った。八年間の科班生活を送り、戯班は旧社会の縮図だと痛感した。最底辺の生活は、どこもかしこも弱肉強食の世界だった。内外双方から責めたてられたお姉さんたちの中で、人生を踏みにじられずに済んだ幸運な人はほとんどいない。苦しみもがきながらも逃げきった人も、わずかに過ぎなかった。(48)

この文章は、十三歳になったばかりの袁雪芬が祖父の借金の形として妾になるよう地主から迫られた事件へと続く。恐怖に震えながら拒否する彼女を、男は憎々しげに怒鳴りつけた。「何様のつもりだ！……この戯子《シーズ》（役者風情）が！」と。「この事件以来、どこへ行っても自分で自分を守らねばならぬことを知った。純潔を守ることがどれほど難しいことか！」と悟ったと袁雪芬は述べている。ここからにじみ出る、女性差別への怒りや悔しさこそが二期生少女たちの絆の基本にあったのではないか。

彼女らは、みな故郷の農村に居場所をもてず、女優という職業で自立しようとした人々である。貧困の悩みは共通で、みな等しく同情の気持ちをもち合えた。厳しい訓練では、失敗すると全体責任をとらされた。涙を流す演技のために拳骨で殴られ、病気や怪我でも医者にかかれず、いじわるな客師に怒鳴られ恥をかかされながら、毎日まじめに稽古を繰り返すことで人生を切り拓いてきた。

彼女らの共通の敵は、自分の芸一つで自立し生きようとする少女を戯子と蔑み、女性を性的凌辱の対象と考える男性社会そのものだった。女子越劇の歴史を語る時に忘れてならないのは、一九四七年の越劇十姉妹の合同公演に結実する女優たちの絆はすでにこの時期に育まれていた、ということである。

女子科班の第一期生は、官憲の弾圧や女性特有の結婚問題などの苦労が多かった。それでも、芸の改革はたゆまず続けられた。第二期生の時期になると、収入も増え、芸に対する自覚も生まれ、先輩から女の芸を学び、ついに自分たちで姉妹班を誕生させる女優までもが現れた。男班出身の教師から芸を学んだ少女たちは、さらなる豊かさを求めて上海へと船出するのである。

多数の女子科班に分かれていた浙江巡業時代の少女たちは、決して無力で孤立した存在ではなかった。彼女らは女性が力をつけることの意味を先輩から学び、多くの仲間たちとともに、自分の居場所を見つけるための航海に向けて帆を張ったのではないか。目的地上海では、新しい教育を受けた女学生や、映画や女性雑誌を娯楽とする働く女性たちが、自分たちの娯楽の出現を待ち構えていた。

上海では早くも一九二〇年代に丁玲の『ソフィ女士の日記』や蘆隠の『海辺の友人』のように女学生を主人公

にして異性愛への嫌悪や同性の友人との親和性を描く小説が誕生していた。(49) 若い知識人女性たちが描こうとした女性同士の精神的な絆は、舞台姉妹の絆として江南少女たちの舞台に血肉化していたのである。

当時、恋愛の結末や強制された結婚に悩む上海女性たちは、自分の理想とする恋愛の姿を考えあぐねていたのかもしれない。そういう彼女らにとって女子越劇は、男権的な世界からの避難所として機能していたのではないだろうか。こう考えると、一九四〇年代の越劇が上海女性を熱狂させた魅力の一側面が見えてくるのだが、この点については次章「姉妹の越劇（二）」で解説する。

注

（1）王金水については、本書第二章参照。

（2）中華人民共和国成立前の貧しい農村では、女児が生まれるとすぐに水に沈めて殺す女児間引きが珍しくはなかった。関西中国女性史研究会編『増補改訂版　中国女性史入門――女たちの今と昔』（人文書院、二〇一四年）二三頁。

（3）童養媳とは将来息子の嫁にすることを前提に養女（七歳から十歳前後が多い）として安価に買い取られる少女をいう。婚家先では当面の子守りや農作業などの労働力として使われ、奴隷のごとき扱いを受けることもしばしばだった。

（4）金向銀「女子越劇第一班――施家嶴女班」（嵊県政協文史資料委員会編『越劇溯源』浙江文芸出版社、一九九二年）六三頁。

（5）一九三七年に日中戦争が勃発すると、中国は日本占領下の淪陥区、国民党支配の国統区、共産党支配の解放区の三つに分かれた。その後上海の心臓部で、米・英・仏が主権をもつ租界区は周囲の広大な淪陥区に浮かぶ孤島と化した。この孤島は一九四一年十二月に太平洋戦争が勃発し日本軍に接収されるまで中立地帯であったため、巴金ら多くの文学者が抗日の言論活動を行っていた。藤井省三・大木康『新しい中国文学史 近世から現代まで』（ミネルヴァ書房、一九九七年）一七九頁。

（6）一方、橋のたもとで縛られ晒され意識朦朧となった竺春花に飲み水を与えようと進み出たのは童養媳の小春花である。竺春花も童養媳を逃げ出して劇団に入った過去をもつので、社会的階級を同じくする者だけがもつ絆の強さを印象づけるシーンとなっている。

（7）蔣中崎『越劇文化史』（浙江大学出版社、二〇一五年）一〇三～一二七頁。

（8）丁一・方爾「漫話女子科班」（同（4）『越劇溯源』）六九頁では、続けて「一九四一年の統計では上海には三六の一座が集まり、全国では二六三座を数えたという。これに当時嵊県に見られた臨時の一座を加えると、女子科班の数はさらに増えることになる」と述べている。

（9）当時、少女たちの一座も「小歌班」と呼ばれたが、伴奏の音を模して「的篤班」と呼ばれることもあった。「越劇」という名前が誕生するのは、孤島になった上海に定着してからのことである。

（10）応志良『中国越劇発展史』（中国戯劇出版社、二〇〇二年）六三頁によると、鐘琴『越劇』（三聯書店、一九五一年）に記述があるというが、中山は未見。

（11）子弟班では入学時に誓約書を書く必要はなかったが、出資者がいないのでボランティアのマネージャー役を招いた。生徒は学費を納め、教師の給料は各家庭から集めて、食事は生徒たちが順番に運んだ。「新新鳳舞台」では最初の教師の任培根が歌はできても芝居が教えられなかったため、三か月たっても上演ができなかった。そこで施家嶴第一女子科班の教師だった金栄水を招き、一座を立て直した。その結果一九三二年には上海、寧波で上演を果たし、後に名を「錦新舞台」と改めた。同（8）丁一・方爾「漫話女子科班」七〇頁。

（12）同（8）丁一・方爾「漫話女子科班」七三～七五頁。

（13）科班の経営形態については、「前台老板」「後台老板」「班長制」「老板制」という言葉がしばしば使われ読者は混乱する。廖亮『都市文化語境中的上海越劇（1917-1949）』（中国書籍出版社、二〇一八年）一一八頁によると、「前台老板」と「老板制」の「老板」とは戯院（劇場）オーナーを指し、「後台老板」と「班長」は戯班（一座）の出資経営者を指す。そのため、「少女の越劇」時代の「老板制」とは「後台老板制」の意で、実際には戯班の班長が権力と利益を掌握する「班長制」である。

(14) 銭宏主編『中国越劇大典』(浙江文芸出版社・浙江文芸音像出版社、二〇〇六年)三六頁。

(15) 竺柏松「群英鳳舞台史略」(同(4)『越劇溯源』)。以下本節については当該資料によった。

(16) 銭宏主編『中国越劇大典』三一頁。

(17) 同(15)竺柏松「群英鳳舞台史略」八一頁。彼らが科班名を「群英鳳舞台」としたのは、「鳳」の文字をつけて女性英雄の意味を付帯させるためだった。だが、竺均堂はその後二度「群英鳳舞台」を結成したので人々は、その区別のために「老群英」「新群英」と鳳の文字を省略して呼んだ。そこから、後世の人は誤って「群英舞台」と呼ぶようになった。

(18) 白佛堂は道観(道教の寺院)で、道教の始祖である天尊菩薩が祀られていた。内部はがらんとしていたが戯台があり科班には最適の場所だったので、その後も多くの科班がここで開かれた。同(15)八一頁。

(19) 同(15)八三頁。

(20) 同(15)八八頁。

(21) 金向銀「女子越劇第一班——施家嶴女班」(同(4)『越劇溯源』)六四頁。

(22) 相真「篤牌班長裘光賢」(同(4)『越劇溯源』)二五八頁。

(23) 第二章参照。

(24) 同(22)二五九頁。以下、裘広賢については当該資料によった。

(25) 同(22)。

(26) 同(22)二六〇頁。

(27) 一九〇七~一九五一、嵊県崇仁生まれ。絹織物工場労働者出身で、抗日戦争前から上海で絹織物工場を経営。上海孤島期に越劇界と接触し、一九四〇年春、筱丹桂ら「高昇舞台」メンバーを上海に呼び戻した後は、「越劇同仁聯誼会」などを組織して越劇界を牛耳った。特務や漢奸ら反動勢力と手を結び、多数の女優から搾取した。一九四〇年には筱丹桂を愛人とする。一九四七年、彼の虐待から筱丹桂が自殺し、袁雪芬らが裁判に訴えるが無罪となる。だが解放後の一九五一年、反革命の罪で処刑された。《上海文化芸術志》編纂委員会・《上海越劇志》

編纂委員会編、盧時俊・高義龍主編『上海越劇志』（中国戯劇出版社、一九九七年）三六二頁。
(28) 同（22）二六一〜二六二頁。
(29) 同（15）八七頁。同（21）六五頁。
(30) 黄士波「趙瑞花二三事」（同（4）『越劇溯源』）二七九頁。
(31) 屠杏花は施家嶴第一女子科班時代から施銀花と姉妹のように仲が良く、「銀杏コンビ」として一座を支えた。二人は施銀花の復帰後も上海で一世を風靡する。丁一「屠杏花当客師」（同（4）『越劇溯源』）二七五頁。
(32) 高義龍『越劇史話』（上海文芸出版社、一九九一年）五〇頁によると、男女混演は後年の男女合演と異なり、役者の性別と役柄の性別は必ずしも一致せず、単に男女の役者が一緒に舞台に上がることをいう。これは越劇史上、男班と女班交替期の特殊な現象である。
(33) 同（21）六六頁。
(34) 労俊「施銀花東山再起」（同（4）『越劇溯源』）二七一頁。
(35) 鐘冶平・何国英主編『萬紫千紅総是春 大型電子節目《百年越劇》文集』（浙江人民出版社、二〇一〇年）三一頁。
(36) 同（34）二七三頁。
(37) 「花衫」とは貞女役の「青衣」と活発な女性役の「花旦」の表現形式を合わせもつ役どころをいう。
(38) 同（21）六六頁。
(39) 蘭迪『此生只為越劇生――袁雪芬　海上談芸録』（上海文芸出版集団・上海錦繡文章出版社、二〇一〇年）四三頁。
(40) 同（39）三九頁。
(41) 范瑞娟はストレスで髪の毛が抜けたことを記している。范瑞娟「我与越劇事業」（中国人民政治協商会議上海市委員会文史資料委員会編『戯曲菁英』下（上海文史資料選輯六二輯）上海人民出版社、一九八九年）。袁雪芬は「将来自分が有名になったとしても、決して他人をいじめたり見下したりしない、芸と徳を併せ持つ教養人になろうと考えた。」と記している。袁雪芬『求索人生芸術的真諦――袁雪芬自述』（上海辞書出版社、二〇〇二

年）四頁。尹桂芳の経験は李惠康「尹桂芳之芸術道路」（李惠康『一代風流尹桂芳』上海文藝出版社、一九九五年）二〇四～二〇九頁に詳細が記載。

(42) 「断袖」は漢代の哀帝が自分の腕枕で眠る愛人の董賢を起こすのは忍びないと、あえて衣の袖を断ち切った話に、「分桃」は春秋時代、衛国の霊公に愛された美少年弥子瑕が、おいしい桃の半分を主人に分け与えた話に由来する。スーザン・マン『性からよむ中国史 男女隔離・纏足・同性愛』（平凡社、二〇一五年）一八八～一九五頁。

(43) 「自梳女」とは「自分で髪を結い上げる女性」の意味で、結婚した女性は娘時代のおさげを髷に結い上げることからきている。女性たちのセクシャルな関わりについて、スーザン・マン『性からよむ中国史 男女隔離・纏足・同性愛』一九〇頁では、十九世紀末に市販された版画が女性同士のエロティックな姿態を描いていることに言及しつつも、「女性同士の性的関係があったことを証明する断片的な参考資料にしかならず、書かれた記録の不在を強調する結果になっている」と記している。また自梳女については、成田静香「礼か非礼か——珠江デルタの婚姻文化」（『関西学院史学』第三二号、関西学院史学会、二〇〇五年）と深井美智子「ゲイル・ツキヤマの『糸を紡ぐ女たち』にみる自梳姉妹（シスターフッド）考」（『AALA jounal（アジア系アメリカ文学研究）』No.10、アジア系アメリカ文学会、二〇〇四年）が参考になる。

(44) 小野和子「舊中國における『女工哀史』」（『東方學報』第五〇号、京都大學人文科學研究所、一九七八年）。同書によると、一九二八年頃すでに十万人前後の製糸女工が働いていた。彼女たちはこの製糸技術を、先輩格の女工から学ぶのだが、これには母親がまず菓子やその他の贈り物をもって娘を女工に引き合わせ、神前に線香やろうそくを立てて子弟の契りを結ばせるという習慣があった。そこに女工間の私的な結びつきが生まれ、女工たち自らが「姑婆屋」という自治組織を形成し、同性、平等、信頼からなる、封建的家族とはまったく異なる新しい世界が生まれた。そこから広がったのが「順徳の金蘭契」と呼ばれる同性愛である。彼女らは愛情をもった姉さん株の女工に贈り物をして愛の告白を行い、それが受け入れられると結婚披露のような祝賀の宴をはり、二人は同居し、養女を選んで財産の継承まで行った。

(45) 陳華興・黄宇『徳芸双聲 尹桂芳伝』（浙江人民出版社、二〇〇六年）。

（46）同（45）二四頁。ここでは「金蘭姉妹」と表記されている。

（47）尹桂芳「我走過的芸術道路」（《文化娯楽》編輯部編『越劇芸術家回憶録』浙江人民出版社、一九八二年）一一頁。ここでは「金蘭之交」と表記されている。

（48）同（41）『求索人生芸術的真諦――袁雪芬自述』四頁。

（49）現代文学に書かれた女性間の親密な関係については、高媛「『ソフィ女士の日記』に語られる女同士の絆」（『多元文化』第一一号、名古屋大学国際言語文化研究科国際多元文化専攻、二〇一一年）及び、濱田麻矢「[書評] Tze-lan D.Sang.『The Emerging Lesbian Female Same-Sex Desire in Modern China』」（『中國文學報』第七二号、中國文學會、二〇〇六年）を参照。

第四章　姉妹の越劇（一）

——時代性の獲得

はじめに

前章では第二期女子科班群の少女たちが浙江省巡業の中で職業差別・性差別を受けながら女芸を獲得する歴史について検討した。本章では、成長した彼女らが大都会上海の中で、観客に飽きられないような時代性を獲得しようと奮闘する歴史について考察したい。

一九三〇年代の上海は人口三百万を有し、ロンドン、ニューヨーク、東京、ベルリンに次ぐ世界第五位の大都市だった。商工業が発達し経済的・文化的水準が極めて高く、思想的にも自由にあふれていた。と同時に、内部に深刻な矛盾を抱えた典型的な半封建半植民地でもあった。抗日戦争勃発後には、江蘇・浙江地方から戦乱を逃れた比較的裕福な人々が大量に流れ込んだ。それらがみな上海で越劇が発展するための好条件となった。また、男女平等のスローガンも浸透し、女学校の設立、女性雑誌や新聞の発刊など女性の権利を主張する組織が発展して、女性が演劇に参加しやすい環境が整ったことも越劇の発展に大きく味方をした(1)。

当時の上海を日本人は「魔都」と呼んだ。そびえ立つ摩天楼の足下にはスラムがひしめき、街路には人と自動車と人力車があふれ、中国文化と西洋文化がせめぎ合う。急激な都市化は独身の都市生活者の群れを生み、そのための娯楽が必要とされた。大道芸人、酒場、ダンスホールなど男性向けの夜の遊び場が繁昌し、雑誌には女性のヌードやセクシャルな漫画があふれていた。

一方、女性の娯楽も近代化した。一九三〇年代にはハリウッドや国産のラブロマンス映画が大流行し、女性が劇場に足を運ぶことが普通になった。啓蒙と娯楽を兼ねた女性雑誌の発刊が続き、女性の権利を意識する読者が集う楽しみも生まれた。(2) 娯楽のための時間と空間をもつ女性が闊歩するこの街で青年期を迎えた越劇姉妹たちは、やがて女性観客の視線の中に自分たちの居場所を探し当てるのである。

前章で述べたように一九三〇年代中期にはすでに百以上の女子科班が存在し、浙江省全土で人気を博していた女子紹興文戯（当時の女班をこう呼んだ）だが、上海での評判は芳しくなかった。一九三一年冬、最初に上海進出した女班は王杏花がトップを務める「越新舞台」である。彼女らの上演は茶楼で行われた。当時多くの茶楼は一階が店舗・住居で二階に喫茶室が造られていた。およそ六〜七十平米で、客席には長椅子が並べてあり、椅子の背もたれには鉄線で作った湯呑置きが備えてあった。舞台の高さは二尺（約六六センチメートル）を超えず、面積は十平米ほど。舞台脇すぐ近くに一列目の椅子が並べてあった。観客の多くは紹興、寧波出身の家庭の主婦や飲み屋、染物屋、錫箔屋の親方で、御大家の奥様が入るには気後れする場所だった。観客はまず四、五枚の銅貨でチケットを買うが、ここには茶葉代も含まれている。上演中もボーイたちがひっきりなしに往来し、「いらっしゃいませ」の声とともに茶を入れ、おしぼりを運んだ。上海の茶楼での公演とはどこも似たようなものだった。(3) 一九三二年に第一次上海事変[4]が起こり世情が不安定になると、女班は上海での上演を諦めてみな浙江省へと戻っていった。

一九三三年夏には「越新舞台」を離れた王杏花が李艶華、王水花、邢月芳、金香鳳《きんこうほう》、馬樟花《ばしょうか》らとコンビを組んで上海で好評を博し、一九三五年には「東安舞台」の徐玉蘭《じょぎょくらん》も上海入りしている。だがこの時期、彼女らの上海公演は単発的なものに過ぎず、茶楼での上演や男班との共演等が多く、自力での長期公演はできなかった。それは彼女らがまだ大都市観客を惹きつけるほどの魅力を有していなかったことを意味する。

しかし、孤島期（後述）に上海で花開く女優たちはみなすでにこの時期に上海入りを果たしていたことに注意したい。上海での失敗経験をもつ彼女らは、浙江中を巡業するなかで数々の苦難に遭い、貧しさと種々の軋轢に耐えながら、日々二、三ステージをこなした。彼女らの多くは貧しい農家の出身で、生活に迫られて芝居の世界に入っていたため、厳しい条件にも耐えて練習を重ねた。この豊富な実践経験こそが彼女らを鍛え上げた。

当時、「越劇皇后」と称された姚水娟《ようすいけん》が知識人を招いて台本、写実的な演出、時装戯《じそうぎ》、照明と、新しい要素を含んだ作品を次々に発表した。そのブレーンとして迎えられていたのが樊迪民《はんてきみん》である。樊迪民は一九一〇年代の萌芽期から文明戯に関わってきた人物だが、当時は『大公報』[5]の記者をしており、演劇とマスコミの双方に精通していた。

姚水娟以外のスターたちも知識人を招き、一九三七年から四一年までの四年間で四百余りの新劇目が生まれた。主たる作家の樊迪民、関鍵、陶賢《とうけん》、胡知非は「越劇編劇四金剛」と呼ばれたが、彼らはみな文明戯の経験をもつ知識人男性である。女優たちと彼らの改革によって、当時越劇は「改良文戯」と呼ばれた。

孤島期の改良運動について考察した先行研究では、高義龍が姚水娟に対して「新しい道を切り拓いた人物[6]」という評価を与えている。だが、この運動を樊迪民の立場からとらえ、彼が何を求めて参加し、何を成し遂げたか、そして何を成し遂げられなかったのかについての詳細な論考はまだ目にしない。

本章ではまず姚水娟の活躍を述べ、その後彼女を指導した知識人男性たちの存在について考察する。樊迪民が姚水娟のために出版した二種類の書物——越劇俳優初の専集『姚水娟専集《ようすいけんせんしゅう》』と、初の越劇総合雑誌『越謳《えつおう》』——を通して、文明戯出身の男性が女子越劇の改良運動に見た理想と実践の軌跡を検証したい。

第一節　姚水娟と孤島期の越劇発展

(1) 姚水娟という人

姚水娟は一九一六年九月十二日浙江省嵊県《じょうけん》東郷後山鎮に生まれる。父姚耕松はわずかばかりの田を借りて耕しながら、塩の販売で生計を立てていた。貧乏人の子沢山で、十四人の子をもうけたが、十一人は幼逝し、息子二人、娘一人だけが無事に育った。その娘が姚水娟で、十歳上の兄玉中と四歳下の弟玉泉がいた。姚水娟は幼名を「小囡頭《シァオナントゥ》」といい、幼い頃からわら帽子を編んだり他家で養蚕の手伝いをしたりして生計を助け、学校に行くことはできなかった。(7)

一九三〇年三月、後山鎮の西にある白佛堂の廟で女子科班「群英鳳舞台」(8)が開設されると、姚水娟は四月に入学した。班長は竺均堂《じくきんどう》(9)で文戯・武戯の稽古をつける教師二名と竺香栄という楽師を招いた。初めのうち、教師らは大声を張り上げ無遠慮な物言いをする姚水娟を嫌い、その他大勢の役しかふらなかったが、のちに彼女のまじめさを認めて旦役を学ばせた。この劇団には竺香栄の娘竺素娥、姚月明、範月楼、黄月岐がいた。姚水娟のデビューは『梅龍鎮』の李《り》鳳姐《ほうしゃ》役だが、この劇団では女優としての芽は出なかった。

一九三二年三月、姚水娟は「群英鳳舞台」を離れて「越新舞台（後に越昇舞台に改名）」に移り、抗日戦争が始まるまでの数年間を浙東、浙西一帯を上演して回った。はじめ四番手に過ぎなかった彼女は、この巡業で徐々に頭角を現しトップ女優となる。彼女は二度杭州で公演しているが、初歩的な改良はこの時期にすでに始まったとも言われる。演技上京劇、紹劇の動きを身につけ、紹劇と同じ舞台に立ってその長所を学び取り、弦楽器の伴奏や合唱にも改良を加えた。またこの地で彼女は文明戯の俳優とも接触し、彼らの指導で「幕表戯」の改良を試みている。その新しい試みとともに、彼女の名声は特に温州、寧波、杭州で鳴り響いた。越劇早期の三大名女優施銀花、趙瑞花、王杏花と並び称した「三花不如一娟（施銀花、趙瑞花、王杏花より姚水娟）」というキャッチフレーズはこの時期の杭州から始まった。

（2）孤島期の越劇発展

一九三七年に日中戦争が勃発すると中国は日本占領区の淪陥区、国民党支配の国統区、共産党支配の解放区の三つに大きく分かれ、それぞれの地域で独自の文芸を生み出した。当時の上海は、日本軍の占領範囲により第二次上海事変後の孤島期（一九三七年十一月～一九四一年十二月）と日米開戦後の淪陥期（一九四一年十二月～一九四五年八月）に分けられる。孤島とは一九四一年十二月太平洋戦争勃発後に日本軍に接収されるまで中立地帯であった上海の租界（欧米植民地）を指す。孤島期は中国人にとっては「安全な避難地」である租界と、日本による軍事占領地区が並立した時代である。巴金《ぱきん》[10]ら多くの文学者が孤島に残り抗日の言論活動を行なった。姚水娟の改良運動もこの孤島期の上海租界区で始まった。

図1　筱丹桂

孤島期の租界は戦禍の中でも比較的安全な場所であり、江蘇・浙江から裕福な人々が多数移り住んだ。(11) 物資・資金・労働力（難民）が流入したために、特に金融業と娯楽業において「畸型的繁栄」を呈したとされる。

日中戦争以前、「魔都」上海の娯楽産業のトップに位置していたのは演劇と映画だったが、戦禍により映画は沈滞した。(12) 中国の演劇は台詞によって進行する「話劇」と歌があり役柄や動作に定型のある「戯曲」に分けられる。前者の関係者・観客は主に文化人で、一般大衆は後者を好んだ。なかでも京劇は公認の国劇として高い地位にあったが、名優たちは戦禍を避けて上海の舞台を去った。空白となったポストに収まったのが越劇・滬《こ》劇・淮《わい》劇・蘇《そ》劇・錫《しゃく》劇など江南の地方劇である。

故郷に避難していた女班も、孤島期を迎えると続々と上海に戻ってきた。まず一九三八年一月には、姚水娟の「越昇舞台」が上海に戻り、二月に袁雪芬《えんせつふん》の「四季春班」と竺素娥・王杏花の「素鳳舞台」が、三月に筱丹桂《しょうたんけい》（図1）の「高昇舞台」がそれに続いた。一九三九年九月には十三劇団が、四一年には三十六劇団が集まり、京劇など他劇種の劇団数をはるかに超えた。

当時のことを後輩の范瑞娟《はんずいけん》は「一九三八年初めに、越昇舞台から一ヶ月二十五元で上海に来ないかと誘われ、二つ返事で引き受けた。……姚水娟のようなスターでさえ行くのだから、私が断るわけがない」(13) と回想している。女班が危険を冒してもいち早く上海に集合したのは、少女たちの実家が貧しく故郷に居場所がなかったことを示している。

上海で金融業を営むビジネスマンには浙江省出身者が多く、彼らが同郷の女優のパトロン（男性を「過房爺《かぼうや》」、女性を「過房娘《かぼうじょう》」と呼んだ）となった。当時彼らが越劇女優と親子関係を結ぶことが流行していたが、過房爺との関係は卑しいものとして批判された。故郷の言葉でわかりやすいストーリーを見せてくれる越劇は女性観客に人気で、彼女らの夫や父親にとっても女優ばかりの劇団は風紀上安心できて都合が良かった。

また女学校の設立、女性雑誌や新聞の発刊などによって女性が権利を主張する場が増え、女性達は日常の苦悩をしばし忘れさせてくれる娯楽を求め、劇場に足を運ぶことも普通になった。こうして大都会上海には女子越劇が発展するための客観的条件が揃っていたのである。

（3）孤島期の女班

第二次上海事変[14]後の上海で最初に公演を果たした女班は「越昇舞台」で、一九三八年一月、春節の三日間に通商劇場で六演目を上演して大成功を収めた[15]。そのトップスターが姚水娟、二番手は小生が李艶芳、老生が商芳臣だった。通商劇場は二五〇席ほどの劇場だったが、どのステージも満席を記録。四月には老閘大戯院に場所を移したが、ここでもやはり満席が続いたという。老閘大戯院は客席数こそ四百余りの小劇場だったが、劇場としての格ははるかに高く、紹劇大班の基地として由緒正しい正規の劇場であった[16]。七月、姚水娟は李艶芳とコンビを解消し、新たに竺素娥（図2）とコ

図2　竺素娥

ンビを組んだ。劇団名も「越吟舞台」と改め大中華劇場に移った。八月、石炭ビルを改築した天香戯院へ移り、樊迪民を招いて改良運動を始める。

二番目に上海入りしたのは「素鳳舞台」と「四季春班」である。一九三八年二月、彼女らは上海小劇場で合同公演を行なう。演目は日場『沈香扇』夜場『碧玉簪《へきぎょくさん》』だった。トップは早期女班から有名だった竺素娥（小生）、新人袁雪芬（小旦）で、その他のメンバーにも恵まれ、半月上演すると、三月からは老閘大戯院に移った。四月、両女班は大来劇場に移動し、日場『三甲奪妻』夜場『盤夫索夫《ばんふさくふ》』を上演した。七月、竺素娥は姚水娟とコンビを組むために一座を離れたが「四季春班」はそのまま大来劇場に残り四年間を過ごす。一九四二年の袁雪芬の越劇改革（詳細は第五章）はこの劇場から始まる。

三番目に上海入りしたのは、筱丹桂がトップを務める「高昇舞台」である。四月、恩派亜《エンパイア》大戯院で初演の演目は『大賜福』『三本鉄公鶏』『盤夫索夫』だった。この女班は班長裘広賢《きゅうこうけん》が非常に厳しく女優の管理を行なったために、商芳臣、周宝奎《しゅうほうけい》など有能な人材を数多く輩出した。筱丹桂は文武ともに優れ、女役も男装した女役も得意とした。歌は「花衫《かさん》の開祖」と呼ばれた施銀花に習い、これも大いに観客に受けていた。だがこの劇団は一九三九年十月に契約期間が終わると寧波に帰ってしまう。裘広賢が、若い女優が上海の数々の誘惑に負けて堕落することを恐れ、連れて帰ったのである。寧波で解散した後、張春帆《ちょうしゅんはん》（後述）がその隙に入り込み、筱丹桂を連れて上海に戻り浙東大戯院で上演するのは後の話である。[17]

この後も上海には続々と女班が集まり、一九三九年九月には十三班、一九四一年十一月には三十六班が集合した。女班の中で最もチケットの売れた女優が姚水娟、続いて筱丹桂、次に馬樟花と袁雪芬であり、彼女らがトップを務めた「越昇舞台」「四季春班」、「高昇舞台」は「三大名班」と呼ばれた。この間、劇団間では人気女優の引き抜きや女優間での競争も激化した。

孤島期に女班は「三打の勝利」をおさめたと言われる。「三打」とは、それまで上海で隆盛を誇っていた、男班、紹劇班、申曲（滬劇）の三劇種に動員数で勝利した、という意味である。社会の状況に自覚的な女優たちが自らの芸のレベル向上に努めたこともその大きな要因であった(18)。

（4）姚水娟の焦燥

当時越劇は、他の劇種と競争すると同時に、女班間でも熾烈な競争が繰り広げられていた。姚水娟は上海で半年も上演を続けるうちに、「現在越劇はちょうど上り坂だ……だがあと半年もしたら古い演目では客が入らなくなる。少なくともこれほどの盛況は見られなくなるに違いない」と深く感じ取った。当時彼女らが演じていた作品の多くは男班から伝えられたもので、演技は「幕表」というあらすじに沿って俳優の即興に任されていた。そこで彼女は天津の新聞『大公報』の記者だった樊迪民を自分のブレーンに招いた。時代と大都市観客の好みに合う新しい演目を量産する改良文戯の時代がここから始まる。

姚水娟について高義龍は「劇種の前途を考える先見の明があった(19)」と評価するが、そこには個人的な事情が大きく影響していた。樊迪民が以下のように書いている。

姚水娟が「通商」から「天香」に劇場を移った時には、すでに女子文戯のスターだった。だが筱丹桂の劇団が上海に入ってからは、恐れが生まれた。彼女は友人にこう語っている「筱丹桂は私よりも美しいし、歌も上手い。特に彼女は色っぽい芝居ができる。あの子はきっとすぐに人気が出るわ。私は、悲劇は得意だけれども色気のあるものはできないもの。私のほうが、分が悪い」彼女は筱丹桂の長所を一つ一つ数え上げ、自分の弱点を反省すると、自分の弱点は多いが長所を伸ばして欠点をカバーしようと考えた。そのために歌う時は、一字一字の音を大切にはっきり正確に発音し、観客によく聞こえるようにした。また歌詞や台詞も文字に表れた深い意味に注意し、粗野にならないように、感情を込めて丁寧にストーリーを伝えた。[20]

ライバルの登場で、美貌と資質に恵まれない自分を自覚した姚水娟は、まず筱丹桂に勝つために自分の長所を最大限に活かせる道を樊迪民に求めた。この自己認識の確かさこそが姚水娟を越劇過渡期の功労者として際立たせた要因ではなかったろうか。まず、自分が他の女優に勝つこと。そして自分の劇団が上海に受け入れられること。そのためには、古い芝居を繰り返しているのではなく、上海の観客に喜ばれる、時代に適した新しい芝居を作らなければならない。これが姚水娟の望みの順序であったはずだ。

魏紹昌《ぎしょうしょう》は姚水娟が非常に力のあるファンをつけたことと[21]、マスコミと良い関係を作れたことが彼女と筱丹桂の道を分けたのだと述べているが、実は「色っぽい芝居」ができないことこそが結果的に彼女に幸いしたのかもしれない。もって生まれた容姿や声の良さを誇り、当時「一娟不如一桂（姚水娟より筱丹桂）」と謳われた筱丹桂は、張春帆の愛人となり経済的に搾り取られたあげく、一九四七年に自ら命を絶った。上海の越劇界を牛耳る男の「金のなる木」にされるという典型的な不幸な女優の道を歩くことになるのだ（第五章参照）。

一方姚水娟は、台本や歌詞から役柄の感情を深く理解して観客に的確に伝えるという、写実的な演技力を磨く道を選択し、映画界からも高い評価を受けた（後述）。資質では勝てないと認識したからこそ、彼女は「芸を見せる」よりも「役になりきる」という新しい道を指向した。そのためにはなおさら自分の演技力を活かしてくれる文学性の高い台本と、しっかりとした演出が必要だった。彼女が進むべき方向を当時の演劇界の目指す方向と合致させたのが、文明戯出身の樊迪民である。

（5）姚水娟と樊迪民の改良文戯

樊迪民はどのような作品を姚水娟に提供したのだろうか。重要作品三本からその特徴を考察する。

①抗日劇『花木蘭代父従軍（花木蘭父に代って従軍す）』(22)（一九三八年九月）（図3）

孤島期の上海では話劇や国産映画が抗日宣伝の重要なマスコミ的役割を果たしていた。話劇では「借古諷今《しゃっこふうきん》（昔の物語を借りて現代の状況を風刺する）」という方法で多数の時代劇が作られていた。そのなかには、古代の女傑を主人公とする『葛嫩娘《かつどんじょう》』や救国の妓女を描く『賽金花《さいきんか》』などの愛国女性を主人公とする抗日話劇作品もあった。また戯曲でも京劇の周信芳が『明末遺恨《みんまついこん》』(23)や『文天祥《ぶんてんしょう》』(24)などの抗日と民衆の団結を訴える作品を発表して人気を集めていた。

図3　姚水娟『花木蘭代父従軍』

樊迪民が姚水娟に書いた第一作も愛国主義をテーマにした『花木蘭代父従軍』で、その原典は今から千五百年ほど昔、北朝時代の楽府民謡に記された『木蘭辞』である。

〈あらすじ〉

少女花木蘭が老いた父に代わって国難に赴き、男装して従軍する。十年従軍した後、花木蘭は皇帝の恩賞を固辞し帰郷を願い出る。大喜びの両親に迎え入れられた孝行娘は甲冑を脱いで女性の姿に戻り、周囲を驚かせた。

女性が男装して従軍し異民族と戦う物語は民族抗戦の宣伝にもなり、男装モノもできる姚水娟の芸風にも合っている。[25] 本作は九月八日に天香戯院で上演され当日の『戯報』、『梨園世界』の二新聞から特刊が出された。九月十一日には上海で出版されていた英字新聞『大陸報』にも、姚水娟が演じる花木蘭の舞台写真が「中国のジャンヌ・ダルク」という見出しをつけて掲載された。[26] この作品は越劇作品に社会問題を盛り込んだだけでなく、文戯武戯ともにできる姚水娟の魅力をアピールし、しかも最大限にマスコミの力を利用して姚水娟を優位に導いた。

②時装戯『蔣老《しょうろう》五《ご》殉情記《じゅんじょうき》』[27]（一九四〇年十月）（図4）

一九三九年から四一年にかけて社会ニュースに取材した時装戯（当時の服装で演じる現代劇）がブームとなった。劇目としては他劇種（特に滬劇）から移植されたもの（『槍斃閻瑞生（閻瑞生を銃殺せよ）』『黄慧如与陸根栄』）や、小説や話劇を改編したもの（『雷雨』『啼笑因縁』『家』）など、現実の生活に取材した作品が生まれた。

越劇最初の時装戯は、一九三九年七月に上演された曹禺の名作『雷雨』である。「花衫鼻祖」の誉れをもつ施銀花が繁漪を、トップ小生屠杏花《ときょうか》が周萍を演じ、話劇をまねた照明、背景、音響を使用した。雷雨が交錯するラストシーンでは幻想的な情景処理に音響効果も重なり、伝統的な「一卓二椅」の舞台を見慣れた観客には非常に新鮮に映った。

この時期最多の時装戯を演じたのは姚水娟で、最も有名な作品が『蔣老五殉情記』である。

図4　姚水娟『蔣老五殉情記』

〈あらすじ〉

蘇州の良家の子女蔣老五は幼くして両親を亡くし童養媳となったが、姑の虐待と貧困から娼妓に身を落とす。志高く善良な彼女はやがて木綿商の羅丙生と相愛の仲となるが商売に失敗した羅丙生は借金の返済に迫られ汽船から海に飛び込んで自殺する。訃報を聞いた蔣老五は、将来の希望をなくしアヘンを飲んで彼の後を追った。

この作品は一九二〇年に実際に発生した事件から取材していた[28]。樊迪民はこの事件に愛国精神を加えて羅丙生自殺の原因を社会悪とし、愛情深い蔣老五に同情を集める時装戯に仕上げた。また衣装だけでなく舞台装置でも写実的な演出を試みた。舞台に二階建ての建物を組み、人力車を舞台に上げ、サイドライトやフォロー・スポットを使用し、ムードに合わせて明るさにも強弱をつけた。音響面でも汽船が航海する波の音や羅丙生が落水するリアルな水音を作った。姚水娟が客席を歩いてきて舞台に上がるという趣向もあった。まさに当時叫ばれていた「話劇化、映画化」のスローガンを意識した舞台で、連続六十三ステージ、合計百十六回公演の記録を達成した。

越劇の時装戯は現実生活に近い内容、見た目の新しさ、人気スターの共演で集客力を発揮した。と同時に、現代の女性が置かれた悲劇的な状況を観客に伝える術として、大いに効力を発揮したのである。

③古装戯《こそうぎ》『涙洒相思地《るいさいそうしち》』（一九四二年四月）

姚水娟の最大のヒット作となったのは古装戯（古代の服装で演じる時代劇）『涙洒相思地』[29]である。

〈あらすじ〉

ヒロイン王怜娟は結婚を誓った恋人張青雲に裏切られ、妊娠が発覚すると外聞を重んじる父親に西湖に突き落とされる。幸い漁婦に助けられたが、有力者の娘と結婚した張青雲には拒絶され、王怜娟に味方する下女は事情の口外を恐れた張青雲に舌を切断された。王怜娟は張青雲の結婚相手にこう訴える。

お嬢様にはもうおわかりのこと、私も詳しくは申しません。彼が私を捨てたことは恨みませんが、自分を主張しないではおられません。私も文人の娘、幼い頃から書を読み、当然貞節の女だったのに、勝手に結婚の契りをするのではなかった。それゆえ人から軽蔑され、見捨てられた。あの一度の失敗が千年の恨み、百年の後悔となった。自分に思慮が足りず、彼の強気に流されてしまった。彼は最初甘い言葉で私を騙し、私は彼の心を信じてしまった。まさか行ったきり消息を絶つなんて、哀れな私、悲しみの淵（ああ）。彼のために数え切れぬ苦しみをうけ、彼のために親不孝をして母を騙した……彼のために実の父親に自害を迫られ、西湖に突き落とされた……彼のために何度首を吊ろうとしたことか。

「彼のために」という歌詞が十八句も続く本作は、二百二ステージを記録し越劇最大のヒットとなった。「自由恋愛、妊娠、男の裏切り、父親の激怒、娘の殺害未遂、同性による救済」という物語がなぜそんなに受けたのか。それは古代装の王怜娟の姿が近代化を標榜しながら女性に貞節を求める社会で、自立できず転落していくモダンガールの姿と重なったからではないか。

一九三五年三月、サイレント映画時代の名女優阮玲玉《げんれいぎょく》（一九一〇～一九三五）が国際女性デーを選んで睡眠薬自殺を遂げた。最後の代表作となった『新女性』（監督蔡楚生）では、病気の娘を救うために行った一夜の売春を理由に権力者に弄ばれ、マスメディアの侮辱と圧迫に傷つき死んでゆく女性作家を演じた。阮玲玉は実生活でも新しい恋愛について前夫にゆすられ、スキャンダルを書き立てられ、同じ悲劇をなぞったのだ。

婚姻外の異性関係を女性の不貞と暴き立てるマスメディアとそれを喜ぶ社会の状況は、容易に変化しない。男女平等や女性の解放が唱えられるほど、男女間の不均衡な性規範は女性たちを苦しめたであろう。古装戯のスタイルをとってはいても、そこで演じられるのは「現代の私たち」の問題であった。女性観客は男性の非道に憤り、男権社会への恨みを言葉にするヒロインに喝采を送ったのである。[30]

一九三八年から一九四二年までの四年間で、樊迪民は姚水娟に十一本の台本[31]を提供しているが、『花木蘭代父従軍』を除くと、いずれも『孔雀東南飛』[32]や『馮小青《ひょうしょうせい》』[33]などの悲劇作品である。

樊迪民が悲劇に拘ったのは、姚水娟の演技の質が悲劇に適しているというだけではなく、女性観客の好みが愛国物語よりも女性の悲劇にあると判断した上でのことだった。樊迪民ら男性知識人たちが、表面的に近代化した社会が内包する女性への抑圧を鮮やかに言語化し、姚水娟はヒロインの恨みや慟哭を女性観客にリアルに伝えた。姚水娟は「なりきる演技」によって悲劇の古装戯のなかに現代を照射して見せたのだ。

たとえ話劇の主流が「抗日」にあろうとも、人々の精神が求めるものは多様で豊富だった。女性観客は日常の鬱屈を吐き出す快感を娯楽に求め、樊迪民の関心は常に女性に向いていた。女性観客向けに女優だけで演じる越劇の進むべき方向を教えその発展を支えたのが、伝統劇愛好者や文明戯の経験をもつ知識人男性だったのである。

第二節　樊迪民という人

(1) 樊迪民と文明戯[34]

樊迪民（一八九四～一九八四、図5）は浙江杭州の人。宗文中学卒業後、私立浙江共和法政学校で二年間法律を学んだ。辛亥革命後、全国で文明戯ブームが起こり、樊迪民は一九一四年に数名の同級生と文明戯を始め、校長から「良家の子弟が芝居をするとは、何たることか！」と叱責された。法政学校に入学すると、杭州の老舗張小泉刃物店の息子の張衡夫が劇団「鶴声社」を立ち上げ、樊迪民を含め二十数名が参加した。樊迪民は自作台本『好男児』を演出自演して成功した。その後『茶花女（椿姫）』を上演、彼自身が女役に扮して主役を演じた。張衡夫の熱が冷めて劇団を離れると、経営は立ち行かず、メンバーも次々辞めていった。一九一五年樊迪民は演劇での成功を求めて杭州を離れて上海に出た。そこで劇団「開明社」に二年余り参加した。これが正式に文明戯の隊伍に参加した起点となった。この劇団はのちに「進化団」と名を変え、上海、蘇州、無錫、宜興などで上演。同じ劇団には鄭正秋《ていせいしゅう》、陳大悲《ちんだいひ》、史海嘯《しかいしょう》、徐青樵《じょせいしょう》ら十数名がいた。[35]

一九二二年に杭州市西湖大世界で『大世界』を主編した樊迪民は、同時に「〝迪社〟新時劇団」を立ち上げ、杭州大世界で文明戯を上演した。また滑稽戯に『瞎子借傘子』『火焼豆腐店』などの台本を書いている。しかし文明戯は一九一三年から一九一七年の流行時期を過ぎるとしだいに衰退し、劇団員たちも転業を余儀なくされた。その後は欧陽予倩《おうようよせん》や洪深《こうしん》のように話劇の成立に力を尽くす者、鄭正秋、陳大悲のように勃興し始めた映画界へと道を求めた者、また当時急激に増加し力をもち始めたマスコミ関係に就いた者もいた。樊迪民も演劇の第一線を退き、マスコミ業界へと転身を図った。

図5　樊迪民

樊迪民はフリーのライターとなり主に上海の『大晩報』、『時事新報』、北京の『晨報』、天津の『大公報』、浙江の『大浙江日報』などに文章を書いて十年ほど過ごす。一九三三年から天津の『大公報』の杭州駐在記者となり浙江の新民報社での編集も兼任した。一九三五年上海の『大公報』が発行されると、その杭州駐在事務所の主任となり、抗戦前夜までそこで勤めている。杭州が日本の侵略を受けるや武漢の『大公報』に移り、編集や戦地記者を務めた。一九三八年夏、家族が杭州から上海に居を移したのを期に、退職して上海へと移った。これらの経験からマスコミ業界では十分に経験を積み信用を得た人物であった。

樊迪民と姚水娟の出会いについて、高義龍は次のように記している。

一九三八年夏、樊迪民は偶然天香戯院で姚水娟の『倪鳳煽茶《げいほうせんちゃ》』を観、その斬新活発、生き生きとして細やかな演技に賞賛の声を上げた。

だが上演された作品が「路頭戯」で、台詞や内容に矛盾があったので演劇人として非常に納得がいかなかった。うまい具合に出会った小学校時代の同級生張星禎女史が姚水娟の親友でブレーンを務めていた。彼女は樊迪民と姚水娟を引き合わせ、彼は姚水娟の目の前で率直に台詞があいまいであることが残念だと意見を述べ、今後の女子文戯は新しい芝居をして路を開いていくべきだと提言をした。彼の率直な話し方に姚水娟は非常に共感し、友人と相談して彼を劇作家として迎えることに決めた。樊迪民は姚水娟の人柄がまじめで態度が誠実であるのを見、劇団員がみな若く、技量はあるが教養に欠けることを知ると、「好い芝居作りを楽しみにする」つもりで承諾した。こうして越劇史上初の専門劇作家が生まれたのである。(36)

樊迪民という人物は新しい演劇の知識とマスコミ業界の人脈、広告センスを兼ね備えていた。さらに演劇の実践経験をもつ彼は、俳優が受ける社会的な差別や劣悪な待遇、また地方巡業の辛さも身をもって知っていた。良家の子弟出身だからこそ見えてくる社会的矛盾もあったはずだ。姚水娟のブレーンとしてこれ以上の人物はなかったと言えよう。だが、樊迪民にとって越劇への参画はどのような意味をもったのだろうか。

彼はそれまで紹興女子文戯、的篤班《てきとくはん》などと呼び方さえ統一していなかったこの劇種に「越劇」という名前をつけた。(37)越劇の名づけ親になるということは、生まれたばかりのこの子を自分の指導で立派な劇種に育てようという意気込みの表明であったろう。そして、自身も春秋時代の越国重臣「范蠡（Fan Li）」の音をとり「樊籬（Fan Li）」と名乗ったのである。(38)そんな彼の理想と目標が遺憾なく発揮されているのが『姚水娟専集』と越劇専門誌『越謳』である。

（2）『姚水娟専集』

女子越劇の発展に、新聞・雑誌・ラジオなどのマスメディアが一役買ったことはつとに知られている。一九三八年当時、演劇専門誌は『戯報』『戯世界』『戯劇世界』『梨園世界』の四種だったが、京劇俳優の宣伝のためにトップスターの専集がしばしば編まれていた。『姚水娟専集』（図6）は姚水娟上海公演一周年を記念して編まれたもので、越劇俳優最初の専集である。

奥付には「中華民国二八年（一九三九年）二月十九日出版。編集発行 娟社。出版 姚水娟専集出版社（天香大戯院内）」とあり、彼女のブレーンが作ったものであることは一目瞭然である。主たる内容は姚水娟の舞台写真四十枚の他に各界著名人から姚水娟へのコメントが四十五本、自筆の献辞が百本余りなどで、合計約二百名の有名人が名前を載せている。献辞の中には、梅蘭芳《メイランファン》の「越劇皇后」や王熙春の「越劇改造の先鋒」といった言葉が並んでいる。非常にお金のかかった作りで、印刷にも特別技巧が凝らされ、使用された紙も上質なものであった。その後続々と同種の専集が出版されるが、いずれもこのレベルには及ばず、一九四六年出版の『雪声記念刊』、一九四七年出版の『芳華劇刊』、一九四八年出版の『玉蘭韻集』に至ってようやくこれを超えるものが現れる。

図6『姚水娟専集』

『姚水娟専集』の特徴をその例とともに挙げておこう。

（一）コメントを寄せている四十五名のうち、大多数が樊迪民（および発行の娟社同人魏紹昌、蔡萸英）の友人であり、しかもほとんどが彼らの紹介で初めて越劇や姚水娟の芸術に触れたと語っていること。

最近、天香が樊籬氏を劇作家として迎えた。その第一作が『花木蘭』だが、これは私の注意を引かなかった。第二作目が『燕子箋』だったことが意外だった。というのは、これまで低級趣味の観客に迎合してきた越劇が、この文学性に富んだ台本を上演するなんて思ってもみなかったからだ。その後、この樊籬氏なる人物が、まぎれもない杭州での旧友、名記者樊迪民さんだと知ったのである。

（何海生《我対越劇的今昔観》）

ラジオで物語の放送をしていた私は、資料を探すにはやはり書籍からと考えていたが、なかなか苦戦することもあって、芝居から探すことにした。だから芝居を観ることは私にとっては正規の仕事外の授業のようなものだった。京劇、話劇、昆劇、南方戯、揚州戯、とあらゆる芝居をほとんど観てまわった。ただ紹興戯だけはまだ観たことがなかった。最近旧友湯筆花《とうひつか》さんに紹興戯には骨があるから、観てみる値打ちがあるよ、とそそのかされた。おかげでこれまで紹興戯を観たことのなかった私が、最近では紹興戯院の上客になってしまっている。

（方正《従播音想到姚水娟女士的戯劇》）

（二）文章の目的は姚水娟の芸術を誉めることであるはずだが、それよりも熱心に樊迪民の劇本を誉めていること。

ようやく私は樊籬氏を探し当てた。するとほかでもない、十年以上会うことのなかった旧友、杭州の名記者樊迪民ではないか。どうりで『花木蘭』の演出がこんなに人を驚かせたはずである。彼は越劇の変容において偉大な功績をもつ人物である。姚水娟さんがこの樊迪民を自分の作家として得たことは、どれほどの幸運であったことか。『馮小青』も『燕子箋』もいずれも彼の台本である。特に『燕子箋』は一四日連続ステージという越劇の新記録を達成した。これはもちろん姚水娟さんの成功である。だが、この樊籬氏がいなければ、おそらく今日の地位はなかったであろう。

（湯筆花《把握越劇権威的姚水娟女士》）

（三）姚水娟を越劇の先鋒と認めているものの、彼らは姚水娟個人だけでなく女子越劇というものをより重視していること。

多くの人が私は姚水娟ファンの中でも最先鋭だという…我々は決してだれか一人の俳優だけをもち上げようというのではない。女子越劇が提唱するに値し、大衆が鑑賞するに値するものだと考えているのである。なぜならばその台本の多くは社会を批判する勧善懲悪の物語であり、用いられている言葉は簡単でわかりやすく、広く民間に受け入れられる。芝居の力を借りて、社会の欠点を補強し、社会教育のレベルを上げることができるからである。

（張剣花《姚水娟成名論》）

（四）樊迪民は友人たちの支持に応える形で、越劇に対する自分の理想を述べていること。ここで彼は以下の点について述べている。

①台詞の雅俗　②女役の裏声　③曲調

④方言　⑤台本　⑥舞台背景

ある友人たちは彼女（姚水娟……引用者注）の成功を私の台本のおかげだとするが、それは誉め過ぎというものので、本人が驚いている。……今越劇愛好家諸氏が越劇を誉め称えるために専集を出版し、記念すべきプレゼントとしてくださったが、私はその礼に応える術をもたない。だから今年は越劇のために『西廂記《せいそうき》』を書くつもりだ……原書の精神を失わず、舞台化し、越劇唯一の代表作とする。これが私の雄大なる計画である。……今年の上半期には『西廂記』のほかに十作品を天香で連続上演する。いずれも姚水娟主演なので、ぜひお楽しみいただきたい。……姚水娟専集の中だが、いくつかのテーマを記しておこう。余計な事に思えるかもしれないがこれらは越劇劇壇全体において、越劇前途の運命の明暗に関わる問題であるので、ぜひ姚水娟ファンの皆さんによくお考えいただきたい。そして彼女の上海来訪一周年を期に越劇を改善し、いっそうの輝きを加えるように討論をしてほしい。そうすることにこそ、彼女を記念する本当の意味があるからだ。

（樊篱《姚水娟女士来滬鬻芸一周年献言》）

（五）姚水娟の「役になりきる」演技力に注目していること。

いわゆる「以心伝心で通じ合う」というのが情を表現する上での最高芸術である。つまり演者の内心と観客の内心が、ある種電流の様に「共鳴」するのだ。この点について、姚水娟の演技レベルはすばらしい。彼女は芝居の中では完全に自分を忘れてしまう。劇中人物の身分や個性を周到に考慮し、自分こそがその劇中人物であると考える。劇中で起こることはすべて自分自身が経験したこととなる。だからこそ、その表現は真に迫って観客を感動させる。時に彼女は本当に悲しんで、涙を流すのである。

（唐鏡溥《従我国戯劇表演技術的原理談到姚水娟的芸術》）

もし樊籬が私の旧友でなければ、さっき紹介されたのが姚水娟だとはとても信じられなかったろう。別人だ！まったくの別人だ！完全に趙五娘になりきっている。彼女は韻を踏んだ韻文を歌ったが、その抑揚のたおやかな声の調子はまるで舞台で歌っているようには聞こえなかった。逆に趙五娘が冤罪を訴えている現場に出くわしたかのようであった。このような魂の奥底にまで深く染み入る芸術性を、私はずいぶん長い間味わえないでいた。まさか今日このような設備の古ぼけた旧式劇場で、こんなにも思いがけない収穫があるなんて、予想だにしなかった。

（陳大悲《完全変成一個趙五娘》）

編集者の一人である魏紹昌が語っているように、『姚水娟専集』は「その内容は当然いずれも彼女をもち上げているが、執筆者が非常に多く、中でも各界有名人が多数寄稿している。これは別の一面から見ると当時の社会において各界の人々がすでに越劇をかなり重視していたことを示す[39]」ものであった。またこの専集からは、一人の女優を賞賛するとともに、越劇そのものを宣伝し、越劇の地位を高めようとする編集者の意図が読み取れるのである。

（3）『越謳』

『越謳』（図7）は一九三九年七月から同年十二月の間に四期出版された。越劇初の専門誌で、『姚水娟専集』の出版に関わった同じメンバーの編集によるものだ。出版当初は月刊発行を目標としたが、金銭的理由から徐々に間遠になり、四期で廃刊となった。だがその内容は『姚水娟専集』出版後の越劇界についての動向に幅広く目配

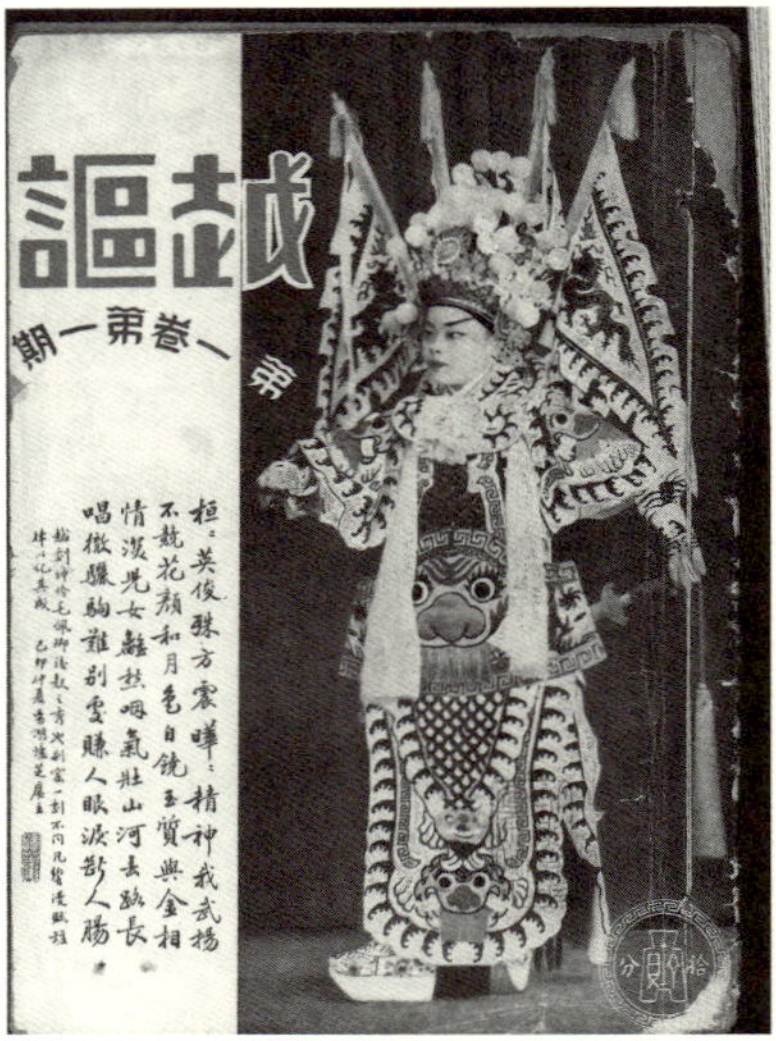

図7　『越謳』

りがされている。女優、劇場、教育、労働条件、興行方法、観客の要求など多くの視点から分析と提言を行ない、越劇界の現状と理想像が語られた。第三期から値上げをしているが、これは印刷所のストライキが引き起こしたアクシデントであり、金儲けのためではない。私財をつぎ込んでも、越劇界をリードし女優と観客を啓蒙しようという編集者の熱意と真摯さが伝わってくるものだ。

以下に、全四巻に掲載された記事から編集意図を濃厚に感じさせるもののタイトルとその概要を挙げておく。

■第一巻第一期（一九三九年七月一日発行）

一冊売り毎期一角、通年十二期一元

舞台写真二十五枚、スナップ写真一枚（王雪影）

主幹：魏紹昌、主編：樊迪民、発行：蔡《さい》臾《ゆ》英《えい》、出版：越謳月刊社

范小苑《従一本教科書説到的篤班底価値》

わかりやすい的篤班は現代に最も適した演劇である。

十草《越国劇壇大事記》

五月二十日から六月二十日までの越劇上演記録。日付、俳優、演目、劇場が記載されている。

奴家《芸人小史――袁雪芬》
有望若手俳優として、袁雪芬を取り上げる。
無敵《越吟舞台分裂記――姚商毛別謀発展，竺素娥仍懸頭銜，邢竹琴栄任正場》
「越吟舞台」分裂の顚末。天下の物事は、その大小に関わらず、協力し合えば力は強くなるし、協力し合わなければ勢いを失う。俳優は一人だけの力でなく、他の役があってこそ自分の魅力を生かせるのだ。……心を落ち着けて芸術のために努力をし、無意味な争いをしてはならない。
《栄任之幸》
女子越劇の地位向上のために、チャリティ公演参加が必要である。参加隊長として三十名の俳優の名を連ねる。
邵鉄容《願望》
越劇を変革し提唱しようという志のある読者に、この『越謳』の場を利用して思い切り意見を発表してほしい。
丁貌《假内行話》
現在の越劇が注意せねばならないのは、第一に台本の重要性、第二に俳優間の横のつながりである。
樊篱《無謂的責難》
これまでの芝居は千篇一律でどれも因果応報物語だ。だが私が姚水娟に書いた『馮小青』『孔雀東南飛』はハッピーエンドで終わらないので、観客は不満に思っている。もし新しい台本が毒素を排除しつつありきたりのパターンに落ちないものであれば、観客もだんだんと見慣れていくに違いない。

凡拉蒙《是月也越国女児多病》

俳優が生活する場の衛生状態が悪い。部屋は狭くて石炭の煤煙が舞い、人口密度が高いために伝染病も多い。昼夜のステージは非常にきつい。適度な休息、規律のある合理的な衛生状態が、俳優と芸の向上にはどうしても必要である。

勁草《老大哥地位被小兄弟搶去——又被小妹妹占了》

紹興の地方戯は紹劇から的篤班へ、的篤班から女子文劇へと人気が移っている。

竺素娥／姚水娟／邢竹琴述《樊籬編悲劇 馮小青 劇中之一片断》

樊迪民作『馮小青』台本の第二十場を取り上げて紹介する。

姚水娟述《劇本之一 盤夫（上）》

『盤夫』（上）の台本。

剣花《女子越劇今後応取途徑》

越劇はすでに上海に根を下ろした。次の目標は新しい芝居を通して、民族意識の向上と社会教育を図ることである。

■第一巻第二期（一九三九年八月一日発行）

一冊売り毎期一角、通年十二期一元

舞台写真二十枚、スナップ写真一枚（馬樟花）

《好消息源源而来》

越劇は上海ですでに投資すれば成功するものとみなされている。もはや以前のように簡単でいい加減な作りではなくなった。

勁人《芸人們応当体味的虽非金科玉律，却是金玉良言》

芸人たる者の守るべき道について述べる。

十草《越国劇壇大事記》

六月二十一日から七月二十日までの越劇上演記録。

樊篱《戯劇的方言問題》

話劇の発達から考えて、越劇にも将来台詞部分を共通語で発音する可能性が生まれている。

姚水娟述《劇本之一　盤夫（下）》

『盤夫』（下）の台本。

編者播音《声明我們的立場》

この雑誌の出版者は越劇を愛好する数名の同士であり、我々が組織する雑誌は決して誰か一人におもねったり批判したりするものではない。…我々の立場は、完全に越劇を擁護することを原則としており、いずれの方面からも感情的物質的支配を受けない。

■第一巻第三期（一九三九年十月一日発行）

一冊売り毎期二角、通年十二期二元

舞台写真十八枚、スナップ写真五枚（施彩香、王艶秋、馮梅卿、沈雅琴、許瑞春）

越娥《科班問題》

科班というのは私塾のようなものであり、学校ではない。一人の教師があらゆる教科を教える。定まった規定があるわけではなく、教師の便宜によって自由に手立てを考え、外部からの拘束は一切うけない……我々は女性越劇には速やかに学校式の科班を組織すべきだと考えている。

十草《越国劇壇大事記》

七月二十一日から九月二十日までの越劇上演記録。

樊篱《旧故事改変劇本的討論》

古い物語を越劇台本として改編する時に、作家の自己満足で原作のもつストーリーを勝手に変更してしまうことに反対する。自分は『琵琶記』を書いたが、迷信を削除した以外、どこも動かしていない。

勁人《時装戯不宜于越劇》

時装戯は越劇には不向きである。

樊篱《南曲琵琶記改変越劇劇本之前言》

昆劇台本を他の地方劇（越劇以外も）用に書き換える時は、迷信に関わる部分のみを削除し、それ以外は動かすべきではない。

樊篱《琵琶記》

『琵琶記』台本。第一場から第四場まで。

《編者与読者》

今期から値上げしたのは、印刷工場がストのために納期が遅れそうになったからである。今後も読者の投稿を期待している。

■第一巻第四期（一九三九年十二月中旬発行）
定価一冊二角
舞台写真十三枚、スナップ写真十八枚
小四《婦女運動的利器》
越劇は社会教育の道具としてだけでなく、婦女運動を推進する利器であるとも考えられる。祝英台は婦女読書運動、孟麗君は婦女参政運動、花木蘭は婦女愛国運動である。
十草《越国劇壇大事記》
九月二十一日から十一月二十日までの越劇上演記録。
樊篱《悼秦月峰氏之死》
秦月峰は演出家。一九三九年四月二十一日上演の『臙脂《えんじ》』（樊篱作）の演出をした。劇作家と演出家は仕事を分けて協力し合うという形が最も望ましい。
《越劇九班会串》
九箇所の越劇劇場が難民救済会の求めに応じてチャリティ公演を開催。一日二ステージ、総額は約五千元に上った。
樊篱《琵琶記（続）》
『琵琶記』台本。第五場。未完

これらから気づくのが以下の点である。

（一）『姚水娟専集』出版後の樊迪民たちの理想が読み取れること。越劇の内容、社会的地位、現代化等について。

（二）一九三九年七月から十二月までの越劇界について、行き届いた状況報告と分析がなされていること。

（三）越劇に関わる問題点が網羅的に提起されていること。俳優精神、劇場と俳優の関係、俳優同士の団結、科班と学校教育、女優の労働条件・環境の悪さ、観客の好み、経営制度、劇本と演出、女性運動、社会貢献、チャリティー公演などにふれている。

（四）編集態度が非常にまじめであり、金儲けのためではなく自分の理想のためという精神が感じられること。

当時、急増するマスコミ業界には越劇女優たちを食い物にしようとする者も多かった。だが、高義龍が言うように、「樊迪民たちが志したのはそれらとまったく一線を画す非常にまじめで、越劇界の立場に立ったもの」[(40)]であった。『姚水娟専集』『越謳』には、越劇と女優を取り巻く環境を近代化するという編集者たちの理想が語られていたのである。

おわりに

姚水娟の改良文戯時代、女性演劇の良き指導者たらんとする男性たちの熱意はどこから生まれたのだろう。姚水娟に懇願された樊迪民が、男性知識人として時代遅れの女性を導く役割に喜びを覚えたことは想像に難くない。

だが同時に、加熱する女優間・劇団間の競争の中で「女優として勝ちたい」「自分を活かした新しい芝居を作りたい」という姚水娟の強烈な欲望に樊迪民が惹かれたのではなかったか。話劇でも映画でもない場所で蓄積したノウハウを活かし、挫折した青春を生き直そうとしたのではないだろうか。

文明戯に夢破れた男たちが時代の風に乗る女たちに、演劇による社会の近代化という理想を託した。その理想が『姚水娟専集』と『越謳』に表明されているとすれば、姚水娟と樊迪民の合作こそ、男女が協力して行った理想的な女性解放運動だったのかもしれない。

だが一九四二年、二人の良好なパートナーシップは皇后大戯院老板の沈益濤によって、突然絶たれてしまう。樊迪民は回想録「姚水娟的芸術道路」にこう記している。

もともと私と姚水娟の間には何の問題もなかった……夏の休業期間に新しい芝居を書いていると、沈益濤が突然通告を貼り出した。そこに「樊籬」の名前がなかった。劇場が暗に私を不要な人間扱いしていることを知らせているようだった。私はかっとして、思った。「招かれざる客としてやって来たのだから、さよならも言わずに出て行ってやる！」と。しかし、内心ではいろいろなことを感じている。(41)

この諍いの原因は、当時の劇団経営モデルの変化にあった。孤島期に上海に入った女班はいずれも班長（戯班オーナー）が班員と劇場の間に入り、ブローカーの役割を果たしていた。班長が老板（劇場オーナー）と契約を結んで売り上げの配分を決め、俳優に給料を支払う。この「班長制」では班長は班員への給料と劇場の支払いの差額で利潤を得、演目の選択やスタッフの雇用も班長が権限を握っていた。(42)

一九四〇年、姚水娟率いる「水雲劇団」は経営不振に陥った皇后大戯院に出資し、上演の場を移した。それを機に「班長制」を廃止し、俳優が自分で劇団を管理し直接老板と契約を結ぶ「老板制」を打ち立てた。これにより姚水娟が演目、俳優を決定し、作家・演出家を招へいする権限を持った[43]。

老板制によって俳優の収入は増加し、他の劇団も追随した。だが班長という緩衝地帯がなくなったために老板の劇団に対する支配力が強まり、スター女優のギャラは高騰し、劇場間で引き抜きが激化した。演目も客の入りによって老板が決定するようになった[44]。

皇后大戯院では『馮小青』『釵頭鳳《さとうほう》』『玉潔氷清』など樊迪民の新作を上演し客足も良かったが、劇団内の実権をさらに強めようとした沈益濤が二人の仲を断ち切るために陰謀を巡らせた。それに嵌った樊迪民が劇団を去ることになった、というのだ[45]。

樊迪民のいう「陰謀」について、詳細はわからない。だがそこには男性知識人のプライドと、女優の経済力のバランスが関係していたのではないかと筆者は想像する。というのも、「老板制」では老板は俳優や班員と直接交渉して契約を結んだが、作家や演出家の報酬については俳優が要求した時にその分を増額するというもので、最初から負担するものではなかったからだ[46]。つまり姚水娟からの要求がなければ劇場は樊迪民に報酬を支払わず、樊迪民の経済は姚水娟に依存していたのである。

姚水娟と別れた樊迪民は同楽劇場へ移り商芳臣のために『秋海棠《しゅうかいどう》』を書いた。皇后大戯院は新たに映画俳優を作家・演出家として招いたが、姚水娟の個性や特徴も把握していない人間の作品ではチケットは売れなかった。その時の姚水娟について樊迪民はこう語っている。

経験もなく姚水娟の個性もわからない人間の本では、上演がこけるのはわかりきったことだった。水娟は自分の軽率さを深く後悔した。私たちの合作時期、何人もの人から私が姚水娟に台本を書き演出するなんて自分の身分を辱めることだ、と皮肉られ笑われたが、私は一笑に付してきた。結局私は姚水娟と別れてしまったのだが、決して悔やんではいない。(47)

「当時知識人が地方劇に関わることは卑しめられる仕事だったが、自分は一向に気にせず彼女との合作を続けてきた。それなのに彼女はその恩を忘れて自分よりも老板についた」。ここには姚水娟への苛立ちとともに、彼の根幹にある俳優への蔑視やプライドの傷つきが感じられはしまいか。男性の優越感と知識人のプライドが女優に握られているという現実を突きつけられた時、自分が姚水娟を指導するという関係性が崩れた。彼の感慨は、女性の地位向上や社会変革などという理想が結局は他人事だったことを露呈しているのではないだろうか。

姚水娟は樊迪民の力を借りて台本制・演出制を取り入れ、役になりきるリアルな演技とともに、照明・舞台美術・音響でも「話劇化・映画化」をめざし、その表現力を格段に向上させ多数の新作を生んだ。他の一座も競って劇作家を雇い、一九三八年五月からの半年で六十四本もの新作が発表された。だが、新しい演劇作品を作って社会を変革するという理想は、越劇女優を商品と考える老板たちの思惑の前にあっけなく崩れ去った。

改良文戯時代の急成長は、先進的な男性が遅れた女性を主導するという伝統的ジェンダー役割が、双方にとって望ましい形で受容された結果であった。だが、それゆえに樊迪民らの理想は実現されずに終わりを告げた。彼らは理想を語ることができても、それを実現するだけの切迫感をもち得ず、姚水娟もまた自分の幸福を最優先して結婚を機に舞台を去った。

文明戯出身の知識人が孤島期の越劇に与えた影響は、姚水娟に芸術的な発展を促した。だが彼らの理想は袁雪芬ら淪陥期に活躍する次世代の女優たちによって、ようやく実現を見るのである。

注

（1）范瑞娟「従梁祝文化的演変看越劇改革的前前後後」（葉炳南主編『新中国地方戯劇改革紀實』上、中国文史出版社、二〇〇〇年）二四四頁。

（2）中国ジェンダー研究会編『中国の娯楽とジェンダー　女が変える／女が変わる』（勉誠社、二〇二二年）には当時の中国女性の娯楽について多方面からの研究が見られる。

（3）高義龍『越劇史話』（上海文芸出版社、一九九一年）五八頁。

（4）一九三二年（昭和七年）一月二十八日から三月三日にかけて、中華民国の上海共同租界周辺で起きた日中両軍の衝突。中国では「一二八事変」という。

（5）一九〇二年天津で創刊された中国の代表的新聞。上海、香港など各版を発行、国際問題の報道・評論にすぐれ、経済記事も重視した。

（6）同（3）九七頁を意訳した。また「第一部（1）姚水娟という人」についても、当該書八九頁を参照した。

（7）姚水娟の経歴については、魏紹昌「『姚水娟伝』読後校補」（『戯文羅鼓』大象出版社、一九九七年）が詳しく、本項もそれに依っている。また魏紹昌は『戯文』（一九八一年二期〜一九八二年二期）に連載された沈祖安「姚水娟伝」の記述の過ちを厳しく指摘している。沈文では姚水娟の幼名は「蛮婆」となっており、牧童としての経験や私塾での生活を記しているが、それは沈祖安が後山という地方をまったく知らないで作った虚構だとしている。

（8）当時は「群英舞台」と名乗ったが、のちに「群英鳳舞台」と改名した。本著では「群英鳳舞台」で統一する。

第二章注（15）参照。

（9）竺鈞堂、竺鋆堂と表記する書もあるが、本書では竺均堂で統一する。

（10）巴金（一九〇四～二〇〇五）小説家、散文家、文学翻訳家。成都人。官僚の地主の家に生まれる。五四運動期にアナーキズムの影響を受け、一九二〇年代にフランス留学を経験。一九三三年の代表作『家』は崩壊しつつある封建的大家族の実態とその悲劇を暴露したもので、二十一世紀の越劇作品にもなっている。第八章参照。

（11）一九三八年下半期に上海租界の人口は戦前の一六七万人から四百万人以上に激増した。廖亮『都市文化語境中的上海越劇（1917-1949）』（中国書籍出版社、二〇一八年）一六四頁。

（12）同（11）一七二頁。

（13）呉兆芬等整理『范瑞娟表演芸術』（上海文芸出版社、一九八九年）一二頁。

（14）一九三七年（昭和十二年）八月十三日から始まった、中華民国軍と日本軍との軍事衝突。中国語では「淞滬会戦」という。これによって北支事変は支那事変へと拡大し日中全面戦争に発展した。

（15）一日目は日場『仁義縁』夜場『沈香扇』、二日目は日場『三看御妹』夜場『前本三笑縁』、三日目は日場『十美図』夜場『後本三笑縁』だった。

（16）同（3）五九頁によると、どのような劇場で上演を行なうかによって、その劇種の社会的地位を計ることができる。男班が最も盛んだった一九三五年頃、彼らは大世界、新世界、神仙世界、小世界などの有名遊技場で上演を行なっていたが、女班は茶楼でしか上演できなかった。通商劇場は通商旅社のロビーに敷設された劇場に過ぎず、老閘大戯院での上演に越劇の社会的評価の上昇を見ることができる。

（17）魏紹昌「越劇雑記」（注（7）『戯文鑼鼓』）一二〇頁。

（18）ごく短い期間のうちに女班が男班を淘汰し上海を席巻したのにはいくつかの理由が考えられる。高義龍によると、一九二〇年代初期に上海に根を下ろした男班は努力を続け、三〇年代前半に黄金期を迎えた。一九三八年初めには七、八の劇団がスター俳優を有して大きな遊楽場で上演していた。だが、年齢、社会変化、演出条件などの制限のために男班は芸術上の新しい突破口を見出せず、名芸人の豊富な経験に頼り、上演はますますこなれたものになっていった。上海の男班は毎日二ステージ上演したが、若い世代を育成しなかった。また浙江で育成されるのは女班ばかりだったので、自然と男班の後継者がいなくなった。さらに名芸人たちも四、五十歳を過ぎ、上海の悪習に染まり始めると坂を転がり落ちるように姿を消した。それに比べて女班は元気で、芸術的にも上り調子、容姿、声ともに男班を凌駕した。しかも彼女らは浙江省全土の巡業で毎年七、八百ステージもこなしていた。彼女らはみな年齢に見合わない、非常に早熟な実戦経験を積んでいたのである。同（3）七二〜七三頁。

（19）同（3）九七頁、筆者意訳。

（20）樊迪民「姚水娟的芸術道路」（中国人民政治協商会議浙江省委員会文史資料研究委員会編『浙江文資資料選輯』第二五輯 浙江人民出版社、一九八三年）。

（21）同（17）一二一頁。同（3）七三頁によると、姚水娟のスポンサーは中汇銀行常務社長兼マネージャーの魏晋三だった。

（22）『木蘭辞』のテキストは「木蘭が父に代わって従軍する」としながら、戦場でのできごとにはいっさい触れず、その「出発」と「帰還」が書かれるのみである。性別誤認の場面が省略されているために、その「男装」は、現代的な「異性装」というよりも「父の代理」のための「仮装」に近い。木蘭の男装はジェンダー規範を揺るがそうとする反社会的な行為ではなく、自覚的に男性の社会機能を一時的に引き継ぎ、演じているに過ぎない。戴錦華が指摘するよう（戴錦華著、宮尾正樹監訳、舘かおる編『中国映画のジェンダー・ポリティクス――ポスト冷戦時代の文化政治』（お茶の水書房、二〇〇六年）五七頁）に、木蘭物語は伝統的中国文化や封建イデオロギーの核心的表象の一つである「孝」を表している。「孝」は「忠」につながり、「家」は「国」につながる。「孤島期」の上海で最も有名な映画『木蘭従軍』は、木蘭物語に潜在する「忠君」の含意を近代国民国家のアイデンティティに転嫁し、作品を抗戦期の国家動員に役立てた。それゆえこの映画は敵国の日本でも上演された。中山文「異性装のヒロイン――花木蘭と祝英台」（服藤早苗・新實五穂編『歴史のなかの異性装』勉誠出版、二〇一七年参照）。

（23）京劇『明末遺恨』は明朝最後の皇帝崇禎帝の亡国の物語。詳細は田村容子「『孤島』期上海と戦時下の演劇」（『男旦（おんながた）とモダンガール　二〇世紀中国における京劇の現代化』第七章、中国文庫、二〇一九年）。

（24）京劇『文天祥』は『正気歌』との別名あり。南宋の憂国英雄文天祥のすべてを犠牲にする祖国愛を歌い上げる。一九四〇年に話劇化される。詳細は阿部幸夫『幻の重慶「二流堂」――日中戦争下の芸術家群像』（東方書店、二〇一二年）二二～二三頁。

(25) 同（7）『姚水娟伝』読後校補」一二九頁によると、当時欧陽予倩作、陳雲裳主演の映画『木蘭従軍』が上演されるというニュースを新聞で読んだ魏紹昌が樊迪民にこの題材を推薦したのだという。

(26) 《上海文化芸術史》編纂委員会・《上海越劇志》編纂委員会編、盧時俊・高義龍主編『上海越劇志』（中国戯劇出版社、一九七七年）によると、姚水娟に先立つ九月三日に「第一舞台」の施銀花と屠杏花が『木蘭代父従軍』を通商劇場で上演している。しかし、姚水娟と竺素娥の「越吟舞台」での上演によって、「中国のジャンヌ・ダルク」の称号は姚水娟のものとなってしまった。

(27) 高義龍・李暁主編中国戯曲現代戯曲研究会・上海藝術研究所編『中国戯曲現代戯史』（上海文化出版社、一九九九年）四五～五〇頁参照。

(28) 事件発生の十日後に映画界の著名劇作家鄭正秋が新編上海実事新劇『蔣老五殉情記』として舞台化し、自ら羅丙生役を演じている。同（27）四八頁。

(29) 同（3）九六頁によると、樊迪民が幕割り構成とセリフ部分を担当し、胡知非が歌詞を担当した。

(30) 四半世紀前に男班の『碧玉簪』に熱狂した上海女性の姿を彷彿とさせる。一九一八年、男班の馬潮水は悲劇作品『碧玉簪』のラストを夫が妻に跪いて許しを請うシーンに変更して大いに受けたのだった。しかも『碧玉簪』でも妻の味方は同性の姑であった点に注目したい。

(31) 『花木蘭代父従軍』『孔雀東南飛』『遺腹子』『蔣老五殉情記』『楊乃武与小白菜』『燕子箋』『啼笑因縁』『馮小青』『釵頭鳳』『玉潔氷清』『涙洒相思地』。同（20）一五九頁による。

(32) 姑の意向で離縁され心中する夫婦を描いた。

(33) 若くして妾となった才女の悲運の人生を描く。

(34) 本項については、応志良『中国越劇発展史』（中国戯劇出版社、二〇〇二年）九四頁参照。

(35) この活動は後の話劇の勃興と発展にとって大きな影響を与えた。

(36) 同（3）一〇〇頁。

（37）名づけについてのエピソードは同（20）一四六頁に詳しい。
（38）同（3）一〇〇～一〇一頁によると、現代では劇作家という職業は知的なもので人々の尊敬も集めるが、当時はそうではなかった。一人前の知識人が女子文戯などの世界に入ることは決して憧れの対象ではなかった。また、何事も「初めての」人物になるには勇気が必要である。樊迪民が女子文戯の劇作家として、最初に行なったのは改名だった。それは一つには新聞業界に身を置いた者として日本軍の禍を避けるため（友人の記者が日本軍に殺された）、もう一つはまだ生まれたばかりで評価の定まらない女子文戯に携わることで、それまで築いてきた文化界における自身の評価を落とさないためであった。
（39）同（7）一三〇頁。
（40）同（3）一〇二頁。
（41）同（20）一五二頁。
（42）同（11）『都市文化語境中的上海越劇（1917-1949）』一一九頁。
（43）過渡的に劇団を管理する森記公司という組織を作り、老板の沈益濤、朱仁富と女優姚水娟の三者が代表となった。同（11）『都市文化語境中的上海越劇（1917-1949）』一一九頁。
（44）映画『舞台姐妹』はまさにこの時代の老板と女優の関係を描いている。
（45）同（20）一五二頁。
（46）同（11）『都市文化語境中的上海越劇（1917-1949）』一二一頁。
（47）同（20）一五二頁。

第五章　姉妹の越劇（二）

――観客の獲得

はじめに

二〇〇二年、袁雪芬《えんせつふん》の回想録『求索人生芸術的真諦――袁雪芬自述』が出版された(1)。そこで袁雪芬は越劇改革第一作目の『古廟冤魂《こびょうえんこん》』について、次のように述べている。

> ……第一作の作家演出家は于吟《うぎん》さんだった（一一頁）……于吟さんはかつて欧陽山尊《おうようさんそん》(2)と一緒に芝居の演出をしたことがあった。だが彼はプロの話劇俳優ではなく、話劇の愛好者だった。正確に言うならばアマチュア文明戯の愛好者だったのだ。彼が誇張した演技を要求したことが、それを証明している……越劇はまるで歌つきの「越話劇」だと言われたが、実際には話劇に歌を加えたとはとても言えない。まるで文明戯に歌を加えたような形式だった(3)。
>
> （一二頁、下線引用者）

ここから伝わる文明戯への嫌悪感はどうしたことだろう。袁雪芬が孤島となった上海に入った時、女班業界のトップスターは姚水娟《ようすいけん》だった。彼女は文明戯出身の知識人男性をブレーンにし、『花木蘭代父従軍』の抗日テーマや時装戯など時代性を取り込んだ改良文戯で人気を集めていた。十六歳の袁雪芬は豪華な『姚水娟専集《ようすいけんせんしゅう》』に「いつかは私も」と闘志を燃やし、『越謳《えつおう》』第一巻第一期の「芸人小史」が取り上げてくれた自分の記事を必死になって読みはしなかったのだろうか。良識ある越劇ファンが作る越劇雑誌は、数年後の越劇改革に何の影響も与えなかったのだろうか。袁雪芬は文明戯に対してなぜこれほど冷たいのだろう。

実は、この文章の前に越劇改革を始めた理由が述べられている。

> 一九四二年の越劇改革の時、……私は話劇をお手本にしようと決心した、……どうやってまっとうな人間になるかを教えてくれた天国の父を慰めよう。……そのために越劇改革を社会の鏡とする志を立てた。舞台で台本、演出、表現、音楽、美術を総合して一体化し、上演を社会にとって、また観客にとって有益なものとし、越劇の品位と地位を高めるのだ。（九頁）

ここでは越劇改革の目的として芸術形式と社会的役割という次元の異なるものが並列されている。「総合芸術」が前者を、「社会の鏡」「越劇の品位と地位」が後者を示し、その獲得によって袁雪芬は「天国の父を慰める」ことができるという。袁雪芬の越劇改革には、芸術的側面、社会的側面、個人的側面が重層的に絡み合っているのだ。そのために彼女が目指したのは、文明戯ではなく話劇だった。

例えば『文天祥』の上演では、……舞台の上と客席とで素晴らしい共鳴が起こっていた。文天祥が勇猛果敢で死を恐れず詩句を吟唱するたびに、割れんばかりの拍手が起こる。この劇場の雰囲気は私たちの上演ではありえないものだ。話劇のようにまじめに厳粛に上演し、意味のある芝居をやらねばならない。

今の越劇に必要なものは、冒頭で述べた「誇張した演技術」でも、「歌つきの文明戯」でもない、新たな表現なのだ。

わずか六歳差といえども、姚水娟と袁雪芬では生まれ育った環境や成人した時代が格段に異なっていた。父親から受けた自尊の教え、西洋映画が見せる男女対等の恋愛や自立する女性像、話劇が伝える他国に蹂躙される危機感と国民としての一体感……これらが思春期の袁雪芬のアンテナを研ぎ澄まさせた。女優をまっとうな人間として扱わない社会を憎悪し、仲間を増やして越劇という劇種そのものの社会的地位を上げ、父の望む自尊感情をもつ人間になろうとしたのである。

本章では淪陥期の越劇を「姉妹の越劇（二）」とし、越劇改革を通して袁雪芬が仲間を得て、新たな観客を獲得した過程を振り返る。その上で『祥林嫂《しょうりんそう》』が「新越劇の記念碑」であることの意味を女優の立場から考察したい。

第一節　袁雪芬の越劇改革

（1）父の教え「清白做人」

袁雪芬は一九二二年、越劇の故郷である浙江省嵊《じょうけん》県の貧しい農村に生まれた。封建意識が特に強い地方だったが、私塾の教師だった父袁茂松《えんもしょう》は男女平等の意識をもち、幼い袁雪芬に「女子も男子同様に有用であり、自力で食べていかねばならない。将来は父母にも夫に頼らず、自立し、自尊心をもち、自重せよ。自らを軽んじず、貧しくとも志を高くもて」と教えた。その教えは「清白做人（清く正しく生きよ）」という言葉として彼女の人生に刻まれ、自尊心と自立心を育てた。

だが実際に田舎教師の生活は苦しく、人間として誇り高く自立する道は容易ではなかった。一九二九年、母裘水仙の実家がある崇仁鎮に女子科班の高昇舞台が開校した。「もし施銀花のようなスターになればこの子は自分で食べていける、家族の生活も楽になる」。母のこの考えは現実的で合理的だった。そこで夫には「実家の母が会いたがっている」と嘘をつき、袁雪芬を高昇舞台に入学させた。しかし八歳の袁雪芬は見知らぬ環境に馴染めず、三日間泣き通してついに家に送り返されてきた。村の「秀才」たる袁茂松の「戯子《シーズ》」に対する職業蔑視は厳格で、烈火のごとく怒った。教育を受けそれなりの仕事に就くことを期待した父は、袁雪芬を二年間学校に通わせた。

女児の間引きが珍しくないこの村で、袁雪芬の兄と姉は夭逝しており、下には次々と妹が生まれた。男児を産めないことを自分の罪だと考える母は、父に隠れて妹たちを人手に渡すしかなかった。父の外出時に生まれた上の妹は、孤児院に預けてくれるようにと硬貨を添えて乞食女に託した。秘密がばれることを恐れて、袁雪芬には「生まれたのは弟だったが死んだのだと伝えるように」と何度も言い含めた。その翌々年にまた妹が生まれると、母は生後四十日で同じ村の童養媳《トンヤンシー》に出した。娘を自分の手で育てられない母の嘆きを前に、袁雪芬は「女に生まれた不幸」[4]を感じずにはおられなかった。成長するに従い、この不幸に打ち勝つには自分で金を稼ぐ術を身につけるしかないと考えるのは自然なことであった。

一九三三年になると、女子科班を取り巻く事情はずいぶん変化した。世界恐慌の余波で上海の工場が次々倒産し、貧農の娘たちが上海で女工になる道が閉ざされた。一方、女子科班が各地で誕生し、主役になれば月収三十元だという。これは父の年収に匹敵した。十一歳になった袁雪芬は自分が家族を支えようと、自ら「四季春班」の門を叩いた。

この時も父は大反対し、怒りのために入団時の荷物に布団ももたせず、袁雪芬は同期の傅全香《ふぜんこう》の布団で一緒に寝かせてもらうしかなかった。(5) だが、ほかにどんな道があるというのだ。「自立せよ、だが女優にはなるな」とは、袁雪芬にとってアンビバレントな命題だった。高らかに「自立、自尊、自重」を語る父も、そのための具体的な方法を教えてはくれない。答えは自分で考えるしかなく、結局、頼れるものは自分しかいないのだ。その点、女が生きていくことの苦しみを熟知する母ははるかに現実的で物わかりが良く、積極的に娘を支えた。しばしば着替えを運んで顔を見に来ては、娘を励ましてくれた。(6)

四季春班時代の袁雪芬は木登りの得意なお転婆で、武生に向いた性格だったが、目元涼しく落ち着いた風貌から青衣《せいい》（貞淑な女性）の役柄を学ぶことになった。二年間とはいえ学校に通ったことのあるのは二十数名いる仲間の中でも彼女一人で、大秀才として頼りにされた。活発で正義感が強く、師傅（師匠）の理不尽な要求にはっきりと抗議する袁雪芬は年上の仲間からも慕われたが、日々の生活は厳しかった。

八年間の科班生活は初めて社会に出た私にとって辛酸の日々だった。社会の最底辺の芝居一座で、無学な座長はルンペン同様のその日暮らし。技術もなくいいかげんな師匠を連れてきては観客をごまかすために芝居のまねごとを強いた。だがまともな芝居をすることよりも、まともな人間でいることのほうがずっと難しかった。幸いにも父がしばしば手紙をよこして私を導き注意を与えてくれた。そのおかげで自分を取り巻く偽善者たちの識別ができたのだ。(7)

思春期の彼女がもっとも耐え難かったのは、異性関係と金をめぐる醜悪な大人の世界である。「四季春班」の班長王天喜はやくざな性格で、女優の妊娠や恋愛沙汰は日常茶飯事だった。科班の中でも年かさの美人は班長や師傅のお気に入りとなり、多くの芝居を教えてもらえた。だがそれも罠に過ぎない。まずは飴をしゃぶらせておいて彼女らを手に入れるや、ペットとし、奴隷とし、金を稼ぐ機械と見なした。金持ちの目に留まったら、班長はさっさと美人局になり、間に入って「手数料」をせしめた。班長の「掌中の珠」となると、初めは得意満面でも、何日もせぬ間に飽きられ、捨てられた。悲惨な死を迎える者、何とか逃げ延びる者。そんなプライドのない生き方は決してするまい、と父の教えに戒められた。(8)

一九三五年夏、父がもっとも懼れていたことが袁雪芬の身に起きた。大地主から妾になれと襲われた事件で、十三歳の少女は自分の身を守ること、純潔を守ることの難しさを知る（第三章おわりに参照）。さらに科班生活での虐めにも悩まされた。一九三六年春、ある客師《きゃくし》との共演では緊張のあまり一か月で病気になった。高熱が続き髪の毛が全部抜け落ち、もう少しで命を落とすほどだった。袁雪芬はその時に「将来名を成しても決して後輩を虐めたりしない、徳芸兼ね備えた人間になろう」と誓った。女優という仕事は貧しい農村の少女にとって希望の未来を見せてくれる唯一の職業だった。だが、その修行の日々は袁雪芬の心に「女であり、戯子である」ことの怨みを募らせた。

一九三六年九月、「四季春班」初の上海進出では客師に王杏花を招き、袁雪芬は二番手だった。十一月、十四歳の袁雪芬は十六歳の銭妙花と越劇最初のレコード『方玉娘哭塔』を吹き込み、浙江に戻った。

一九三七年六月、二度目の上海進出では通商劇場で、施銀花、屠《と》杏花《きょうか》、馬秋霞を客師に迎え、袁雪芬は四番手だった。八月十三日、日本軍の爆弾が大世界（游戯場）の前に落とされ、第二次上海事変が始まると人心は乱れ、劇場は次々閉鎖した。人々は我先にと上海を去り、科班も浙江へ戻った。

（2）馬樟花《ばしょうか》との出会いと別れ

三度目の上海進出は一九三八年二月である。第二次上海事変後、袁雪芬の「四季春班」は姚水娟の「越昇舞台」に次いで二番目に上海入りした。袁雪芬は当時の上海をこう振り返る。

> 舞台上ではいい加減な幕表戯、舞台下はアヘンの瘴気に満ちており、スター賛美の流行で、お座敷や宴会は班長の金儲け。さらに父が肺病で起き上がれなくなり一家の負担が肩にのしかかった。生きるためには自分を抑えどんなに辛くても芝居をやめるわけにはいかなかった。身を清く保ち交際を断るために、肉食を断った。その時から活発で遊び好きだった私は寡黙で心の清らかさを求める性格へと変わった。

『座楼殺惜』という作品の稽古中、張三郎に媚びた科を作る閻惜姣の役を振られ、袁雪芬が断固拒否したというエピソードは有名だ[9]。また女優を妓女扱いする堂会やペット扱いする過房娘《かぼうじょう》との交際を拒否するために肉食を絶ち、新中国成立までの十年間維持したこともよく知られている[10]。一九五〇年代に袁雪芬と多くの仕事をともにした呉琛《ごちん》は「清清白白做人（清く正しい人）でいるために、彼女は菜食主義を通し、清教徒のような生活をしてきた。〝男女授受不親（婚姻関係にない男女は親しくしないのが礼儀である）〟という古い教えが彼女の異性への警戒心を滑稽なまでに高めていた」と語る。(11) 家族の生活を担う十六歳の少女は、ストイックに生きることで「自重せよ」という父の教えを守り通そうとしたのだ。

上海の喧騒と華やかさに呑み込まれていく同僚の中で、孤高の袁雪芬に一条の光が射した。「電光小生」と呼ばれた馬樟花（一九二一～一九四二）との出会いである。彼女との思い出を袁雪芬は「あの時代の唯一の幸福」と懐かしく語る。(12) それまでの袁雪芬の相手役は屠杏花（一九一三年生）、李艶芳（一九一七年生）、魏素雲（一九一六年生）、竺素娥（一九一六生）で、当時〝四大名小生〟と称された人たちだった。彼女らは袁雪芬に多くのことを学ばせてくれたが、みな彼女より一世代上で袁雪芬には遠慮があった。

馬樟花は袁雪芬とは一歳違いの十七歳で、気心が知れた。嵊県の貧しい農民家庭に生まれ、袁雪芬よりも一年早い一九三二年に「錦花舞台」に入り浙東、浙北一帯で流転生活を送った苦労が馬樟花を早熟にした。質素な外見を守り続ける袁雪芬とは逆に、馬樟花は多数の過房娘をもち、贈り物を遠慮なく受け取って派手に着飾った。「こちらが要求したわけでなし」と悪びれず、「上海姑娘」らしいおしゃれを楽しんだ。当時衣装や髪飾りなどは自前で、過房娘たちは自分の推しが舞台で目立つことを喜び、どんな役であろうともきらびやかな衣装を着せたがった。だが馬樟花は過房娘の機嫌よりも人物設定を重視して役割に相応しい衣装を選び、必要とあれば障碍者の役でも演じてみせた。そんな芝居に対する誠実な態度が、一見真逆に見える二人には共通していた。

馬樟花は食事の質を落とした班長には「豚の餌を食べさせる気か」と噛みつき、同僚を侮蔑した琴師には「役者をなめるな」とビンタを食らわせたと言う。(13) 彼女の派手好きは田舎者だと馬鹿にされないためのものであり、堂々と自己主張する姿は侮り難い手強さを見せて凛々しかった。そのプライドの高さは、表現方法は異なっても袁雪芬と通じており、互いに尊敬できた。

孤島となった上海では、戦禍のためにそれまで盛んだった上演がぱったりなくなった。昆劇は姿を消し、梅蘭芳らの京劇名優は舞台を退き、話劇界や映画界のエリートたちも上海を離れて重慶へと去った。女性のヌードを売り物にするストリップやフラダンスが人気を集め、越劇でも舞台美術を使い煽情的な作品を上演し始めた。

我が道を行く二人は男班から伝わる人気作品『梁山伯《りょうざんぱく》与《と》祝英台《しゅくえいだい》』から卑猥な歌詞や動作を削除し、純愛を歌い上げる『梁祝哀史』へと改良をすすめた。特に別れの「楼台会《ろうだいかい》」のシーンは、今日はどんな風に演じて、どこまで盛り上げようかと相談し、上演前から気持ちが通じ合った。舞台の上で輝く〝梁山伯〟の瞳を見るだけで、袁雪芬は自然と涙があふれたと言う(14)。

台本のない幕表劇で、普通なら二、三回の「賦子」のやり取りで済ますところを、二人は阿吽の呼吸で一時間も掛け合いを続けることができた。袁雪芬は馬樟花とコンビを組むことで、初めて舞台の面白さを実感した。これまで孤独に格闘していた暗闇の中で、彼女は初めて心を開き信頼できる同志を得たのである。

馬樟花は俳優としての嗅覚も鋭かった。当時、上海には多数のラジオ局があり、民族企業が地方劇の歌を利用して広告を打っていた。なかでも越劇は耳触りが良く人気があった。民族資本の三友実業社から仕事の声がかかると、馬樟花は老板の承諾も取らずに引き受けた。昼の上演が終わると昼食もそこそこに袁雪芬とラジオ局に走り、歌い終わると劇場に戻り、化粧をしながら点心をつまんで夜の部に出るという毎日を続けた。同じ時間帯にベテラン施銀花が他局で番組をもっており、それに対抗するようなフレッシュコンビの歌声が相乗効果となり越劇の人気は一気に高まった。二人の名前と優美な歌声は電波に乗って各家庭に届けられた。毎日六時から七時二十分まで多くの上海市民が一三八〇ヘルツに合わせて「越劇新帝」馬樟花と「越劇新后」袁雪芬の歌声に耳を傾けた。

三友実業社職員の陶賢（一九〇八～一九六七）が『聊斎志異《りょうさいしい》』にある『恒娘《こうじょう》』の物語から歌詞を作り、二人がラジオで毎週一段ずつ歌うと、これが当たった。聴衆から上演の問い合わせが相次ぎ、一九四一年一月に大来劇場で上演が実現した。『恒娘』上演では旧式の金色の幕から背景を描いたものに変え、鬘や衣装も伝統的な大げさなものからシンプルなものに変えた。「物語は話劇化、背景は映画化」を不完全なりにスタートさせて六四ステージを達成した。若いコンビは絶好調だった。

しかし一九四一年七月、二人に別れの日が訪れる。馬樟花が結婚したのだ。相手は彼女の過房娘・鮑某の大学出の子息で、正式な結婚だった。不幸に終わった施銀花の結婚とは異なり、エリート青年の正妻で、しかも舅となる人が出資して彼女の劇団を建ててくれると言う。女優にとってこれ以上ないほど良い話だった。馬樟花との別れは袁雪芬にとって身を引き裂かれるように辛かったが、友の幸福を願って祝福した。

だが新生活に歩み出す馬樟花を断固として許そうとしなかったのが、彼女に邪な心を抱く大来劇場老板の陸根《りくこん》棟《とう》である。婚家に匿名の手紙を送りつけ、タブロイド新聞に彼女の〝スキャンダル〟をでっち上げて流言蜚語をまき散らした。誹謗中傷の責め苦の中、新たな劇団も順調にはいかず、明るかった馬樟花が次第に寡黙になった。やがて過労から肺結核と肋膜炎を発症し、ついに一九四二年二月に帰らぬ人となった。「電光小生」の名の通りわずか二十一歳で逝ってしまった親友の死は、袁雪芬の心に消えることのない恨みと怒りを刻み込んだ。一度手に入れた「金のなる木」を、この業界の男たちは決して手放そうとはしない。そういう男たちへの復讐を、袁雪芬はその後十年かけてやり遂げることになる。

（3）劇務部創設：越劇改革準備期

一九四二年は袁雪芬にとって転機の年だった。二月、ともに『梁祝哀史』（図1）の改良に励んできたコンビの馬樟花が先に述べたように心身を病んで早逝した。三月、喀血し肺結核療養のために五年ぶりに帰郷した袁雪芬は、五月に最愛の父を看取った。かつて上海で受けた父危篤の知らせに、因習に従い自らの腕の肉を抉り取り回復を祈ったほどの孝行娘は、父の死をこう語る。

> 父は私の精神の支柱だった。父が死んで私はまるで人生の方向を見失ってしまった。何も考えつかない。これまでの人生でこんな戸惑いを感じたことがなかった。(15)

図1　『十八相送』（『梁祝哀史』の一場）
左：袁雪芬（祝英台役）
右：馬樟花（梁山伯役）

傷心の袁雪芬のもとには上海からのオファーが何件も届いた。上海では姚水娟、筱丹桂《しょうたんけい》ら女班スターが大人気で、姚水娟の『涙洒相思地』はロングランを続けていた。どこの劇場も袁雪芬を欲しがり高値で奪い合った。だがこれまでの芝居を繰り返すことは二度とごめんだった。今度上海で上演するならば、新しい越劇に改革しなければ意味がない。そのために三つの条件を出した。

① 堂会などの営業はしない。
② 楽屋へは関係者以外立ち入りを禁止とする。

③　上演演目は自分たち俳優が決定し、老板は口をはさまない。

三条件の中で劇場側との折り合いがもっとも難しいのは上演演目についてだった。劇場は彼女に更に高い報酬を支払っても、作家・演出家へのそれは渋った。改革などという危険を冒して新演目にすると、今のままで満足している観客が離れて行ってしまうかもしれない。ある劇場は毎月の給料三万元と「保護者である叔父に毎月一万元を提示した」(16)が、条件はただ一つ、「今までの芝居を続けること」だった。この叔父は、老板と一緒になって、発病した袁雪芬に何としても舞台を続けさせようとした人間(17)で、もちろん新演目には大反対だった。

大来劇場も孫文毅《そんぶんき》を使者として寄越した。孫文毅は馬樟花にラジオの仕事を仲介をしてくれた越劇の支持者で、袁雪芬は彼を信頼していた。馬樟花早逝の原因を作った大来劇場に戻りたくはなかったが、孫文毅は袁雪芬が自分の給金を減らしさえすれば作家・演出家などを招いても良いと陸根棣に承知させ、その人選も引き受けてくれた。たしかに大来劇場には袁雪芬の名前を出せば必ず来てくれるファンがついている。その点、やはり大来劇場が安心だ。そう考えた袁雪芬は自分の給金の九割を使って越劇改革のための劇務部スタッフを招き、一割で自分の生活と叔父への仕送りを賄うことを決心する。

　もともと子供の頃は一家を養うために三十元を目標にして芝居を始めたのだ。父が亡くなり母と二人の妹だけならさほどの負担にはならない。すべてを捨ててやるべきことをやってみよう(18)

そこで孫文毅が探し出してきたのが、于吟（作・演出家一九二〇～一九八九）、韓義《かんぎ》（舞台美術家一九二二～二〇〇六）、らのスタッフと老生俳優の張桂鳳《ちょうけいほう》（一九二二〜二〇一二）、馬樟花の節回しを学んだ若手の陸錦花《りくきんか》（一九二七〜二〇一八）だった。一九四二年十月、若干二十歳の袁雪芬は彼らとともに古巣の大来劇場で越劇改革に着手する。

上海に出てからの袁雪芬がどれほどの収入を得て、父の医療費のためにどれほど仕送りが必要だったのかを教えてくれる資料はない。だが、馬樟花とともに劇場とラジオ局の往復で食事もままならないほど多忙な毎日を送ったのにも、やはり経済的な理由が関係していたのではないか。父の死をきっかけに、袁雪芬は初めて自らの羅針盤によって新たな航海へと出帆した。父が望んだ、「自立、自尊、自重」を手に入れるための長い航海が始まったのである。

（4）「香妃」　泣かせる女役

袁雪芬の越劇改革は簡単ではなかった。明確な指導理論も具体的なモデルもない中で、テーマも表現形式も暗中模索である。第一作の于吟作・演出『古廟冤魂』は過渡的なものだった。幕が上がった後の演技には台詞が用意されたが、幕前での芝居は即興だった。台本に慣れない女優がト書きを台詞と勘違いするというハプニングも起きた。この時の于吟への不満が、冒頭の回想である。だが美術、衣装、メイクを担当した韓義は話劇で働いたことがあり、進歩が見られた。衣装は京劇風の派手なものから古代の美人画風のシンプルなものへ、メイクも水おしろいからドーランへと変えた。全体のスタイルを話劇や映画の時代劇に寄せて写実的なものに近づけた。

戯曲を知らない演出家は、何をどのように指導するべきか不明瞭なまま話劇を偏重し、リアルさを求めるあまり、戯曲の表現方法の技である水袖《すいしゅう》（衣装の袖口につけた長い白絹のこと。この動きによって思考・感情を表現する）を排除したこともあった（図2）。袁雪芬自身もはじめはできるだけ公式化した表現を捨てて話劇に近づけるのが新

図2　水袖の技　陳飛『情探』(敫桂英役)

鮮に思えたが、舞台に立つうちに戯曲にはそれなりの唱と動作があってこそ自然に見えるのだということがわかった。もともと越劇には唱(うた)、念(台詞)、做(仕草)、打(立ち回り)の表現方法が少ない。水袖までなくすと、動けなくなってしまう。

そこですぐに水袖は戻し、今度は昆劇に学んで舞踊の動きを取り入れようとした。朱伝茗《しゅでんみょう》(一九〇九〜一九七四)らに『思凡』などの演目を学んだのだが、無理やり当てはめたような動きになってしまった。昆劇の動きはその音楽と一致したもので、簡単に越劇に馴染むものではなかった。昆劇を吸収し越劇に融合させる過程では不断の実践が必要だった。袁雪芬は同じ演目でも毎回表現方法を変えてみて、舞台の上でどういう動きがもっとも自然に見えるのかを試行錯誤し続けた。

ほとんどの越劇女優は字が書けず、文化レベルが低いうえに話劇や映画も観たことがなかった。そのため誇張した演技を廃してリアルな演技を求められたとたん、動けなくなってしまうのだ。だが袁雪芬は昆劇と並行して映画もよく観た。グレタ・ガルボ、ベティ・デービス、イングリッド・バーグマン、グリア・ガースンなどのリアリティある演技を学び、内面の心理から生まれる表現を掴もうとした。第二作の『断腸人』では無意識のうちにグリア・ガースンが演じた『キュリー夫人』の悲しみの演技をまねていた。夫の死を悲しむマリアは、人前では茫然自失のあまり声が出ず、一人になった時に初めて静かに涙を流すのである。

映画のようなリアルな演技と戯曲の動作を融合させようとする試みは、観客にもなかなか伝わらなかった。戯曲としての美しさや面白さを求める観客からは、袁雪芬の新越劇は「わからない」「目新しいがうまみがない」「こんなの、越劇ではない」と不評を買った。(19)「話劇を父に、昆劇を母に」という越劇改革のキャッチフレーズは容易に達成できるものではなかったのである。

袁雪芬らの悪戦苦闘は一年間続いた。その間に于吟は袁雪芬のもとを離れ、徐進と南薇《なんび》が劇作家として加わった。入団テストの成績がとび抜けて良かった徐進は、薬局勤めを続けながら時間通りに台本を上げてくれた。メンバーはみな袁雪芬と同じ二十歳前後で、一日二十四時間の働きぶりを見せた。老板との契約で、毎日昼夜二回公演を満席にしなければならない。そのため一本の芝居を二週間から四週間上演し、客入りが悪くなると演目を変えねばならず、リハーサルはしばしば徹夜になった。袁雪芬は昼夜の上演の合間か朝九時にはラジオ局でCMと自分の舞台宣伝をした。新しい芝居を打った日には観客の意見を聞き、夜の公演後に修正した。時には夜明けまでかかることもあったが、葱入りパンをかじり、居眠りをしながら、誰も文句など言わなかった。成功も失敗も全員の共同作業の結果であり、こうして徐々に台本、演出、音楽、美術という創作集団「劇務部」が出来上がってきた。

私は台本、演出、音楽、美術の総合芸術を強調し、主要俳優を中心とする戯曲の考えにとって代わらせよう

図3　袁雪芬『香妃』（香妃役）

とした。だが最後は主要俳優が作品を完成させ体現してみせ、観客は主要俳優からエネルギーを受け取る。そのため主要俳優が芸術の中心と事業の成功失敗の責任を担うのである。(20)

主要俳優である袁雪芬にとって、責任を担うとは、劇務部スタッフの給料を稼ぎ出すということに他ならない。袁雪芬は午後になると毎日熱を出した。注射を打ち、薬を飲み、楽屋には軍用ベッドを置いて出番の合間に体を休めながらも、「当てたい、ヒット作がほしい」と願い続けていたのではないか。そうして一年間に二十三本もの新作を発表した後の一九四三年十一月、ようやく最初の成果である『香妃《こうひ》』（図3）が誕生する。

本作は孤島期に周信芳の率いる京劇団の移風社(21)が上演した抗日京劇『香妃恨《こうひこん》』を南薇（一九二一〜一九八九）が越劇化したものである。南薇は韓義の友人で、前職はセーター工場の会計だった。子供の頃から地方劇や演芸が好きで、自分でも歌った。長ずると話劇や映画を愛し、他の人と比べて古典文化に通じており、越劇のメロディや役者の特徴もあっという間に掌握し、観客の状況も理解した。その上で雅俗共賞の芝居を作りたいと思っていた。

京劇『香妃恨《こうひこん》』は「清の乾隆帝がウイグルの地を侵略し、王を殺害してその妻香妃を我が物にしようとした。

だが香妃は自ら命を断ってでも靡こうとせず、その故郷愛の強さを畏れた太后は香妃に死を賜り、乾隆帝はたいそう嘆いた」という内容である。清に入ることを迫られた香妃はお付きの者に「私たち貞節を守る者も、気を緩めるときっと暴行されるに違いない。不測の事態に備えて、こっそり短刀を身につけましょう」と語る。(22)

南薇は香妃を巡る男性視点の物語を、香妃視点の物語に書き換えた。その際、強い演劇的効果を見せたのが「首級」と「短刀」である。越劇では香妃がこう歌う。

（唱）夫が死んだと聞かされて、心は暗闇を彷徨う。ふと見ると、兵士が頭を垂れ跪いている。もしや捧げもった盆の上に置かれているのは、夫の首ではあるまいか。歩み寄り布をめくってのぞいてみよう、胸は鼓動で張り裂けそう。もしも夫が殺されていたならば、この恨みをどうして忘れられようか。もしも夫でないのなら、死んでも清には入るまい。どうぞ夫の死が嘘でありますように。指は震え胸には不安が渦巻く。歯を食いしばり、布をめくる。

（台詞）小和、小和！

（唱）苦難の運命の我が夫よ！身も砕けんばかりに泣き叫ぶ。(23)

……（中略）……

（唱）……私は、清宮に入るしかない、心に誓う、時機に乗じ、残酷な仕返しをしてやろう、彼を刺し殺してみせましょう。(24)

京劇『香妃恨』では清朝に寝返った裏切り者が恭順の印としてウイグル王の「首級」を差し出した。だが、越劇『香妃』では香妃の前に夫の首が差し出され、愛する彼がすでに亡き者とされたことを知る。その無残な姿が彼女の悲痛と憤怒を掻き立てるのだ。さらに京劇『香妃恨』では敵兵による凌辱を避けるために自害の手段として香妃が身につけていた「短刀」が、越劇では夫の仇を討つための武器となっていることに注目したい。

一九三九年に京劇『明末遺恨』から話劇化された『碧血花《へきけつか》』でも、ヒロインの妓女葛嫩娘は敵の辱めを受ける前に舌を噛み切った烈女として描かれ、同胞男性たちの戦意を掻き立てた。(25)だが越劇の香妃は愛する者を殺された怒りから、自ら武器をもって立ち上がるのである。さらに重要なことは、ヒロインの悲憤が観客に伝染し、存分に涙を流させたことだ。その共鳴を生み出したのが歌の力、それが「尺調」という節回しである。

これまで越劇は「四工調」と呼ばれる早期女班が生み出したメロディで歌われていた。それは明るくリズミカルで、若々しく陽気な少女を表現するのには適していたが、低音部を欠き、大人の激高、憤慨、繊細な心の動き、纏綿とした抒情を表現するには不向きなものだった。

『香妃』本番、全霊を込めて《聴説夫君一命亡》を歌おうとした袁雪芬は、リハーサルでは置かれていなかった「首級」を目にし、思わず後ずさり、しばらく言葉が出なかった。稽古ではそこで「啊、啊、啊」という型どおりの三度の泣き声を入れるはずだったが、思わず高く「小和……」と夫の名を叫び、跪いて夫の首を捧げもち、一拍おいてから涙ながらに「苦難の運命の我が夫よ！」と始めた。(26)

この時の音程が六―三定弦の「四工調」よりも一音高く、観客を驚かせた。琴師の周宝財はすぐに五―二定弦に改め、即興で袁雪芬に合わせた。こうして観客を思い切り泣かせてくれる節回し「尺調」が生まれた。「尺調」は他の女優たちにも受け入れられ、ラジオを通して広まった。

一九四二年に始まる袁雪芬の越劇改革について、廖亮は「袁雪芬の新越劇は確かに姚水娟の女子改良文戯よりも全面的だったが、両者の改革は七〇パーセント重なっている」[27]と指摘する。具体的には「台本・演出・衣装・背景・照明・演技・経営」方面では袁雪芬は姚水娟の改革を継承していた。だが、「音楽・節回し・化粧」の三点だけは袁雪芬の独創で、中でも最も重要なのは、「尺調」という新たな節回しの創出である。これにより女子越劇は悲劇作品に相応しい「泣かせる技巧」を獲得し、この泣かせる表現技術によって新越劇は女性の悲劇を娯楽とする主婦層観客をこれまで以上にがっちりと掴んだのである。

また『香妃』で愛国女性の物語にテーマを見つけた新越劇はその後も『木蘭従軍』（徐進作）、『王昭君《おうしょうくん》』（呂仲《ろちゅう》作）とこの路線を続けた。これらは日本軍に侵略されつつある中国の現状を感じさせるもので、女性観客の社会意識を高めることができた。

一九四四年三月、一年半にわたって三十本もの新作を発表し続けた袁雪芬の疲労は極限に達し、再び帰郷し休養することを決めた。袁雪芬が舞台を離れるということは、劇務部スタッフの収入が途絶えるということだが、命には代えられなかった。

故郷で二か月足らずの休養後、七月に上海の九星大戯院老板の劉香賢からオファーが届いた。大来劇場の倍の八百客席をもち、徐天紅《じょてんこう》、陸錦花らもとのメンバー以外も責任をもって招いてくれると言う。相手役は范瑞娟《はんずいけん》か徐玉蘭《じょぎょくらん》かのどちらかと言われ、身長の高い范瑞娟を迎えた。作家兼演出家は南薇だった。彼は袁雪芬が休養に入る際に、「戻ってきたらまた一緒にやろう。それまで待っている」と言ってくれたが、その言葉どおりに「待っていてくれた」のだ。徐進と陶賢は尹桂芳《いんけいほう》の劇団へと移籍してしまっていたが、彼らにも生活があるのだから仕方がないことだった。[28]

九月、袁雪芬は自分の名を冠した「雪声劇団」を結成する。范瑞娟とのコンビはうまくいき、一九四五年一月、馬樟花が亡くなって以来封印していた『梁祝哀史』の上演を解禁した。すると范瑞娟が別れの場で小生の泣かせ節とも言うべき「弦下調《げんか》」を発明し、これによって悲劇を歌う男女の曲調が揃った。孤島期に馬樟花と改良し続けていた作品に范瑞娟が応えてくれたのだ。二人の歌に観客は共鳴し、共感し、心を震わせ涙を流した。この行為は淪陥期の鬱屈とした時代に観客のカタルシスを生み、新越劇の主流の一つとなった。

一九四五年三月、劇団は上演場所を千席の明星大戯院へと移した。九星大戯院も明星大戯院ももとは映画館である。当時、地方劇の劇団にとって近代的な映画館で上演するということは、我が身の名声と地位を高めることを意味した。その後も袁雪芬・范瑞娟のコンビは南薇の作品で『新梁祝哀史』『絶代艶后』などの越劇改革新時期作品を誕生させ、新越劇作品に慣れた観客を着実に増やしていった。

第二節　尹桂芳の越劇改革

袁雪芬の越劇改革に最初に賛同したのが尹桂芳（図４）だった。新たな作品のために改革の必要を感じていた尹桂芳は袁雪芬に啓発を受けて劇務部を設立し、総合芸術を目指した越劇改革をすすめた。その結果尹桂芳は男役として袁雪芬とは異なる観客層を掘り当てる。

当時「中国のハリウッド」の異名をもつ上海では、恋愛と結婚を結びつける「ロマンティック・ラブ・イデオロギー」(29)が女子学生の間に浸透していた。だが映画のようなロマンスを経験させてくれる男性は現実にはおらず、淪陥期の映画館からは西洋映画が姿を消し、政治色の強い日本映画に代わっていった。そんな時に舞台で美男美女のロマンティックな物語を見せ、日常からの逃避に癒しを求める女性たちを酔わせてくれたのが尹桂芳だったのだ。

（1）男装の流行と女子学生

越劇には『花木蘭』『孟麗君』『梁山伯与祝英台』などのように、旦役（女役）の男装を見せる人気演目がいくつもある。そこでの男装は女性が日常からかけ離れた世界に入っていくための仕掛けであり、最後にはヒロインが女性の姿に戻る「脱げる男役」である。ヒロインは多層的なジェンダーを表現し、観客はその錯綜が生むゲーム性を楽しむことができた。(30)

図4　尹桂芳『天雨花』（左維明役）

一方、「脱げない男役」を演じる女小生は、生身の男性に近づくことでその技術を評価されてきた。越劇最初の小生屠杏花（一九一三〜一九八九）には「まるで男だ」「男よりも男らしい」が賞賛の言葉だった。孤島期に姚水娟とコンビを組み「越劇皇帝」と称された竺素娥（一九一六〜一九八九）は三段重ねの台の上からトンボを切る身体能力の高さから「越劇界の蓋叫天《がいきょうてん》」(31)と呼ばれた。

だが淪陥期の「越劇皇帝」尹桂芳はその美貌と声でロマンスの相手役を演じ、新しい男性像を創り上げた。その背景には『モロッコ』（一九三〇）や『ブロンド・ヴィナス』（一九三二）のマレーネ・ディートリヒから国産映画『化身姑娘』（一九三六、方沛霖監督、黄嘉謨脚本）の袁美雲《えんびうん》（一九一七〜一九九九）に続く、男装する女性の流行がある。[32] 特に女学校では男装の同級生は学校中の人気者だった。結婚前のモラトリアム期間を享受する女子学生たちは理想の恋人を演じてくれる同級生を取り巻き、守られた空間の中で現実には起こり得ないロマンス気分を楽しんだ。その甘い夢のお手本を舞台で見せてくれたのが尹桂芳だった。[33]

「同性が演じる異性愛」の表現者尹桂芳の出現によって、越劇舞台の中心は旦（女役）から小生（男役）へと移った。[34] 尹桂芳は女性を虜にする技を磨き、「もし彼女が本物の男性なら、世界で最も多くの妻をもつ男性になっただろう[35]」と言われる男性像を創り上げたのである。

(2) 尹桂芳の男役

尹桂芳が創造した、女性観客が理想とする男性像を作品から考察しよう。

①『盤妻索妻《ばんさいさくさい》』

本作は一九三九年に作家湯筆花が竺素娥のために伝統劇『盤夫索夫《ばんふさくふ》』の男女の立場を入れ替えて書いた作品である。その後尹桂芳と竺水招（一九一三〜一九六八）の十八番となり、解放前にレコードも残されている。

〈あらすじ〉

書生梁玉書は友人劉仁元を仲立ちに、一目惚れの少女謝雲霞と結婚する。結婚後に梁玉書の父親が自分の父親の仇と知った謝雲霞は夫に心を開かず、鬱々と暮らす。妻の心を理解しようとする梁玉書は諦めずに妻に問いかけ、その真摯さに心打たれた謝雲霞は本心を語り夫婦の絆は強まる（「盤妻」）。

その後、梁玉書が科挙で状元（首席合格者）となると、父梁如龍は謝雲霞を離縁して皇帝の婿になるように と息子に迫る。梁玉書が官職を捨て断固離婚を拒否すると、謝雲霞は軟禁されてしまうが、劉仁元の助けで再会した二人は家を捨てて旅立つのだった（「索妻」）。

梁玉書は妻の兄にこう訴える。(36)

私はお嬢様の悩みのためならば、心血使い果たしても何の見返りも求めません。今日はお嬢様を伴いここを逃げ去り、父母を捨て他の地へと参ります。私は状元にはならず、お嬢様のためならば、越国親王にも背きます。お嬢様のためならば、父母の情など顧みず、家財一切投げ捨てます。兄上様、どうぞ善悪を見極められ、立派な男ならばよくよくお考えください。

尹《いん》派の特徴は低く含蓄のある声で、流れるようにのびやかで、細やかで優しい。音域は広くなく、中音域で歌われ、鼻音が比較的重い。叫ばず、怒鳴らず、威張らない声が生み出すのは、女性を支配しない、女性を男性の望む型に嵌めようとしない男性像だ。妻の本当の心を知ろうとする梁玉書は妻の言葉に耳を傾け、妻の意を全面的に肯定して受け入れる。彼は両親よりも妻を尊重し、男性社会が目標とすべき出世や家名を捨て、妻と二人だけの世界へと旅立つのである。

さらに尹桂芳の「起腔」（歌い始め）には大きな魅力があった。じっくり相手の話を聞いたのち、「娘子呀（奥

図5　尹桂芳『沙漠王子』
左：尹桂芳（羅蘭役）、右：竺水招（伊麗役）

様）」「妹妹呀（お嬢様）」と呼びかける親しみのこもった穏やかな声は、一瞬にして女性観客を酔わせて二人だけの世界に誘い、現実を忘れさせてくれるのであった(37)。

②『沙漠王子』

一九四四年から袁雪芬に倣い話劇化を目指して越劇改革を始めた尹桂芳《いんけいほう》は、一九四六年に龍門大戯院から九星大戯院に移り自分の名を冠した「芳華劇団」を立ち上げた。劇団の初演目『沙漠王子』（徐進作、鐘泯演出、図5）は、『千夜一夜物語』を題材にした異郷の冒険物語で、モンゴルを舞台にしたエキゾチックなラブロマンスである。

〈あらすじ〉

西薩族の王子・羅蘭は将軍・安達の裏切りに遭い流浪する中、土勒族の王女伊麗と恋に落ち一年後の再会を誓う。だが伊麗はその美貌に目をつけた安達によって宮中に連れ去られ、羅蘭は敵の妖術によって失明させられる。羅蘭は助力を得て挙兵し国を再興するが、伊麗のことが忘れられず、王位を捨て占い師に身をやつし彼女の行方を求める旅に出る。ようやく再会を果たした伊麗が彼に口づけすると、羅蘭の眼は再び光を

取り戻し、二人は結婚して幸福に暮らすのだった。(38)

本作は尹桂芳と劇団総務の賈舜華《かしゅんか》がアメリカ映画『月宮宝盒』を観て徐進に改編を勧めたものだ。(39)一九四五年に抗日戦争は終結したものの、当時の中国では国共内戦という新たな戦いが始まっていた。先の見えない混迷の時代にあって、欲望が蠢き、血なま臭い裏切りが横行する醜い現実社会にこそ、美しく優しい愛の世界への逃避は娯楽として大きな魅力があった。

『沙漠王子』の伊麗王女は運命に翻弄されて捕らわれの身となっているが、決して男性に救われるのを待つだけの無力な女性ではない。彼女には愛の力があり、この力こそが王子を失明の苦難から救うのだ。尹桂芳は「徹頭徹尾、理想を掲げて、美しき良きもの、女の良さ、女の愛、女の美しさを信じ、そこにテーマを求める」(40)作品を女性観客に見せたのではないだろうか。

尹桂芳はマチズモ（男性優位主義）を拒否し、女性の望みに奉仕する男性像や女性の愛によって救われる男性像を創り上げた。それは「虚構の中で仮に男の姿を取りつつ、女性が自分を表現」(41)した姿でもあった。女性観客が尹桂芳に見たがったのは、リアルな「異性」愛ではない。同性として女性観客の感情や思想を肯定し、しかも本人すら言葉にできない望みを読み取り、愛情深く理想的な対応をしてくれる、女小生の愛なのだった。尹桂芳の「女を酔わせる」女小生の魅力によって、新越劇は女子学生を中心に、ロマンティック・ラブに憧れる層を新たなファンとして獲得したのである。彼女らの多くは胸に三角の校章をつけていたので「三角ブランド」と呼ばれた。

尹桂芳の越劇改革の成功は、実は袁雪芬の休養に負う部分も大きかった。というのも、一九四三年に袁雪芬と別れた于吟らと組んだのだが、この時にはレパートリーとして残る作品は生まれなかった。彼女の新越劇作品が本格的に魅力を発揮したのは、一九四四年八月の袁雪芬の帰郷で職場をなくした徐進、陶賢らを劇務部に迎え入れてからなのである。一九四五年には『石立開』『宝玉与黛玉』、一九四六年には『沙漠王子』『葛嫩娘《かつどんじょう》』、一九四七年には『秋海棠《しゅうかいどう》』『光緒帝与珍妃』と、「芳華劇団」は徐進の台本でヒットを飛ばした。見方を変えると、袁雪芬は病気休養の間ですら越劇の観客を増やし劇種としての力を蓄えるために貢献し、男社会と闘う同志を増やしていたのである。

第三節　『祥林嫂』の展開

越劇『祥林嫂』（一九四六年五月初演、図6）は「新越劇の記念碑」と呼ばれ、越劇史上特に重要な意味をもつ作品である。それはこの作品が魯迅の小説『祝福』[42]（一九二四年作）を改編したものであり、さらに台本・演出の段階から上演に至るまで中国共産党地下組織の指導を受けていたからである。中国の越劇史ではこの作品こそが、その後の越劇の社会的・政治的地位を築くきっかけとなったとされる。

だがもし越劇の祥林嫂が小説通りの、過酷な運命に翻弄されるだけの女性として演じられていたら、大都市上海の女性たちを魅了することはなかったろう。どんなに重要な政治的意義をもった作品でも、それだけで人を感動させることはできない。演劇となるのに必要な要素が賦与されてこそ、文学作品は感動的な舞台作品に変わるのである。袁雪芬がこの作品を舞台化しようと思った動機は、実は共産党の企画とはまったく別なところにあったのではないか。

（1）小説『祝福』から越劇『祥林嫂』へ(43)

袁雪芬のもとに左翼文芸の旗頭である魯迅の小説『祝福』をもたらしたのは劇務部の南薇だった。きっかけは地下党員丁英（別名丁景唐、一九二〇～二〇一七　詩人、作家）が書いた祥林嫂形象分析についての論文「祥林嫂——魯迅作品中之女性研究之二」だった。丁英は一九四六年に発足した共産党内の組織「上海文芸青年聯誼会」の責任者で、聯誼会は「占領できる限りの陣地を手に入れるためにあらゆる機会を見過ごさずに掴まえよう」を基本方針としていた。ある日彼はかつてのクラスメイトの呉康(44)に出会った。彼の妹婿南薇が雪声劇団の劇作家だと知り、上記の論文を掲載した論文集を彼に送ったのである。

また、当時『時事新報』で「映画演劇特約記者」の肩書きをもっていた共産党員廖臨も呉康を通して南薇、袁雪芬と知り合っていた。廖臨の妻・童礼娟（党員）は上海市婦女友誼会で婦女工作に従事しており、友誼会のリーダーには魯迅の未亡人・許広平がいた。雑誌のインタビューで袁雪芬を知った童礼娟はその人柄に惹かれて友人となり、袁雪芬と進歩的婦人会の橋渡しをした。『祝福』の改編について袁雪芬は許広平《きょこうへい》を訪問して意見を求めているが、その仲立ちをしたのも童礼娟だった。許広平は袁雪芬に困ったことがあれば于伶《うれい》(45)に相談するようにとアドバイスをした。

はじめて南薇に『祝福』を読み聞かせてもらった袁雪芬の感想はこうだった。

図6　袁雪芬『祥林嫂』（祥林嫂役）

魯迅という人のことは知らないが、祥林嫂のような女性なら私はよく知っている。祖母にも母にも祥林嫂の影があった。だから私は彼女に同情し、演りたいと思ったのだ。(46)

この言葉が示しているのは、『祝福』という小説は「泣かせる芝居」にできる、という袁雪芬の演劇的直感である。大衆のニーズを敏感にとらえる演劇人としての能力は、越劇改革を始めて以来、「ヒットする」作品を探し続けた日々の賜物だろう。舞台化のためには祥林嫂というヒロインと彼女を巡るドラマに、原作にはなかった特徴を与えることが必要だ。そのために袁雪芬と劇務部メンバーはさまざまな演劇的工夫をするのだった。

〈あらすじ〉

『祝福』は辛亥革命前夜の紹興の田舎町を舞台にした、祥林嫂という女性の伝記である。

夫である祥林に先立たれた祥林嫂は、姑に再婚を強要されたために婚家を逃げ出し、魯鎮にある魯四旦那のお屋敷に奉公する。まじめで力惜しみしない彼女は重宝がられ、生き生きと働いていた。しかし、姑に見つかり連れ戻され、山奥に住む賀老六に嫁がされる。祥林嫂は泣き叫び大暴れして嫌がったが、思いがけず賀老六は優しく、息子も生まれた。しばしの幸福の後、夫はあっけなく病死し、息子も狼に食い殺される。親戚に家を追われて行き場を失った彼女は、再び魯四旦那のお屋敷に奉公に出る。二度も寡婦となった彼女を不浄だと嫌う魯四旦那は、下働きは良いが大事な祝福（年越しに行う幸運祈願の先祖祀りを紹興ではこう呼んだ）の準備には手を触れさせてはならぬと厳命する。

子供を失った不幸から立ち直れない祥林嫂は、もはや以前ほどきびきびと働けなくなっていた。「私がばかでした。本当に。」と忘れられない自分の物語をみんなに繰り返し聞かせた。はじめは涙ながらに聞いていた者も、毎日聞くうちに飽きてしまい、彼女をからかうようになった。祝福の準備の夜、祥林嫂は同僚の柳媽から、再婚した女は地獄に落ちて閻魔様にのこぎりでその身を二つに裂かれ二人の夫に分け与えられるのだと聞かされ、ひどく怯える。彼女は柳媽の忠告に従い、贖罪のために土地廟に敷居を寄進することを決意し、必死で働き賃金をためて一年後に望みを果たす。だが本人の喜びに反して、周囲の冷たい態度は少しも変わらず、やはり祝福の準備には参加させてもらえない。気力が衰え、すっかり木偶のようになってしまった彼女は、半年後にはひどく老け込み暇を出された。

その後、乞食となった祥林嫂は都会から里帰りしていたインテリの「私」（語り手）に、「人間が死んだ後も、魂はあるんでしょうか」「地獄もあるんでしょうか」「死んだ家族はまた顔を合わせるのでしょうか」と問いかける。満足な答えを得られないまま、彼女はその翌日に路傍で行き倒れて、果てる。

小説を越劇化するための工夫として、まずタイトルを変更した。越劇では女性主人公の名前がタイトルになるものが多く、観客もそれに慣れている。意味のわからない『祝福』を越劇観客になじみやすい『祥林嫂』と変更した。また越劇では何よりも恋愛物語が欠かせない。そこで小説にはなかった祥林嫂の恋愛シーンが追加された。衛姑娘（祥林嫂の幼少期）は魯府の作男の娘という設定で、魯四旦那の息子である阿牛坊ちゃんとの、幼馴染の恋が描かれていたのである。(47) 二人が数年ぶりに再会するシーンで、衛姑娘はこう歌う。

あなたと私では住む世界がちがいます。坊ちゃまと一緒になるなんて夢のまた夢。しかも私はすでに祥林と婚約を済ませた身の上、そちらの約束も破らねばなりません。

……（中略）……

昔はいつもここで遊んでいた。小さな二人は何の疑いもなく結婚を誓った。お嫁にきておくれ、お嫁にもらってね、死ぬまで決して離れない。石橋の上で天地に誓い、欄干に名前を刻んだ。いま二人とも大人になり、私はすでに祥林に嫁いでしまった。もし坊ちゃまがこのことを知ったなら、きっと心変わりをしたと責めるでしょう。(48)

また作家南薇は、阿牛坊ちゃんが成長して魯家の旦那となり、祥林嫂を屋敷から追い出すというエピソードを設定し、物語はさらに悲劇性を強めたのである。また、袁雪芬の提案で演技を盛り上げるために、夫と息子の死が同じ日に起こったことに設定した。

この芝居を当時の女性観客はどう見たのだろうか。それを教えてくれるのが、映画『太太万歳』だ。(49) 映画では上流階級の若奥様がお姑さんの機嫌を取ろうとして『祥林嫂』への観劇を勧める。その時の台詞が「袁雪芬の新しい芝居、とっても可哀そうな話だそうですよ」である。二人は袁雪芬の新越劇を「苦戯」（悲劇の女性を描いた芝居）と呼び、お姑さんは「越苦越好、我就愛看苦戯（可哀そうなほど素敵、悲劇大好きよ）」と笑顔で答える。そのあっけらかんとした楽し気な様子は、彼女には当時の袁雪芬と同様に、魯迅という人への理解も共感もないことを示している。きっと彼女は身分違いの悲恋に始まる祥林嫂の不幸な一生に紅涙を絞ろうと劇場に向かったことだろう。

当時の女性観客はハンカチを握りしめて劇場へ向かったと言う。(50) 悲運な女性の運命を見せる『祥林嫂』は、一般の女性観客には姚水娟の『涙洒相思地』が代表する越劇魅力の王道に見えたのではないか。袁雪芬の演劇的嗅覚が見事に当たったのである。

この一九四六年の初演作を共産党の「指導」によって生まれたと言って良いものだろうか。少なくとも、本作によって当時の女性観客が魯迅の社会批判意識を汲み取ったと考えるのは尚早に過ぎるだろう。袁雪芬にとって『祝福』の改編は越劇改革の一つの試みに過ぎず、その意味を理解するには、学習時間が必要だった。

ある評論が、祥林嫂は個人の運命ではなく社会制度が創り出した問題だ、と書いているのを見て、魯迅の本を読まねばと思った。『吶喊《とっかん》』『彷徨』を読み、徐々に働く女性の典型を作り出すことが非常に必要で値打ちのあることなのだと認識した。『祥林嫂』が越劇の転換点であり記念碑となった。(51)

これまで深窓の令嬢や宮廷ものの主役を演じてきた袁雪芬が、底辺の労働者を主役にしたのだから転換点であるには違いない。また、魯迅の作品である意義を知っているからこそ劇場に足を運ぶ進歩的な三角ブランド観客も生まれた。だが袁雪芬が『祥林嫂』が「新越劇の記念碑」となったと感じたのは、もう少し先のことであったろう。本作は予想を越えた展開を見せ、知らず知らずのうちに彼女を共産党に接近させた。その結果、袁雪芬はこれまでに経験したことのない社会的な応援を受け、自尊心をもった一人の人間として社会に受け入れられたという実感を得るのである。

（2）共産党の接近

魯迅という作家がもつ影響力に疎かった分、この作品の評判には袁雪芬自身が驚いた。上演前からマスコミで話題となり(52)、五月六日、明星大戯院で『祥林嫂』の試演会に招待された許広平、田漢《でんかん》(53)、黄佐臨《こうさりん》、費穆《ひぼく》ら多数の共産党系の文化人がこぞって本作を高く評価した。八月七日、袁雪芬は国民党社会局長呉開先が企画する越劇皇后コンテストへの参加を辞退し、八月十一日の『文芸報』『新聞報』『大公報』に不参加表明する。これは国民党にとっては袁雪芬が赤化したと見え、彼女への警戒が強まるきっかけとなった。八月十八日雪声劇団の『楽園思凡』を共産党系の文化人郭沫若《かくまつじゅく》、田漢、許広平らが観劇する。

八月二十七日、人力車で移動中の袁雪芬に人糞入りの袋が投げつけられる事件が起こった。多数の新聞が「袁雪芬被辱事件」としてこの事件を取り上げ、袁雪芬支持の世論が広がると、彼女は何者かに尾行されるようになり、ついには自宅に銃弾入りの脅迫状が届けられるに至った。これに対して田漢が記者会見を開くようにと指導し、九月十日、袁雪芬は大西洋西菜社で記者会見を行った。文芸界やマスコミ関係者二百人が集まる中、劇作家洪深は席上で「社会は善良な人間の安全を守れ！」と呼びかけた。『文匯報《ぶんわいほう》』の「袁雪芬よ、胸を張れ」、『新民報・晩報』の「袁雪芬に声援を送る」、『時代日報』の「屈してはならない」など、多くの新聞が彼女を支援する記事を掲載した。その声に励まされた。袁雪芬は上海の進歩的文化人の支持を得て裁判闘争を展開していく。

一九三〇年代にも姚水娟が糞尿を投げつけられる事件があったが、その当時の女優は泣き寝入りするしかなかった。時代が変わり、一九四〇年代のスター袁雪芬は自身も気づかぬ間に共産党系の人々に周囲を取りまかれ、反対勢力の攻撃から守られていたのである。

九月十六日、国共談判で上海を訪れた周恩来が雪声劇団の『凄涼遼宮月』を観劇すると、于伶に次のように語った。

この劇団によく注意を払うように。紹興戯（越劇を指す）があるということは知っていたが、上海でこれほどの観客をもっているとは知らなかった。……国党区で、共産党の指導もなく、『祥林嫂』を上演するとは、思ってもみなかった。彼女らはみな貧しい出身で、ほかに生きる術がなくて芝居の道に入った人達だ。上海で人気が出ればパトロンもでき、たちの悪い人間がよってたかって彼女らを堕落させようとする。だが彼女らの中には意識が高く、それは自分が侮辱され地位を奪われることだと意識できる人も少数ながら存在する。進歩を追求する彼女らの方から地下工作員が指導する進歩的話劇工作者に接近してきてくれたのだ。今後は戯劇芸術に着手し、こちらから彼女らに接近し、尊重し、援助し、辛抱強く彼女らを革命の道に導かねばならない。彼女らには観客がいる。これこそが大きな力だ[54]。

当時、日中戦争には勝利したとはいえ、今後は内戦に勝利し新中国建設の大事業を達成せねばならない共産党は新たな演劇を必要としていた。ナチスがいかにワーグナーの音楽をプロパガンダに利用したかについてしばしば語られるように、音楽や歌は人々に共鳴し、その場の一体感を生む。周恩来は女性観客が一つになって憤激し涙を流す袁雪芬の舞台に、越劇のプロパガンダメディアとしての可能性を見出したのである。

周恩来の言葉には袁雪芬を筆頭とする越劇界を「党の娘」として育成しようとする意思が感じられよう。実際この後、中国共産党地下組織は越劇俳優指導のための部署を設け、正式に同志が派遣された。袁雪芬の越劇改革は本人の預かり知らぬ所で、新たな青写真が作られていく。

（3）「越劇十姉妹」合同公演と筱丹桂の死

周恩来の指示後、共産党の接触はより直接的になった。彼らは袁雪芬を越劇界のリーダーとして鍛え、彼女にビジョンを語る言葉を与えた。その成果が「越劇十姉妹」の合同公演として現れる。

一九四七年、結核で喀血した袁雪芬は療養のためにまたも舞台を離れて休養する。この休演期間を利用して他劇団の調査を行なうと、どの劇団でも女優は金儲けの道具としてボロボロになるまで働かされていた。芸を磨くどころか、病を治す休息すら与えられない。こんなことではとても若手の育成などは不可能だ。韓義、南薇ら劇務部員と相談の結果、袁雪芬は各劇団に合同チャリティ公演を呼びかけた。資金を集め、各劇団共有の劇場と俳優養成のための学校を作ろうというのである。

尹桂芳、竺水招、筱丹桂、徐玉蘭、范瑞娟、傅全香、徐天紅、張桂鳳、呉小楼《ごしょうろう》ら各劇団のトップ女優は袁雪芬の説明に越劇改革の重要性を悟り、彼女の呼びかけに応じた。本来は夏の休業期間となる一ケ月間に公演を行い、資金を集めることになった。七月二十九日、四馬路大西洋西菜社で合同公演の契約を交わした彼女らはその後、「越劇十姉妹」と呼ばれるようになる（図7）。合同公演は八月十九日から九月十二日まで、演目はフランスのアレクサンドル・デュマ・ペール作『三銃士』を中国春秋時代に移して改編した『山河恋《さんがれん》』と決まった。衣装や交通費をはじめ食費までが自弁という悪条件のもと、夏真っ盛りの練習が始まった。

はじめの計画段階で相談を受けた于伶はその天真爛漫なアイデアにあきれ、劇場建設は時期尚早だろうと予言しながらも、支援のために同志を送り込んだ。田漢は「団結こそ力なり」[55]の一文を書いて彼女らを支援した。八月十八日、上海の各新聞は越劇十姉妹全員の名前を掲載して、翌日から始まる黄金大戯院での上演を大々的に宣伝した。その結果、公演開始後は毎日昼夜二回の公演が常に満席となり、大量のニュースや評論が紙面を飾った。

図7　越劇十姉妹
前列左から徐天紅、傅全香、袁雪芬、竺水招、范瑞娟、呉小楼
後列左から張桂鳳、筱丹桂、徐玉蘭、尹桂芳

二十八日、彼女らの背後に共産党の脅威を感じた国民党政府は上海警察局を派遣し、社会局の命による上演停止令を出した。だが翌日、袁雪芬は尹桂芳らと国民党社会局を訪問し、呉開先局長に直談判し、上演停止令を撤回するように迫った。公演収入は社会局の指定する基金保管委員会が管理するということを条件に、上演は許可された。男性官僚を相手に渡り合う堂々とした態度が共産党との関係を感じさせ、袁雪芬は執拗な取調べを受けて国民党のブラックリストに載せられた。

結局、劇場と学校の建設という当初の目標は達成できなかったものの、『山河恋』は予定通り九月十二日まで一度も休演することなく上演を続けた。国民党の妨害を受けながらも合同公演をやりきったことは、彼女らに大きな自信を生んだ。自ら演じる作品を決め、若い演出家のもとで新しい表現方法について討論し、仲間との交流を深める。この刺激的な経験が「越劇十姉妹」の一人筱丹桂を自立に目覚めさせた。

筱丹桂は長年戯曲界を牛耳る劇場オーナー張《ちょう》春帆《しゅんはん》の愛人となり、「庸俗で卑猥な劇目」を演じさせられ、公私ともに厳しい束縛を受けていた。外界との交流を断ち切られ寡黙で孤独だった彼女が、袁雪芬らの改革に加わることで新しい世界に目を開いたのだ。合同公演後は自分の劇団でも改革を考え始めた。だが彼女の変化は張春帆に演出家冷山との関係を疑わせた挙句、執拗な虐待を招いた。その結果、筱丹桂は一九四七年十月十三日、「做人難、難做人、死了（まっとうに生きるのは難しい、死にます）」の言葉を残して自ら命を断ったのである。(56)

筱丹桂の遺体は十二年前に自殺した女優の阮玲玉《げんれいぎょく》の告別式が行われた楽園殯儀館に安置され、十五日には『大公報』が自殺の原因を「借金、人気の凋落、私生活」の面から報じた。十月十六日には五万人もの弔問客が集まり、全市三十四軒の越劇劇場は上演を取りやめて喪に服した。ほとんどの越劇俳優が葬儀に参列し、袁雪芬ら姉妹たちの張春帆を面罵する声でその場が騒然となった。

筱丹桂の一生は語り物や演劇の題材となって広まり、九人の越劇姉妹たちは張春帆を自殺教唆の罪で裁判に訴えた。これは「越劇女優が女性の敵を公衆世論の被告席に引きずり出すために行った、自作自演の社会劇でもあった」と姜進は指摘する。(57)

袁雪芬が指導した一連の行動は、越劇が「女の恨み」によって一般女性をも団結させる力をもつことを証明した。そして実はこれこそが袁雪芬が越劇改革を始めねばならなかった真の理由だった。袁雪芬の越劇改革の基底には、最初から自分たち越劇女優を「慰みものにし、金儲けの道具にする」社会への怒りと恨みが存在していた。それは芸術的改革であるだけでなく、女優を食い物にする旧社会との闘いでもあったのだ。張春帆は打倒すべき悪の象徴であり、袁雪芬は女優仲間とともに獲得した女性観客の数を力にその戦いに挑んだのである。この事件について姜進はこう述べる。

一九三五年、阮玲玉の自殺について、女性解放と演劇改良が大衆のゴシップ好きに警告を与えたのは男性知識人たちだった。十二年後、越劇女優たち自身がメディアの中心に立ち、自分たちの言葉で筱丹桂のための弁明をした。その時の彼女らはもはやセクシャルなスキャンダルを載せる客体でも改革の言葉を代弁する声なき客体でもなかった。彼女らは初めて社会の一員として、ずっと求めてきた主体性ある人として、社会の大舞台に姿を現したのだ(58)。

袁雪芬が演出した社会劇はここで終わらなかった。十月二十五日に張春帆を収監した国民党は、二か月後には無罪放免し、この事件の決着は解放後までもち越された。だが一九四九年に中華人民共和国が成立すると、人民政府は張春帆を極悪反革命の罪で一九五一年、死刑に処したのである。袁雪芬の長い戦いに勝利の一手を打ってくれたのは共産党だった。袁雪芬は自分の意志が受け入れられ、越劇女優の尊厳が守られた喜びに満たされたのではないか。彼女が共産党に傾倒していくのも無理はなかった。

おわりに

小説『祝福』は「未亡人、再婚、夫・子供との死別、それゆえの差別」という過酷な運命の果てに野垂れ死ぬ祥林嫂の人生が、インテリ男性の口で語られていた。だが越劇『祥林嫂』では祥林嫂自身が自分の心を歌う。「男が語る女の物語」を「女が語る女の物語」として生まれ変わらせているのだ。それこそが越劇の伝統であり、その伝統を戯曲の表現方法によって完成させたのは袁雪芬ら役者の力であった。その意味において『祥林嫂』は越劇俳優にとって記念碑的意味をもつ作品なのである。

越劇改革はあくまで女性主導、俳優主導の改革であり、袁雪芬にはその自負がある。それによって越劇は新たな観客を生んだ。そのことが共産党の目に留まり、越劇を優遇し、自分たちの宣伝塔となるよう教育した。当時の共産党は全国に共産主義を広げるために、モデルとなる地方劇を必要としており、越劇はその要望にピタリと嵌ったからである。虐げられた女性たち、それを育てた共産党地下組織、共産党に信頼を寄せる新しい女性像。どれだけ優遇しても余りあるほどの宣伝効果を越劇はもっていた。越劇と共産党の関係は、無力な女性たちの集団に共産党が手を差し伸べたというものではなかったのだ。

だが「姉妹の越劇」の時代、女優たちがどれだけ俳優としての人気を誇り、金を稼ぎ、女性観客との絆を紡いでも、地方劇俳優への蔑視が払拭されることはなかった。袁雪芬の父が望んだ「自立・自尊・自重」の中でもっとも難しいのは自尊感情の獲得だった。なぜなら、そこには自分が所属する集団への他者からの評価が大きく関わるからである。[59] 社会の尊敬を得る劇種になるために、袁雪芬は大変な努力をした。彼女を見て自分の置かれた境遇を自覚した女優たちも団結して改革をすすめた。だがそれだけでは、まだ足りなかった。自分たちの力を認めて、「戯子（役者風情）」という職業スティグマから解放してくれる大きな力が必要だった。

「はじめに」の回想に話を戻そう。一九四〇年代の上海では多数の商業話劇団が公演をしていた。[60] だが袁雪芬が「話劇」と言う時、それは左翼進歩的話劇のことである。彼女は淪陥期においてもっとも上演回数の多かった『秋海棠』[61]を観なかったのだろうか。そこに描かれたのは、京劇俳優の一生であるのに、同じ戯曲俳優として興味を惹かれなかったのだろうか。妓女扱いされる女優や歌手の哀しい末路を描いた『紅星涙』[62]や『金糸雀（カナリア）』[63]を観なかったのだろうか。[64] それらも総合芸術であり、照明、音楽、衣装など学ぶものがたくさんあったはずだ。

だが冒頭の回想が社会主義中国成立後に整理されたものである限り、それらの記憶はたとえあったとしても無視すべきものとなる。そうすることで越劇は自分の所属集団の価値を高く評価する「父」を得、その「娘」として生まれ変わることができるのである。次章では戯曲俳優に光栄なる社会的地位を与えてくれた共産党が指導した「父の越劇」について考える。

注

(1) 袁雪芬『求索人生芸術的真諦——袁雪芬自述』(上海辞書出版社、二〇〇二年)。
(2) 欧陽山尊(一九一四年～二〇〇九年七月二日)、原名欧陽寿、男、湖南瀏陽人、話劇演出家で欧陽予倩の甥。第二次上海事変後、話劇演出に関わり、のち浙江大学入学。一九三八年延安に赴き、翌年中国共産党加入。延安で多数の話劇を執筆、中華人民共和国成立後には北京人民芸術劇院副院長となる。焦菊隠、夏淳、梅阡と並び北京人民芸術劇院四巨頭に数えられる。
(3) 同(1)九～一三頁抜粋引用。
(4) 同(1)自述篇二頁
(5) 蘭迪『此生只為越劇生　袁雪芬　海上談芸録』(上海文劇出版集団・上海錦繡文章出版社、二〇一〇年)三四頁。
(6) 同(5)三四頁。
(7) 袁雪芬「難以忘却的往事」(葉炳南主編『新中国地方戯劇改革紀實』上、中国文史出版社、二〇〇〇年)二二五頁。
(8) 同(5)四三頁。
(9) 同(5)三六頁。

(10) これが「宗教道義会」参加の名のもとの行動だったとされて文革中の批判材料になった。父の回復を願って、自分の腕の肉をえぐり取ったことも迷信的だと批判された。
(11) 呉琛「越劇改革与袁雪芬的芸術道路」(同(1))二頁。
(12) 同(5)五四頁。
(13) 同(5)五五頁。馬樟花については、章力揮、高義龍著『袁雪芬的芸術道路』(上海文芸出版社、一九八四年)も参考にした。
(14) 同(5)五六頁。
(15) 同(1)七頁。
(16) 同(1)自述篇九頁。
(17) 同(1)自述篇六頁。
(18) 同(1)自述篇八頁。
(19) 張雯「近代上海における越劇と女優(一九三八〜一九四九)」(『東アジア研究』第五八号、大阪経済法科大学アジア研究所、二〇一三年)。
(20) 同(1)自述篇一六頁。
(21) 当時京劇でも時代劇で現代を風刺する愛国抗日的精神の作品が生まれた。その筆頭である周信芳は、一九三七年十一月から一九四一年七月までカールトン大戯院で『明末遺恨』『徽欽二帝』『香妃恨』『董小宛』『亡蜀恨』などを上演した。
(22) 『戯考大全』第三巻(上海書店、一九九〇年)七六三頁。
(23) 「聴説夫君一命亡」(『香妃』)(高枝榜主編・《中国越劇大考》編纂委員会編纂『中国越劇大考』)三〇頁。
(24) 「実指望我和你高飛遠颺」(『香妃』)(同(23)『中国越劇大考』)三一頁。
(25) 田村容子『男旦(おんながた)とモダンガール 二〇世紀中国における京劇の現代化』(中国文庫、二〇一九年)二六五頁。
(26) 同(1)九〜一〇頁。

（27）廖亮『都市文化語境中的上海越劇（1917-1949）』（中国書籍出版社、二〇一八年）九七頁。また、松浦恆雄「新越劇と観客を結ぶメディア」（『伝統芸能の近代化とメディア環境』（二〇一七年度研究科プロジェクト推進研究成果報告書）大阪市立大学大学院文学研究科都市文化研究センター、二〇一八年）は、袁雪芬の新越劇の核心が劇務部にあり、新越劇と観客を結ぶメディアとしてのレコード、戯考、ラジオ、説明書が大きい役割を果たしたことを指摘している。

（28）同（1）二二頁。

（29）谷本奈穂『恋愛の社会学　「遊び」とロマンティック・ラブの変容』（青弓社、二〇〇八年）四五頁。

（30）姜進『詩与政治：二十世紀上海公共文化中的女子越劇』（社会科学文献出版社、二〇一五年）一三五頁。

（31）蓋叫天（一八八八～一九七一）京劇で立ち回りを専門とした武生役の名優。

（32）菅原慶乃「男装するモダンガール――映画『化身姑娘』シリーズと女性観客」（中国ジェンダー研究会編『中国の娯楽とジェンダー』勉誠社、二〇二二年）参照。

（33）李声鳳『舞台下的身影――二十世紀四五十年代上海越劇観衆訪談録』（上海遼東出版社、二〇一五年）三八頁には、男装の女子同級生は女学校での人気者だったこと、彼女らが越劇人気を広げていたことに言及している。

（34）李惠康「尹桂芳和尹派芸術世界　写在〝芳華〟建団五十周年（代序）」（李惠康主編『尹桂芳和尹派芸術世界』上海芸術家雑誌社、一九九七年）二頁。

（35）方青芬「回憶尹派芸術」（福建省芳華越劇団・福建省越劇之友聯誼会編『折桂越壇　流芳百世』二〇〇一年）一八一頁。

（36）「你是英雄志剛强」（『盤妻索妻』）（同（23）『中国越劇大考』）一九頁。

（37）之江「尹桂芳的芸術道路」（李惠康編『一代風流尹桂芳』上海文芸出版社、一九九五年）二三七頁。

（38）中山文編著『［新版］越劇の世界 中国の女性演劇』（NKStation、二〇一九年）一九七～一九八頁。

（39）傅駿「尹桂芳的青年時代」（福建省芳華越劇団・福建省越劇之友聯誼会編『折桂越壇　流芳百世』）三九頁。ここで尹桂芳たちの見たアメリカ映画『月宮宝盒』は『the thief of bagdad』（一九四〇年作）であろう。映画研究者宜野座菜央見氏のご教授による。

(40) 田辺聖子『夢の菓子を食べて――わが愛の宝塚』（講談社、一九八三年）五九頁。
(41) 天野道映『男役の行方　正塚晴彦の全作品』（青弓社、二〇〇九年）一五七頁。
(42) テキストとして魯迅『魯迅全集／中国文学図書』第二巻（人民文学出版社、一九八一年）所収の『祝福』を用い、翻訳には丸山昇編・訳、丸尾常喜訳『魯迅全集2　吶喊・彷徨』（学習研究社、一九八四年）を参照した。
(43) 本節については、中山文「越劇『祥林嫂』の女性像――女性演劇の視点から」（『日本ジェンダー研究』第十一号、日本ジェンダー学会、二〇〇八年）一～一三頁参照。
(44) 呉康は一九三九年丁英の紹介で共産党に入党している。
(45) 于伶（一九〇七～一九九七）劇作家、当時中国共産党地下組織文委メンバー。
(46) 同（7）二二九頁。
(47) 同（1）自述編四四頁。
(48) 中山文「越劇『祥林嫂』の女性像――女性演劇の視点から」（『日本ジェンダー研究』第十一号）参照。歌詞は孫世基編『建国前女子越劇戯考』（寧波市新聞出版局、二〇〇二年）一〇八頁。
(49) 『太太万歳』桑弧監督・張愛玲脚本（映像資料）文華影片公司、一九四七年十二月十三日上映。https://www.bilibili.com/s/video/BV1z5411N7wW　冒頭三分三十七秒～四分十七秒。
(50) 顧錫東「徽班進京与越劇到上海」（上海越劇芸術研究中心・上海越劇院芸術研究室編、高義龍・盧時俊主編『重新走向輝煌――越劇改革五十周年論文集』中国戯劇出版社、一九九四年）三九頁。
(51) 同（1）二一四頁。
(52) 一九四六年四月二十八日『時事新報』に廖臨（中共地下党員）の「祥林嫂――新越劇的里程碑」が掲載された。
(53) 田漢（一八九八～一八六八）湖南長沙生まれ、話劇・戯曲・映画シナリオ作家、一九二〇年代に共産党系組織創造社のメンバーとなる。一九三四年の映画『風雲児女』の主題歌を作曲、後年中華人民共和国の国歌となる、一九六六年文化大革命中に批判を受け、一九六八年に獄中死した。
(54) 同（7）二三五頁。
(55) 田漢「団結就是力量！――越劇十名伶合作『山河恋』之喜」（上海『新聞報』一九四七年八月二十八日）（《田

漢全集》編委会編『田漢全集』第一七巻収（花山文芸出版社、二〇〇〇年）。

（56）筱丹桂の事件については、小菊「筱丹桂的悲劇」（中国人民政治協商会議上海市委員会文史資料委員会編『戯曲菁英』下（上海文史資料選輯第六二輯）上海人民出版社、一九八七年）。

（57）同（30）。

（58）同（30）二三五頁。

（59）渡辺聡「日本語版集団自尊心尺度構成の試み」（『社会心理学研究』第十巻第二号、一九九四年）。上瀬由美子・堀消元・岡本浩一「被職業スティグマ意識と対処方略」（『社会心理学研究』第八六巻第一号、二〇一〇年）。

（60）尹詩『海派話劇研究　一九二八―一九五一』（中国社会科学出版社、二〇一八年）二頁。海派話劇と呼ばれる商業演劇は長年話劇研究の外に置かれていたが、近年研究が進んでいる。胡疊『上海孤島話劇研究』（文化芸術出版社、二〇〇九年）、邵迎建『上海抗戦時期的話劇』（北京大学出版社、二〇一二年）が挙げられる。

（61）原作秦痩鷗、費穆・黄佐臨・顧仲彝演出、上芸、カールトン劇場、一九四二年十二月二十四日～一九四三年五月十日、二百ステージ以上上演された。

（62）方君逸（阮玲玉をモデルに）作、呉仞之演出、中中劇団、麗華、一九四二年十一月十七日。

（63）周貽白作、李景波演出、中国旅行劇団が上海に戻った最初の作品、一九四三年四月二十三日から七月十四日まで連続八十日上演。

（64）中山文「『女声』劇評にみるジェンダー観――関露のみた海派話劇」（山崎眞紀子他著訳『日中戦時下の中国語雑誌『女声』――フェミニスト田村俊子を中心に』（春風社、二〇二三年）。

第六章　父の越劇
――社会的地位の獲得

はじめに

一九四九年、中華人民共和国を成立させた中国共産党は、建国当初より戯曲（伝統劇）を対象とした演劇改革に着手した。それは戯曲を、国全体を社会主義によって統治するための「民主と愛国の精神で広大な人民を教育する重要な武器」[1]と認識したからであった。文化の社会主義化を喫緊の命題とする新政府にとって、戯曲は「各地の大衆に深く浸透しており、大衆にとってもっとも身近なメディア」として大きな期待がもてるものであった。だが同時に、「演目の多くが旧来の道徳観や価値観に縛られ、文化人からは軽侮すべき対象と見なされてきた」という欠点ももっていた。そのため新中国に貢献できるよう戯曲をいかに改造するかが新政権の演劇改革の肝となった。

「戯曲改革工作に関する政務院指示」はその方針として以下の六点を掲げた。

① 戯曲は人民の新たな愛国主義を発揚させ、人民の革命闘争や生産労働における英雄主義への鼓舞を主たる任務とする。それに反する有害な演目は禁演とする。
② 戯曲改革は、従来の演目への査定を重点とする。
③ 大衆に影響力のある劇種を対象とし、コンクールで優秀演目を表彰する。
④ 俳優の中から幹部を育成し、進歩的文化人との交流を奨励する。
⑤ 劇団改革を行う。
⑥ 文化教育機関が戯曲を管轄し、条件の優れた劇団・劇場を公営化する。

この方針のもと、「改戯、改人、改制」を求める全国的な戯曲改革運動が展開され、一九五〇年から一九六六年の文化大革命開始まで、中国戯曲は「黄金時代」を迎える。政府が対象とした地方劇の中でも上海で大きな人気を獲得していた越劇が主たる対象として選ばれ、国営の「華東越劇実験劇団」が設立された。袁雪芬《えんせつふん》が戯曲界のリーダーとして育成され、その主演する演目がコンクールで受賞し、映画化され、海外に輸出された。

戯曲改革運動の中で越劇が共産党から特別の扱いを受けた事例を挙げてみよう。一九四九年五月二十九日の上海解放後、七月二十二日から上海市軍管会文芸所が第一回「地方戯劇研究班」を開催した。これは戯曲関係者にマルクス・レーニン主義の基本知識と党の文芸政策を学習させる場であった。京劇、滬劇など越劇以外の劇種からは主に劇作家・演出家が参加したが、越劇からは袁雪芬、范瑞娟《はんずいけん》、傅全香《ふぜんこう》、陸錦花《りくきんか》ら有名女優がこぞって参加している。この研究班は一九四九年中に二期続けて行なわれており、一期の中隊長を袁雪芬が、二期の中隊長を徐玉蘭《じょぎょくらん》が務めた。一九四九年九月、袁雪芬は中国人民政治協商会議第一次全体会議にゲスト代表として参加し、十月の建国式では天安門の上で毛沢東の「中華人民共和国成立了！」という宣言を聞く名誉に浴した。戯曲界からは梅蘭芳《メイランファン》、周信芳、程硯秋《ていけんしゅう》、袁雪芬の四人が選ばれたが、他の三名は男性の京劇俳優である。袁雪芬は、地方劇と女性を代表して選ばれていた。上海に戻った袁雪芬は国営劇団の設立に尽力し、一九五〇年二月、自らの「雪声劇団」と竺水招の「雲華劇団」を合併して「上海越劇実験劇団」を設立しその基礎のもとに四月十五日、上海初の国営劇団「華東越劇実験劇団」が誕生した。その後一九五一年の「華東戯曲研究院」を経て一九五五年三月に現在の「上海越劇院」が設立された。

一九五二年十月に北京で挙行された第一回全国戯曲コンクールでは越劇『梁山伯《りょうざんぱく》与《と》祝英台《しゅくえいだい》』が劇本賞・演出賞・演技賞・音楽と美術設計賞など各賞を総なめにして全国の注目を集め、袁雪芬は梅蘭芳、周信芳、程硯秋、蓋叫天らとともに栄誉賞を受賞した。

社会主義建設の発展にともない、越劇は中国全土から世界各国へも広まった。一九五三年、中国初の戯曲映画として『梁山伯与祝英台』（祝英台役は袁雪芬）が撮影され、本作は一九五四年チェコスロバキア共和国で行なわれた第八回国際映画フェスティバルで入賞を果たした。一九五五年、上海越劇院は「中国越劇団」の名前で東ドイツとソ連で訪問公演を行うが、これが建国後初の戯曲海外公演であった。『梁山伯与祝英台』の東ドイツ公演では熱狂した観客によってカーテンコールが二十八回も行なわれた。周恩来は「この拍手は新中国への拍手であり、あなたたちの演技だけへの拍手ではないのだ」と述べ、梁山伯役の范瑞娟は国を代表した喜びと、国に支えられてこそ自分たちの越劇があるのだということに深く感動したと言う。一九五九年、六一年にはベトナム民主共和国、朝鮮民主主義人民共和国公演。一九六〇年末から六一年には一ケ月間の香港公演を行い、香港・澳門・台湾をはじめ、各地で華僑同胞の熱い歓迎を受けた。また朝鮮戦争期の一九五三年には徐玉蘭が戦地慰問のため

図1　1950年、北京で周恩来と接見
前列左から孫維世、傅全香、周恩来、范瑞娟、後列左から南薇、田漢、陳鵬、許広平

に朝鮮に赴き、古典劇『春香伝《しゅんこうでん》』を学んで越劇に移植した。

中華人民共和国成立後の越劇は、世界に向けて新中国の文化とそのレベルを示し、諸国と友好関係を作るための使者となって責任ある任務を果たした。こうして越劇は京劇に次ぐ中国戯曲第二の地位を獲得するに至る。

この時代、中国共産党はあたかも中華人民共和国という幸福な家庭における偉大な「父」であった。すでに多数の人気俳優が登場し百花繚乱の状況にあった越劇は優秀な「父の娘」として[2]、得意の古装劇で封建主義に反抗する男女を描いた。越劇の古典と呼ばれる『梁山伯与祝英台』『紅楼夢《こうろうむ》』『西廂記《せいそうき》』はみなこの時期に整理・改編されたものである。また政治状況に応じる男女合演（後述）の現代劇も多数発表した（図1）。

本章では、この時代に生まれて現在もレパートリーとして人気の高い、『梁山伯与祝英台』と『紅楼夢』を取り上げる。越劇という劇種が現代でも女性演劇として古びることのない力をもつ理由について考察する。

第一節　中華人民共和国成立後の共産党と上海越劇

一九五一年、政務院より「三改政策」が提出された。それは演劇改革の三大任務を「改戯、改人、改制」としたものである。「改戯」は「社会主義的な新しい演劇文化を創り上げて、それを人民への教育と思想改造の有力な道具とすること」(3)である。姜進によると、そこにはいかにして新時代の演劇文化を創造するか、また誰がその新しい演劇文化の創造を担い、その創造過程をコントロールするかという問題があった。そこでまずベテラン芸人を社会主義体制下の文芸工作者に育てる必要があり（「改人」）、これまで市場を中心にしてきた大衆文化を国家計画に組み込む必要性が生まれる（「改制」）。つまり、「改人」と「改制」は「改戯」という目的達成のために必要な手段であった。

「改人」は非識字者の多い演劇関係者に社会主義理論とその文芸理論の教授を目的とした。上海演劇関係者八割にあたる九千人が参加した。そこでは進歩的文化人の伝統劇・俳優に対するマイナスイメージ払拭を意図した。つまり、演劇改革に貢献できる演劇人の育成とともに演劇改革に協力できる進歩的文化人の再教育が行われたのである。

「改制」ではこれまで徒弟制が敷かれ、スター俳優への搾取が行われていた劇団組織からアウトローによる経済的支配の払拭を目的とした。そのために劇団と劇場の公営化、運営と給与体系の民主化がすすめられた。また人材育成のためには科班ではなく養成学校が設立された。

「改戯」としては、以下の三点が挙げられる。

図2　1960年、周恩来総理夫妻と袁雪芬

①　社会主義社会にふさわしくない演目が禁演とされた。対象となったのは封建道徳を鼓吹する、民族の節操を失くしている、迷信を強調、色情要素が強い、といった演目である。禁演とされたのは一九五〇年には十二演目だったが一九五二年には二十五演目へと増加した。

②　伝統演劇コンクールで社会主義に合致した演目を表彰し、全国に普及、劇種の代表演目にした。一九五二年の第一回全国戯曲コンクールには二十七劇種三十七劇団八十二演目（伝統劇六十三、新編歴史劇十一、現代戯八）が参加し、袁雪芬が栄誉賞を、『梁山伯与祝英台』が劇本賞などの各賞を、范瑞娟、徐玉蘭、傅全香が俳優賞を受賞した。

③　新政権の政策をわかりやすく伝える現代劇が量産された。現代の生活を反映し、日中戦争期の成功例である「秧歌劇《おうか》」（山西省、河北省、陝西省、内モンゴル自治、山東省などに分布し、農民の労働歌を起源とする）のような民間小戯が奨励された。民国期の伝統演劇界には京劇を頂点とするヒエラルキーが明らかに存在していた。政治指導者の鑑賞、出版化、映画化、海外公演などは京劇のみの役割だった。だが地方劇は社会の劇的変化をアピールするのに効果的な役割を担った。

この流れの中で、一九五一年に「華東戯曲研究院」という文化部直属の演劇団体が生まれ、伝統劇の研究改革、新作上演を行った。その院長は京劇俳優の周信芳が務め、副院長には越劇の袁雪芬が就任した。一九五五年、この団体から「上海京劇院」と「上海越劇院」が誕生する。

「三改政策」によって新政府が求めたのは、「旧社会の芸人を社会主義における文芸工作者に改造させるだけでなく、更に重要なのは自らとその公演を通じて党の政策を宣伝して大衆を教育し、社会主義下の新しい文化によって新しい国民を生み出すこと」(4)であった。その点において、一九四七年に「越劇十姉妹」による合同公演と筱丹桂《しょうたんけい》の葬儀を通して女優と観客の親密な関係を世間に見せつけた袁雪芬は(5)、まさに新時代を代表する演劇人であり、父（共産党）の意向を代弁する「父の娘」にふさわしい女性であったと言えよう（図2）。

第二節　第一回全国戯曲コンクールと『梁山伯与祝英台』

新時代にふさわしい作品とはいかなるものか。「改戯」では現代劇の創作と伝統演目の改編が推進された。そして全国の劇団にとって学ぶべき優良なモデルを示すために、一九五二年に第一回全国戯曲コンクールが行われた。つまり、入賞作品は芸術作品として優れている以上に、描かれた主題や人物が新中国の理想とする社会を体現しているということなのだ。

一九五〇年代に生まれた現代劇の大多数は、当時の三大政治運動（土地改革、反革命鎮圧、朝鮮戦争における抗米援朝）と婚姻法の宣伝を意図している。「若い男女の自由恋愛による結婚」というテーマは、婚姻法を宣伝する共

図3 『梁山伯与祝英台』 左：袁雪芬（祝英台）、右：范瑞娟（梁山伯）

産党にとって重要だっただけでなく、当時の越劇観客たちにとっても切実な問題であった。そこで、恋愛する男女が「家法」のもとに引き裂かれる物語として人口に膾炙する『梁山伯与祝英台』は、今回のコンクールの趣旨に極めてふさわしい演目だった（図3）。この物語をリメイクした越劇『梁山伯与祝英台』と川劇『柳蔭期』が、ともに入賞を果たした。

川劇は四川省の地方劇で、歴史が古く、「変臉」（マスクの早変え）や「噴火」（口から炎を吐く技）など、ケレン味の強い表現技術を多数もち全国的に名高い劇種である。一方、越劇は浙江省特有の優美な音楽と女性ばかりで演じられ、細やかな恋愛描写を得意とする。この二劇種が同一作品をそれぞれ流に改編し、ともに新時代のモデルとして高い評価を獲得したのである。だがその後、越劇では本作が劇種の代表作として演じ続けられているが、川劇ではそうはならなかった。それは劇種のどのような性格の違いによるのだろう。本章ではその理由を検討するために、まず二作品のあらすじの差異を述べ、越劇特有の魅力について考察する。

（1）「改戯」の骨子(6)

『梁山伯与祝英台』の物語は東晋に現れ、最も早い文字資料としては初唐梁載言の『十道四蕃志』が「義婦祝英台与梁山伯同塚」について述べている。晩唐の張読の記した『宣室志』に完全な物語が残っている。

英台、上虞祝氏の娘、男装して遊学し、会稽の梁山伯と出会い、共に学ぶ……祝が先に帰郷した。二年後、山伯が訪れると、彼女が女子だったと知り、茫然とする。両親に結婚を申し出るが、祝はすでに馬氏の息子と婚約していた。山伯は後に鄞県の知事になったが、病死した。……祝が馬氏に嫁ごうとし、船が墓所をよぎると、風と波で進めなくなった。山伯の墓があると聞き、祝が岸に上がって慟哭すると、地面が突如裂けたので、祝氏は身を投げた。晋の大臣謝安は、その墓を「義婦塚」と称えた。(7)

その後『梁山伯与祝英台』の故事は各地に流布し、民間伝説となり、変容しながら地方劇となった。その変容には主に二つの方向性が見られた。一つは「男装して遊学」という点で、ここから恋愛に発展するまでの様々なエピソードが生まれる。もう一つは「山伯は後に鄞県の知事になったが、病死した」という点である。「蝶になる」とまでは書かれないものの、民間伝説や越劇の旧台本では「恋煩いから病に倒れ、貧しい書生のまま一生を終えた」としている。この変更には大衆のもつ封建礼教の束縛や階級による抑圧への反抗を感じることができる。つまり、『梁山伯与祝英台』はもともと新中国が望む反封建主義と自由恋愛を宣伝するのにたいへん適した作品なのだ。

本作の改編方針として、迷信、卑猥さ、荒唐無稽な要素を排除し伝奇性を薄めることが求められた。一つは同級生として生活を共にした三年間についてエロチックな想像を掻き立てるエピソードを省き、二人を美しいイメージに作り上げること。もう一つは悲劇性を強化することである。悲劇の根源となる、結婚のチャンスを失ったことを偶然ではなく封建制度の抑圧が招いた必然として描いた。具体的には元の台本から悲劇を生む原因とされている迷信、宿命、誤解などの「反封建」以外の要素を雑味として取り除くことである。

民間伝説では二人はもともと一緒になれない運命だったとされていた。越劇と川劇では梁山伯が訪問の日取りを間違えたために結婚のチャンスを逃してしまったとしており、何度も「梁兄さん、あなたの来るのが遅過ぎた」という言葉が繰り返された。また川劇ではもともと祝英台が荒々しく大胆果敢に媒婆を罵る「英台罵媒」の場が見どころだったが、反封建のテーマを損ねるという理由で大幅に削除された。典型例となるために、往々にして地方劇の特色は薄められることになる。

二人の形象から〝俗っぽさ〟〝卑猥さ〟〝下品さ〟〝醜さ〟で〝正面人物〟イメージを損なう物語、歌詞、演技は取り除かねばならない。その結果、二人の性格特徴が明らかになってきた。祝英台は「もともと賢く、機知に富み、情熱的で、大胆な少女」で、父親が溺愛するので「幼い頃からわがままに育った」。さらに重要なのは、彼女は「善良で、純潔で、一つの傷もない白い玉のよう。情熱的で、勇敢なので、普通の少女ではできないことをやり、自分が正しいと思いさえすれば、必ず大胆にやってのける人物」なのだ。梁山伯は「正直で温厚、純朴で率直、正直でやや幼さの残る書生」で、「正義感が強く、不合理なことに対しては勇敢に発言し行動する、闘争心の強い人物」とされた。

越劇では一九四〇年代から袁雪芬らが『梁祝哀史』を上演していたが、一九五〇年代初めには南薇、宋由之、徐進を招き、この台本をコンクール用にブラッシュアップさせていた。コンクール前の一九五一年十二月には北京で上演し高い評価を得ていた(8)。一度は迷信が過ぎると取り消したロマン主義色彩の強い「化蝶」のラストシーンを戻し、愛情追求の強い意志と楽観主義を突出させた(9)。

一方、川劇『柳蔭記《りゅういんき》』はこのコンクールのために、西南地区で流行していた『訪友』『送行』『罵媒』という三つの折子戯を合体し整理したもので、改良の過程で越劇台本はじめ他劇種の同一題材作品の影響を受けている。(10)以下では川劇と比較することで、越劇の劇種としての特徴について考察する。

(2) 越劇『梁山伯与祝英台(11)』構成

第一場 「別親」

祝英台は家の中でしとやかな生活よりも都会に出て勉強したいと願う活発な少女で、男性占い師になりすまして反対する父の許しを得、男装して杭州に向かう。

第二場 「草橋結拝」

道中梁山伯と知り合い、「男女は平等。女性も勉強をするべきだ」と語る彼に好意を抱く。意気投合した二人は兄弟としての契りを結ぶ。

第三場 「託媒」

学友として過ごすなかで祝英台は恋心を募らせる。三年後、父から再三帰郷を促された祝英台は恩師夫人に自分が女であり、梁山伯と結婚したいという想いを打ち明け、婚約の品として玉でできた蝶々の扇子飾りを託した。

第四場 「十八相送」

翌日、祝英台は帰郷の道中梁山伯に、鴛鴦・牛郎織女・観音様と次々思わせぶりな謎かけをするが、想いは一向に伝わらず、それどころか梁山伯は自分が女に譬えられたとへそを曲げる。だが祝英台が双子の妹との縁談をもちかけると、梁山伯は喜んで受け入れた。

第五場「思祝、下山」

恩師夫人から真実を知らされた梁山伯は大喜びでさっそく求婚に向かう。

第六場「回憶」

その道中で祝英台の謎かけを思い出し、彼女への恋心に胸を高鳴らせる。

第七場「勧婚、訪祝」

祝英台が帰宅すると、すでに名家・馬家への嫁入りが決められていた。娘の胸の内を知った父は激怒するもののの、やがて釣り合わない結婚の不幸を諭す。

第八場「楼台会」

喜色満面で祝家を訪問した梁山伯は思いがけない真実に、怒りと悲しみで吐血する。

第九場「送兄」

嘆く二人は「この世で一緒になれずとも同じお墓に入ろう」と誓う。

第十場「聞耗」

祝家を辞した梁山伯の病はますます重く、自分の墓には二人の名前を彫るようにと遺言してこの世を去る。

第十一場「弔孝哭霊」

訃報を受け取った祝英台は、梁家の祭壇で嘆く。

第十二場「逼嫁」

婚礼の前に墓参りをする許しを父から得、悲痛な思いで花嫁かごに乗る。

第十三場　「禱墓、化蝶」
墓前で慟哭すると、突然の雷鳴とともに墓が二つに裂け、祝英台はそこに身を投げる。二人は蝶々に生まれ変わり、雨上がりの虹の下を楽しげに飛んで行くのだった。

(3) 川劇『柳蔭期』[12]の特徴

基本的な構成は越劇と同じであるが、各場ごとの川劇の特徴を列挙する。

第一場　「英台別家」
両親の形象。父は頑固で抑圧的、母は娘から事情は聴いているものの助力できず、無力である。

第二場　「柳蔭結拝」
同郷で初めて外出した者同士が出会い、柳の木の下でこれからは助け合おうと誓う。「男女平等」の言葉は双方とも口にしない。

第三場　「書館談心」
学校での成績は祝英台の方が優秀である。祝英台に男女平等の思想を教えられると、梁山伯はいったん拒否するものの、受け入れる柔軟性を見せる。

第四場　「山伯送行」
祝英台は金魚、水鳥、並ぶお墓に譬えて梁山伯への恋心を示唆するが、梁山伯はその意図にまったく気がつかない。祝英台が自分の妹の九妹との縁談をもちかけると喜んで承諾し、百日以内に迎えに行くと約束する。

第五場　「説媒許親」

結婚を仲介する媒婆（口入れ屋）の邱佚氏が登場する。媒婆とは仲介料のために、縁談をまとめようとするあくどい職業で、口先一つで人の人生を決められると豪語する。だが彼女もこの仕事で家族を養う職業人である。

第六場　「英台思兄」

媒婆の言葉を受け入れた父が祝英台と馬文才との結婚を決める。娘の気持ちを知る母も夫に逆らうことができず、家庭の中で無力な存在である。栄華を求める父は、娘の望みに耳を貸さず、祝英台は媒婆を恨む。

第七場　「祝荘訪友」

梁山伯が祝家を訪れる。女性装の祝英台に驚き、初めて祝英台が女性と知り、喜ぶ。祝英台は九妹との縁談を勧めた事情を話し、祝英台の恋心を知った梁山伯は道中の謎かけの意味を理解して大いに喜ぶ。だが祝英台は父がすでに馬家との結婚を決めてしまったことを打ち明けることができないまま、退場する。侍女の人心が梁山伯に事情を告げる。

第八場　「四九求方」

病に倒れた梁山伯のために、祝英台が薬の処方を梁山伯の下男の四九に教える。

第九場　「山伯殉情」

四九から処方を受け取った梁山伯の母は、そこに書かれているのが「共に生きられないならば共に死にます」という暗号だと知る。

第十場　「馬家逼婚」

婚礼当日、梁山伯の訃報が届けられる。墓参りを切望する祝英台を父は許さない。媒婆は赤い婚礼衣装の上に白い喪服を着ること、墓参り後には喪服を脱ぎ捨てて婚家に入ることを勧める。

第十一場　「祭墳化鳥」

輿から降りた祝英台が墓で泣きくれると、風雨吹き荒れ、稲妻が走る。墓が割れ、祝英台が墓に飛び込むと、二羽の鳥が比翼となって飛んで行く。

（4）越劇と川劇の異同

基本的には同じあらすじをもつ越劇版と川劇版だが、重要な異同が三点ある。

①父親形象と媒婆の存在

川劇の特徴は、厳格で抑圧的な父親と舌先三寸の無責任な仕事で荒稼ぎする媒婆の邱侯氏の存在だ。女は家を出るものではないと頑迷に主張する父親に対して娘の遊学を応援した母親も、結婚については夫に反対できず無力である。祝英台を不幸に陥れるのは、娘の結婚は親が決定するものと考える家父長制を代表する父親と、売買婚というシステムを象徴する媒婆で、これこそが社会悪の象徴として描かれている。

一方、越劇の祝英台には母親がおらず、父親には娘への愛情が感じられる。第一場は占い師になりすまし遊学許可を得た祝英台の機知を見せる場であるが、同時にふさぎ込む娘の病を何とか治そうとする父親の愛情が見える場でもある。また越劇に媒婆は登場せず、第七場「勧婚、訪祝」では馬家との婚姻を強制する父親に理詰めで抵抗する祝英台の抗弁が描かれる。そこで祝英台は「自分で結婚を決めたが、師の奥様を仲介に立てた、玉で作った扇子の房飾りの結納品も準備したので結婚のルールは守っている」と主張する。家柄の釣り合いについては「梁家は清貧の家柄」と反論して、暗に馬家の贈収賄をほのめかして批判する。自分の態度と言葉で何としてもこの恋愛を守ろうとする祝英台に、父親は「いったん承諾した結婚の破棄はできない」と答える。

だが黙って立ちすくむ祝英台を前に、父は、彼に他の女性との結婚を勧めるようにと祝英台と梁山伯が話し合う機会を設ける。父は来訪した梁山伯にも礼儀正しく対応する。この場面は観客に、「おそらく父の心にも家父長としての面目のために娘の希望を受け入れてやれないことへの葛藤が満ちているのだ」と感じさせる。

川劇では父と娘が「儒教的教え」と「男女平等」という互いの正論をぶつけ合うが、越劇では正論を主張するだけでは容易に断ち切れない家族の情があり、それこそが若い二人の悲劇の要因であることが描かれている。

②恋の喜び

越劇では若い二人の恋心が丁寧に描かれており、観客に恋の楽しさを満喫させる。第四場「十八相送」では、祝英台の恋の謎かけが続くが、自分の気持ちに気づかない梁山伯のぼんやりさんも、彼女の眼には可愛いく映り二人の将来を心に決める。二人で見る景色の一つ一つが自分たちを祝福しているように思える、祝英台の浮き立つ気持ちが伝わる一場である。

また第六場「回憶」では祝英台の気持ちを知った梁山伯が、彼女を送った道を辿りながら、その言葉を一つずつ思い出す場面である。「ああ、自分は鈍感だった、一刻も早く彼女に会いたい」と恋心を募らせる梁山伯がいじらしい。恋によって風景が色づき、人生が生き生きと動き始める、若い恋人たちの瑞々しさが輝いて描かれる。

ここで、二人の恋が祝英台（女性）の主導で始まり、梁山伯（男性）がそれに引っ張られていること、また祝英台の積極性によって、梁山伯が新しい自分に目覚め古い制度の桎梏に気づくことに注目したい。「女性のリードで、男性が目覚める」のである。

一方、川劇には梁山伯が自分の恋心を確認する場面が置かれていない。彼は恋に目覚めることなく祝家を訪問し、そこで初めて祝英台が女性であると知る。喜んだのもつかの間、祝英台本人は悲痛な心を言葉にできぬままその場を立ち去る。

③愁嘆場

最大の差は越劇版の第八場「楼台会」と川劇版の第七場「祝荘訪友」にあたる、二人の悲恋の場の演出方法である。川劇の祝英台は重大な事実を自分の口で伝えることができず、事情を熟知する侍女に託して、舞台から退場する。だが越劇ではこの愁嘆場が、最大の見せ場の一つとなっている。

祝英台の恋心を知り嬉々として祝家を訪れた梁山伯が、女性装の彼女から事実を訴えられる。そのとたん、これまで明るく単純だった梁山伯が凶暴なまでの力強さをもって結婚の約束を違える祝英台に詰め寄るのだ。これまで祝英台がリードしてきた二人の恋が、突如、梁山伯のリードに変わる。一方、男性装時にはあれほど爽快に自分の感情を表現していた祝英台が、女性装に変わったとたんに世間のしがらみを断ち切れず、自我と父権性の狭間に引き裂かれる。自由恋愛に魅かれながらも結局父親を選ぶ、家父長制を打破できない弱い女性に戻るのである。

張艶梅はここにこそ、越劇の女性演劇としての独自性があることを指摘する。

梁山伯、祝英台の二人は明確な敵を探し当てることができず、心の怒りを徹底的に吐き出すことができない。

祝英台は父を傷つけることも、梁山伯の思いに背くことも望まないため、唯一選択できるのが自害で、自ら主体的に破滅へと向かう。そして蝶になるという唯美的な結末こそがこの破滅した精神を昇華させるのだ。(13)

梁、祝や焦(仲卿)、劉(蘭芝)の悲劇を見渡してみると、それらは結婚の悲劇であり、破滅へと続く命の悲劇である。彼らに立ちふさがるのは呉瓊花、喜児ら(14)〝革命的〟女性が出会う地主の迫害や階級闘争などとは違い、父母によってあらわされる倫理的苦境なのだ。(15)

家父長制が強いる家庭内の倫理観は階級闘争よりも強いのだ。共産党のスローガンに後押しされたとしても、実際に親子の情を断ち切ることは容易ではない。新婚姻法で売買婚が禁止されて本人の自由意思による結婚が奨励されたとはいえ、特に女性にとって結婚にまつわる悩みは簡単に解消するものではなかった。越劇『梁山伯与祝英台』は依然として家父長制が残る社会で、女性が親の意向に反して結婚することの困難に視点が置かれていた。

(5)越劇の最大特徴

『梁山伯与祝英台』が越劇では名作として演じ続けられる最大の理由は、異性装の魅力ではないか。筆者はかつてこの作品の異性装について、このように述べた。(16)

① 祝英台は異性装をする、つまり男性になることによって、自由の喜びと恋の楽しさを知る。

②　祝英台の機転と対比されることで、梁山伯の「可愛いぼんやりさん」キャラクターが生まれる。
（第一場「別離」から第四場「十八相送」）
③　祝英台の真意を知ることで梁山伯は自分の心を知り、屈託のないまっすぐな恋心が明るく表現される。
（第四場「十八相送」）
（第六場「回憶」）
④　祝英台は女性装に戻ったとたん、自由を忘れ家父長制の抑圧に苦しむ。
（第七場「勧婚、訪祝」）
⑤　激しい情熱に駆られた梁山伯は祝英台を責め、成就しない恋のために憤死する。
（第八場「楼台会」、第九場「送兄」、第十場「聞耗」）

女として生きる辛さから逃げるための男装は、ヒロインに一時的な幸福を与えてくれる。だが女性装に戻ると、彼女は再び家父長制社会で女として生きる辛さに引き戻されてしまう。将来の不幸を予感させない相手とは、永遠に女性に支配や抑圧を感じさせない男性、つまり男性社会に同化し得ない男性でなければならない。それこそが越劇の小生（男役）の役割なのではないだろうか。「一時的に男装をして爽快さを満喫した女性主人公を支えたのは、恒常的に男装をする女性（小生）[17]なのだ。

越劇の蝶は自由結婚への理想と勇気の化身で、これが越劇の女性観客の心を捉えた。「若い男女が愛情を武器に、一つとなって封建思想と闘う姿」が越劇の老調子（変わらぬテーマ）となるためには、何があっても女性を裏切らないパートナーが必要だ。それには、ややもすると家父長制のもつ男性優位の魅力に呑み込まれてしまう現実の男性ではなく、女性自身の現身とも言える女小生が必要なのであった。

第三節　越劇『紅楼夢』

(1) 淪陥期と『紅楼夢』

図4　『紅楼夢』　左：徐玉蘭（賈宝玉）、右：王文娟（林黛玉）

一九六二年、上海越劇院は越劇『紅楼夢』（図4）を映画化し、全国の観客を感動のるつぼへ巻き込んだ。その台本は一九四二年から一九四五年の淪陥期の上海において、幾度も修正を重ねられたもので、「民国期の社会激変、上海の都市化、海派の女性文化、淪陥区の熱狂的ファンの声援、新政権初期の国家改造、中期の政治運動とともに」(18)変化してきたのである。ここでまずその時代的背景を解説したい。

「一九四四年の上海は〝林黛玉《りんたいぎょく》〟年だった」(19)と袁雪芬が語ったように、この年、上海では清末小説『紅楼夢』が娯楽業界の注目を集めた。佟静によると、(20)朱彤改編の話劇『郁雷』（別名『宝玉与黛玉』）、中華電影聯合株式有限会社の映画『紅楼夢』（卜万蒼《ぼくまんそう》演出、周璇《しゅうせん》主演）、京劇『紅楼夢』などが次々と上演された。越劇では一九四三年にすでに尹桂芳・傅全香コンビによる『紅楼夢』があり、一九四五年には尹桂芳・竺水招コンビによる『紅楼夢』が生まれている。話劇には石華父《せきがふ》の『尤三姐《ゆうさんしゃ》』、端木蕻良《たんぼくこうりょう》の『林黛玉』『晴雯』、孔令境の『紅楼二尤《こうろうにゆう》』などが発表された。

一九四二年から一九四五年という時期は、まさに上海が日本に全面的に占領された淪陥期にあたる。民国期の上海は大衆娯楽が極めて繁昌していた。文学や映画以外にも話劇、文明戯、京劇や越劇を筆頭とする淮劇や滬劇などの地方劇が、それぞれに相応しい階層の観客を集めていた。だが淪陥期になると、左翼話劇は影を潜め、それを補完するように「恋愛ドラマと古装戯」が大流行したのである。

新中国成立後、長らく学界は当時の大衆文化の繁栄を「奇形的繁栄」「漢奸文化」としてきた。だが近年の研究では「恋愛ドラマと古装戯」は大衆が日常生活における欲求を投影し日本帝国主義の大東亜文化から逃避しようとしたものだという考えが提示されている。[21]その形態をとる限り、日本軍の目には、政治的意味をもたない単なる娯楽と映ったのだ。つまり中国人にとって「恋愛ドラマと古装戯」は日本による文化侵略を逃れて自分を守ろうとした策略であった、という指摘だ。

社会が激しく揺れ動き新旧の文化が雑多にうごめく欲望の都市で、文芸や娯楽で生計を立てようとする人々は日本の厳しい管理をかいくぐり、自分たちのアイデンティティを守る作品として『紅楼夢』を選んだのである。この作品は政治に干渉することなく、読者に乱世の感情と欲望を味わわせることができたのだ。佟静は、「映画人は本作を借りて旧家庭旧制度の暗黒を批判し、越劇は愛情の悲劇を訴え、話劇は二百年前と変わらぬ社会境遇の抑圧を指摘した」と語る。[22]いずれにせよ、当時の中国民衆にとって『紅楼夢』は「単なるロマンス悲劇ではなく、民族精神の哀歌[23]」だったのである。

(2) 越劇『紅楼夢』のテキスト生成

傅謹によると、上海越劇院が長編小説『紅楼夢』を改編した越劇『紅楼夢』は、越劇のなかでも最も重要なレパートリーとなっているが、そのテキスト生成過程には、一九五〇年代の時代意識や劇作家が政治の関与にどう対応したかが大きく関わっている。[24]もともと小説『紅楼夢』は煩瑣で微細な日常生活が描かれており、大きな一つのストーリーに向けて物語が進むものではなく、演劇上演には向かないものだった。

例えば京劇でも、千三百余りの演目を集めた『京劇劇目初探』[25]によると、『紅楼夢』を題材にしたものは二十三演目見つかるが、いずれも折子戯[26]（一幕もの）であり、大型演目ではない。一九二〇〜三〇年代の『紅楼夢』劇では、必ずしも林黛玉が重要人物とならず、晴雯、尤二姐、尤三姐、平児らが題材となる作品もある。梅蘭芳は『黛玉葬花』『千金一笑』『俊襲人』の三演目を上演したが、どれも折子戯で個人が境遇を嘆く短い作品である。しかも原作小説の主人公である賈宝玉《かほうぎょく》が存在感のない脇役の扱いである。だが越劇は、賈宝玉と林黛玉の恋愛を主軸として改編を重ねてきた。これが成功の鍵となった。

上海越劇院の『紅楼夢』の作家である徐進は、改作時に過去の演劇作品ではなく、語り物の『露涙縁《ろるいえん》』を参考にした。これは全十三回、二万字余りの台本で、林黛玉の角度から『紅楼夢』を編みなおし、悲恋の主人公たる彼女のエピソードに沿って物語を展開した内容だった。

さらに賈宝玉と林黛玉のロマンスを主軸とした越劇改編の背景には、一九五四年の兪平伯の「紅学」研究に対する批判運動の影響があった。清末以来、『紅楼夢』研究といえば作者研究が主だったが、一九五〇年代に本作を封建社会の百科全書と見なす「紅学」研究が強調された。社会学的な見地から小説が解釈されて、二人の恋物語を中心としながらも、封建社会の興亡を描くことが求められた。

一九五五年、徐進は賈宝玉を反逆性に満ちた人物として創り上げ、その後もそれにふさわしいエピソードを書き加えた。「恋愛」と「封建社会への反逆」のテーマを際立たせるために、改編を重ねているのだ。現在の台本にあるエピソードが揃ったのは一九五八年の五回目の改編後である。さらに映画のため一九五九年、六一年と、合計八回の改編を重ねている。ではこの改編によって、越劇はどのような男女のキャラクターと関係を生んだのだろうか。現在もっとも人口に膾炙している映画『紅楼夢』[27]から探ってみよう。

（3）女性演劇『紅楼夢』の魅力

①あらすじ

主人公賈宝玉は栄耀栄華を極める賈家の一人息子である。その容貌と性格のよさで周囲の女性たちからは絶大な人気だが、大人の男性からの評価は極めて低い。男社会が求める名誉栄達にはまるで興味を示さず、卑しい身分の役者と友情を育み、科挙の勉強をさぼっては女の子と遊びたがる。恋愛小説『西廂記』に熱中する賈宝玉のふがいなさに、これで賈家の跡継ぎが務まるのかと周囲は大いに頭を痛めている。

そんな賈宝玉は子供の頃から同じ屋敷で暮らしてきたいとこの林黛玉と愛し合っていた。だが祖母の賈母は身体が弱く陰気な性格の林黛玉を嫌い、一家の繁栄のために健康で社交的なもう一人のいとこ薛宝釵《せつほうさ》と結婚させようとする。花嫁は林黛玉だと偽って結婚式を執り行ったのだ。同じ屋敷の別棟では、賈宝玉と薛宝釵の結婚を知った林黛玉が絶望の中で息絶える。真実を知った賈宝玉が憤然と家を捨て、出奔するシーンで芝居は幕を閉じる。

徐玉蘭と王文娟《おうぶんけん》の映画版（一九六二年）に従って、場面ごとのポイントを挙げると、以下のようになる。

第一場「黛玉進府」（原作では第三回に登場するエピソード。以下同様）[28]

孤児林黛玉が母方祖母宅に身を寄せる。いとこ賈宝玉との出会い。「天上掉下了林妹妹（空から林ちゃんが降ってきた）」の歌。

第二場「識金鎖」（原作第八回）

もう一人のいとこ薛宝釵が登場。賈宝玉のもつ玉と薛宝釵の金鎖が符合し、結婚の縁を示唆する。

第三場「読『西廂』」（原作第二十三回）

賈宝玉の勉強嫌いは父賈政の怒りを買っている。だが、「出世などより、もっと自由に生きたい」と望む彼は元代戯曲恋愛賛歌『西廂記』を愛読している。林黛玉にも勧め、二人で肩を寄せ合って熱中する。

第四場「不肖種種」（原作第二十八回）

賈宝玉は役者と友情を育む。また自分に勉強するよう勧めてくる薛宝釵に幻滅する。

第五場「笞宝玉」（原作第三十三、三十四回）

息子と役者の交際を知った父が激怒し、賈宝玉を折檻する。

第六場「閉門羹」（原作第二十六回）

賈宝玉の負傷を聞き林黛玉が見舞いに行くが、勘違いをした下女に門前払いされる。

第七場「葬花、試玉」（原作第二十六〜二十八回）

傷ついた林黛玉は、庭園に散った花びらに寄る辺ない自分を重ね合わせ、傷心の面もちで埋めて葬る。林黛玉の不機嫌の理由を測りかねる賈宝玉の愛の告白はすれ違う。

第八場「鳳姐献策」（原作第九十六回）

賈家を取りしきる王熙鳳《おうきほう》が賈宝玉と薛宝釵との結婚を賈母に進言する。

第九場「傻丫頭洩密」（原作第九十六、九十七回）

林黛玉は賈宝玉と薛宝釵の結婚を聞き、病床に就く。

第十「黛玉焚稿」（原作第九十七、九十八回）

林黛玉は怒りと絶望で賈宝玉との思い出の詩稿を焼き捨てる。

第十一場「金玉良縁」（原作第九十七、九十八回）

花嫁が薛宝釵だったと知り、「騙された！」と泣き叫ぶ賈宝玉。

第十二場「哭霊、出走」（原作第一〇八、一〇九回）

賈宝玉は林黛玉の位牌に向かい泣いて詫びるが、林黛玉の侍女紫鵑に責められる。賈宝玉、出奔する。

原作小説の賈宝玉は多数の女性と性的関係をもち、京劇ではそのエピソードが独立した作品となっている。(29)だが越劇では、劇作家の徐進が他の女性とのエピソードをすべて切り捨て、徹頭徹尾、林黛玉だけを愛する青年に作り替えている。この賈宝玉形象こそは、共産党のいう「戯改によって封建主義の澱を捨て去った」ものであり、ハリウッド映画の洗礼を受けロマンチック・ラブ・イデオロギーの別名とも言うべき「純愛」に憧れた上海女性をも魅了し得るものであった。

さらに原作と戯曲を対比してみると、第五場「笞宝玉」から第六場「閉門羹」と第七場「葬花、試玉」にかけて、時間が逆行している。ここに作家の明らかな作意が感じられる。徐進は原作で有名な「葬花」の場を使って、林黛玉をどのようなキャラクターに作り替えようとしたのだろうか。

②林黛玉という女性

映画の冒頭は孤児となったヒロイン林黛玉（王文娟）が母方の祖母の賈母が住む賈家に引き取られる場面から始まる。それによって物語は林黛玉の視点から描かれ、観客が林黛玉の想いに同化し共感を抱くように展開する。

幕後の合唱：

ツバメのひなが古巣を離れてしまうように、孤児となって祖母の元に身を寄せる。

林黛玉が部屋に入ると、女中がコートを脱がせる。

室内には時計が音を立てており、彼女は興味深くじっと見つめる。

林黛玉（独り言）　おばあさまのお家は本当に他の家とはちがっているわ。

幕後の合唱：

覚えておこう余計なことは言わぬよう、余計な動きはせぬように。(30)

林黛玉は賈家に飛び込んできた孤児で、大観園という他家に身を寄せて暮らす。このことが彼女の傷つきやすく内向的な性格を生んでいる。彼女は封建勢力に抵抗する上において弱く見えて実際は「孤高にして強固」(31)な人物なのである。

身寄りのない彼女を賈家の親戚たちは賑やかに迎えてくれる。だが、華やかであるほど孤独な少女はここに自分の居場所はないと感じる。賈家で肩身の狭い思いをしている林黛玉にとって、いとこの賈宝玉は唯一心を許せる相手だ。なぜなら彼もまた封建家庭のはみ出し者だからだ。二人が互いにかけがえのない相手であることを示すのが第三場の「読『西廂』」である。ここには二人に共通する自由恋愛への憧れと禁書を読むという秘密を共有する者の親密感が描かれる。『西廂記』を読むことは〝違法行為〟であるが、『西廂記』を読むことを通して愛情の種が埋められた。これがさらに封建的現実との不調和を露出する」(32)のだ。

また第四場「不肖種種」では賈家における賈宝玉の立場が描かれる。賈家の大人たちはみな、賈宝玉を封建家庭の立派な後継者として育てようとするが、彼は古臭い儒教的伝統を嫌い、反逆者として行動する。侍女や役者と対等な友人として接するのもその性格を表している。

第五場「答宝玉」第六場「閉門羹」では賈宝玉だけでなく林黛玉も強力な封建的抑圧にさらされる。封建的環境の圧力と愛情や自由への願望の葛藤を表現するために、徐進は「葬花」のエピソードを使った。原作ではこの場面は賈家全盛期を描く第二十七回に置かれている。だが、彼は「葬花」を「答宝玉」の後に置き、賈宝玉が鞭打たれたことと林黛玉の心情を繋ぎ合わせた。『葬花』を使うことで更に悲憤をそえ、〝一年三百六十日、風刀霜剣相逼〟の感を添え、林黛玉の封建的現実に対する反抗的性格をより強調しようとしたのである。賈宝玉は林黛玉を自分を理解してくれる唯一の相手だと考え、彼女との結婚を望んでいる。

だが、家族は病弱で陰気な林黛玉を嫌い、健康的で保守的なもう一人のいとこ、薛宝釵との結婚を謀る。たとえ賑やかに迎え入れてくれたとしても、林黛玉は娘の生んだ外孫であり、家を継ぐべき賈宝玉とは賈母の愛情の量が違う。一方、薛宝釵は賈宝玉にとっては母方のいとこで、父親が出世して地方に赴任したために賈母の屋敷に身を寄せているに過ぎない。孤児の林黛玉とは立場もゆとりも違っている。薛宝釵は賈家でも遠慮することなく暮らせるし、男性は科挙合格のための受験勉強をするべきだという大人の考えを当然のごとく受容している。だから勉強を嫌う賈宝玉をたしなめ、賈宝玉にとってはうっとうしい相手なのである。

賈宝玉は賈母たちの思惑通り、花嫁が林黛玉だと勘違いしたまま結婚式を挙げる。林黛玉は自分を裏切った賈宝玉を恨みながら、二人の思い出の品を燃やす（第十場「黛玉焚稿」）。この場面の林黛玉の凄惨な面もちは、決して賈宝玉を許すまいという堅い決意を感じさせ、恐ろしくすらある。彼女は死後もなお賈宝玉に「私に、向き合え！」と迫るのだ。彼女のその強烈な思いが賈宝玉を目覚めさせ、自分を裏切った賈家を捨てさせるのである。

林黛玉は遠い親戚の集まる栄国府のなかで、いつも孤独である。だが孤独から逃れるために賈宝玉の愛情にすがるのではない。唯一互いに理解できる存在として賈宝玉を求め、「あなたも私に向き合え」と迫るのだ。そのために、彼の結婚を知った彼女の怒りは大きく悲しみは深い。彼女はこれまでの心を綴った詩のすべてを焼き捨てるが、その怒りは矜持の現れである。彼女は怒りの中で息を引き取る。

林黛玉の死を知らされた賈宝玉は慟哭し、家族の罠にむざむざとはまってしまった自分の幼さを後悔する。侍女の紫鵑から彼女の最期の様子を聞かされると、林黛玉を孤独の中で死なせてしまったという自責の念に打ちひしがれる。彼女の孤独を知って以後、それまでの幼稚な彼は一変する。

名場面の一つ「哭霊」では林黛玉の祭壇の前で慟哭した賈宝玉が二人の思い出を歌う。

あなたが私の部屋から締め出されたと聞いた。どれほど不安だったろう。私のせいでその身を苦しめてしまった。私も夢でいつもあなたを想っていたのに。やっとのことで結婚式にこぎつけたと思ったら、相手が別人に変えられていた。それがもととなり、あなたは死に追いやられ、私は騙されたのだ。共白髪になるまで一緒だと心から誓っていたのに。まさかあなたが一人で土の下に眠るだなんて。(33)

強い女性の意志が弱い男性を奮起させ、成長させたのだ。そして賈宝玉は自分を束縛し、二人を引き裂いた封建的家庭を捨て、出奔する。越劇の小生と恋に落ちるヒロインは孤独を発見した人であり、彼女はまさしく強い自我をもつ近代人だ。その林黛玉の強烈な個性が賈宝玉を成長させるのである。

杉山が指摘するように、「越劇『紅楼夢』は「黛玉進府」から物語を始め、黛玉の死による宝玉の「出走」によって幕を下ろすという、黛玉にリードされて成長する宝玉の成長ストーリー[34]であった。古装戯の形をとってはいても、当時の観客の目に林黛玉は「新しい女性像」として映ったのではないか。

おわりに

演劇が社会主義宣伝のための作品上演を使命とし、そのために新編現代作品が奨励された時代、越劇には男女合演[35]が奨励された。だが男女合演越劇は広まらず、いまや劇団として男女合演を標榜しているのは、上海越劇院第一団と浙江越劇団のみである。何より、この時代に作られた新編現代作品もレパートリーとして残らなかった。『伝家宝』や『双看相』[36]のように拙速な革命宣伝を狙った現代劇はその時代だけの徒花となり時代を越えて再演される古典にはなり得なかった。

本章「父の越劇」の時代にも、女性観客は娯楽としての戯曲の中に男女のロマンスを求め、封建主義から解き放たれることのない女性の苦しみの表現を求めた。その結果一九五〇年代の女性は時代劇の中で生きる古代装の女性の中に、恋愛にかける現代女性の自我を発見したのである。そう仕向けたのは、解放前から上海映画界で腕を磨いた演出家や一九四〇年代の女子越劇の発展に伴走した作家たちだった。彼らはハリウッド映画を経験した女性観客が切望しているものを熟知していた。そして作家、演出家を含め、すべての優秀なスタッフとキャストを一チームにまとめた国営劇団を創り上げたのが、共産党政府なのであった。

皮肉なことに、男女合演の現代劇を推し進めるべき国営劇団の総力によって『梁山伯与祝英台』『紅楼夢』という女子越劇の名作が生まれた。その結果「男役の存在」と「女の物語であること」が越劇の劇種的特徴・強みとして、不可欠の要素であることが判明したと言えよう。

女の物語を効果的に見せるために必要なのは、魅力的な男性である。賈宝玉は淪陥期に尹桂芳が演じてみせた『盤妻索妻《ばんさいさくさい》』と同様に、(37)家を捨てても妻を選ぶ男性だった。だがそんな男性が、はたして現実の世界にいるのだろうか？

「若い男女が愛情を武器にして封建思想と戦う姿こそが越劇の思想性であり、他の劇種と差別化する最大の要因である」と指摘する杉山太郎は、このように続ける。

この越劇の思想性が、越劇を女性のための演劇として育ててきた。女性たちが社会の封建体制と対峙しようとするとき、ともに手を携えて闘う同志として男を必要とする。しかし、男社会である現実の世界にはそんな男は存在しない。越劇の舞台に登場する「才子」というのは、現実には存在しない女とともに戦う同志としての男なのであり、舞台の上にしか存在しない女の夢の結晶なのである。そしてその男が現実には存在しえない以上、それは女子小生によって演じられなければならない。(38)

だからからこそ、女性観客は女小生（男役）が見たいのである。さらに杉山太郎は越劇を「フェミニズム演劇」と看破し、「越劇は女子越劇でなければならず、男女合演の越劇は別の劇種である」と結論づけている。社会や時代がどのように変わろうとも、家庭に存在する男女不平等やジェンダー問題から目を逸らさないこと。それが女性演劇となるための必須条件である。そしてその女性観客の視線を受け止めることのできるのは、あくまで女性と同じ立場に立ち、女性の苦しみを共に背負い、二人で一つになって戦うことのできる女小生だけなのだ。

越劇を「女性が女性の人生を演じ女性観客に愛される女性戯曲」と呼ぶ龔《きょう》和《わ》徳《とく》もまた、その肝は小生にある、とする。

女小生の育成は花旦よりも難しく、女性観客の注目の的である。美しい女性に旦役ができても、必ずしも小生が務まるとは限らない。女小生は上品で美しく、すっきりと洗練されており、スマートであか抜けており、知的でなければならない。決して女っぽく媚を売るようであってはならない。(39)

一九八〇年代、そのような極上の女小生を主軸とした「詩的越劇」が、上海ではなく越劇の故郷浙江省で誕生する。文化大革命の嵐に翻弄された十年間を耐え忍んだのち、ようやく浙江小百花《せっこうしょうひゃっか》越劇団による「母の越劇」の時代が幕を開けるのである。

注

(1) 一九五一年五月五日、周恩来総理の名で発せられた「戯曲改革工作に関する政務院指示」による。

(2) 森平は越劇を長女とし、滬劇を次女、淮劇を三女と呼んでいる。森平崇文「上海の越劇」(中山文編著『〈新版〉越劇の世界——中国の女性演劇』NKStation、二〇一九年)四八頁。

(3) 姜進著、森平崇文訳『「断裂」と「延続」——一九五〇年代上海の文化改造』(日本上海史研究会編『建国前後の上海』研文出版、二〇〇九年)四〇八頁。

（4）同（3）四〇九頁。
（5）中山文「もうひとつの越劇史――三つの『舞台姉妹』をめぐって」（神戸学院大学人文学部編『人文学部紀要』四二号、二〇二二年）。
（6）本節については、張煉紅「第一節『梁祝』：喬装伝奇与反封建主題」（『歴煉精魂　新中国戯曲改造考論』上海人民出版社、二〇一九年）三三～五〇頁を参照している。
（7）同（6）三三頁。
（8）傅謹『二〇世紀中国戯劇史』下（中国社会科学出版社、二〇一七年）一一四頁。
（9）同（6）四三頁。
（10）同（8）一一四頁。
（11）台本は中国戯劇家協会編『戯曲劇本選集　第一届全国戯曲観摩演出大会』上（人民文學出版社、一九五三年）。
（12）同（11）。
（13）張艶梅『新中国「戯改」与当代越劇生態』（浙江大学出版社、二〇一六年）二三四頁。
（14）焦、劉は『孔雀東南飛』の男女主人公。呉瓊花は『紅色娘子軍』の、喜児は『白毛女』のヒロインの名前。
（15）同（13）二三五頁。（　）内は引用者。
（16）中山文「異性装のヒロイン――花木蘭と祝英台」（服藤早苗・新實五穂編『歴史のなかの異性装』勉誠出版、二〇一七年）一二四～一二七頁。
（17）同（16）一二七頁。
（18）佟静「締造経典――女子越劇〝紅楼夢〟与現代中国鏡像（一九四二～一九六二）」（文化部文学芸術研究院紅楼夢学刊編輯委員会編『紅楼夢学刊』二〇一八年第四輯、百花文芸出版社、二〇一八年）二八八頁。
（19）袁雪芬『雪声記念刊』一九四六年。
（20）同（18）第四輯二九〇頁。
（21）傅葆石が一九九〇年代に提唱した「グレーゾーン」というキーワードをもとに、日本上海史研究会と中日文化協会（旧称：大陸新報研究会）の共同研究による「特集占領地・植民地における〈グレーゾーン〉」（『史潮』

新七八号、二〇一五年)、髙綱博文他編著『戦時上海のメディア――文化的ポリティクスの視座から』(研文出版、二〇一六年)、堀井弘一郎・木田隆文編『戦時上海グレーゾーン――溶融する「抵抗」と「協力」』(勉誠出版、二〇一七年)、特集「グレーゾーンとしての戦時上海」(『現代中国研究』第三九号、二〇一七年)などが発表されている。

(22) 同(18)二九一頁。

(23) 朱彤『郁雷』序章の言葉。佟静「締造経典――女子越劇〝紅楼夢〟与現代中国鏡像(一九四二〜一九六二)」による。筆者未見。

(24) 傅謹「越劇『紅楼夢』的文本生成」(文化部文学芸術研究院紅桜夢学刊編輯委員会編『紅桜夢学刊』二〇一〇年第三輯、百花文芸出版社、二〇一〇年)一頁。

(25) 陶君起編著『京劇劇目初探』(中華書局、二〇〇八年)。

(26) 長編の見せ場のみを短く上演するもので、筋の展開を追うよりも、俳優の身体の動きを観賞するもの。田村容子「京劇　ここが面白い!(三)」最終回(第三回京劇講座) http://ncf.way〜nifty.com/kg/2008/09/3-c七eb.html　二〇二二年十二月閲覧。

(27) 映画『紅楼夢』は上海海燕電影・香港金声影業合作映画。岑范監督、徐進作、徐玉蘭、王文娟主演。一九六二年十一月二十一日上映。

(28) (　)内はこのエピソードが現れる章回小説の回数。

(29) 梅蘭芳は『紅楼夢』を題材とした京劇「紅楼劇」を創作したが、主要な三作『林黛玉葬花』『千金一笑』(別名『晴雯撕扇』)『俊襲人』のうち後の二作は林黛玉以外の女性と賈宝玉との関係を描いている。

(30) 曹雪芹原著、徐進編劇『紅楼夢』(上海文芸出版社、一九六二年)。

(31) 徐進「重印後記」(曹雪芹原著徐進編劇『紅楼夢　越劇』上海文芸出版社、一九七九年)一六三頁。

(32) 同(31)一六二頁。

(33) 同(30)七一頁。

(34) 杉山太郎『中国の芝居の見方　中国演劇論集』(好文出版、二〇〇四年)四八頁。

（35）男性の役は男性俳優が、女性の役は女性俳優が担当する、というもの。

（36）『伝家宝』『双看相』はともに土地改革宣伝の内容で、一九五〇年華東越劇実験劇団上演。《上海文化芸術志》編纂委員会・《上海越劇志》編纂員会編、盧時俊・高義龍主編『上海越劇志』（中国戯劇出版社、一九九七年）二二頁。

（37）中山文「姉妹の越劇――姚水娟・袁雪芬・尹桂芳の時代」（中国ジェンダー研究会編『中国の娯楽とジェンダー女が変える／女が変わる』勉誠社、二〇二二年）一五二頁参照。

（38）同（34）一一頁。

（39）龔和徳「越劇演劇風格的重新建構」（『乱弾集』中国戯劇出版社、一九九六年）一七九頁。

第七章　母の越劇

——浙江小百花越劇団・茅威濤・楊小青

はじめに

一九六六年からの十年間、中国全土に文化大革命の嵐が吹き荒れた。建国後十七年間の文芸作品は全否定され、文革派が指導する「八つの革命模範劇」(1)しか上演されなかった。多くの名優が過酷な批判にさらされ、若手俳優の育成は停止し、演劇界全体が停滞した。越劇は批判の矛先とされ、「越劇はブルジョワのもの」「六〇年代の怪現象」「徹底的に粉砕すべき」と糾弾された。浙江省にあった七十三の女子越劇団はあっという間に取り潰され、上海の越劇団もすべて潰されてしまった。越劇関係者は工場、農村、強制収容所へと送られ、多くの俳優やスタッフが厳しい尋問やリンチをうけ、批判大会に引きずり出され吊るし上げられた。越劇十姉妹の一人竺水招（南京市越劇団）は自殺に追い込まれ、一九三〇年代の大物スター姚水娟《ようすいけん》も迫害によって命を縮めた。尹桂芳《いんけいほう》はその時の傷がもとで舞台生命を絶たれた。(2)

袁雪芬《えんせつふん》は十年間で五百回以上の批判大会にさらされ、七年間労働改造所に隔離され何度も失神するほどの吊し

図1　越劇王子・趙志剛『紅楼夢』（賈宝玉役）

上げにあった。その間、彼女を支えてくれたのは三人の子供の面倒を見てくれている母親と、周恩来夫妻の存在だった。彼女が何よりも心配したのも周恩来の健康状態で、周総理が健在でありさえすれば、いつかは身の潔白が明らかになると信じていたと言う(3)。「父の越劇」が築いてきた、この関係性こそが文革派が越劇を目の敵にした理由であろう。文革期とその後の改革開放期は、演劇界にとって揺るぎなき指導者だったはずの「父（共産党）」が動揺し、混乱し、壊れ、変容していく時代であった。

一九七六年に文化大革命は終焉するが、その後の市場開放政策のために演劇界の受難は続いた。経済発展を最重視した国が、演劇から援助の手を引いたのである。「父」は劇団や俳優に対してかつてのような手厚い保護を止め、劇団は自助努力で後継者不足という大きな痛手から立ち直らねばならなかった。さらに映画やテレビという新しい娯楽が観客の劇場離れに拍車をかけた。伝統劇の業界は不況にあえぎながら、若い俳優と観客の育成という大問題に向かい合うことになったのである。

そのような苦しい状況の中でも上海の越劇はある程度の観客を確保し続け、大衆娯楽という地位に安住してきた。観客の後押しもあり、一九四〇年代のスターが築いた流派を継承する優秀な第二世代（章瑞虹《しょうずいこう》、銭恵麗《せんけいれい》、単仰《ぜんぎょう》萍《ひょう》、方亜芬《ほうあふん》（カラー口絵12）、王志萍《おうしひょう》ら）が順調に育成された。

また「父の越劇」時代には政策に応じた現代劇上演のために男女合演が奨励され、男性の越劇俳優が育成された。その中で「越劇王子」の異名をとる趙志剛《ちょうしごう》(4)（図1・カラー口絵14）が誕生し、上海の越劇界は男女合演に新しい可能性を見出していく。

だが社会の変化とともに女性も変化し、女性の求める芝居も変化していくことに、当時の上海は必ずしも敏感ではなかった。これは上海における根強い越劇人気のアドバンテージでもあり、袁雪芬が代表する「父の娘」の時代的な限界でもあったろう。

「父の越劇」は、女性観客にとって切実な願望である「反封建」をテーマにいくつもの名作を生み出した。だが「父」の意向を代弁する作品も多数作らねばならず、女子越劇の幹となる「女性の求める芝居」を追求する姿勢は「母」なる聖地浙江省へと引き継がれた。

浙江省の農村で生を受け、大都市上海で女性観客を獲得して花開き、共産党という「父」の力で全国的名声と社会的地位を獲得した女子越劇が、故郷の浙江省に戻り新しい扉を開くのである。本章では浙江省文化部が主導した「浙江小百花《せっこうしょうひゃっか》越劇団」とそこで出会った二人の女性――女小生俳優茅威濤《ぼういとう》と演出家楊小青《ようしょうせい》――の活躍について追及する。一九八〇年代、「父」の制約をはずれ、浙江と戯曲を熟知する同郷人の手によって作られた越劇を「母の越劇」と呼びたい。(5)

第一節　浙江小百花越劇団と『五女拝寿』

「花旦（娘役）四人で二百歳、老生（中年以上の男役）三人で歯が二本」。

一九八〇年代、伝統演劇界は文化大革命によって生じた深刻な俳優の老齢化に悩んでいた。文化大革命の十年

図2　浙江小百花越劇団『五女拝寿』チラシ

間に若い俳優が育成されなかったために、舞台は色あせ、若い観客は海外から入った新たな娯楽を求めて演劇界から離れていった。

　では一九八〇年代の演劇界に必要な新しさとは、いったい何なのだろうか？　その難問に答えたのは、幼少期から戯曲に触れ越劇を観て育った浙江省出身者たちだった。浙江省文化局が海外上演劇団として浙江小百花越劇団を結成し、浙江省出身の作家顧錫東が『五《ご》女拝寿《じょはいじゅ》』（図2）を書き下ろした。その後、この劇団で浙江省出身の二人の女性——女小生茅威濤と演出家楊小青——が出逢い、このコンビが越劇を「詩的越劇」という新たな段階へと昇華させた。本論では知識人や戯曲専門家までも新たなファンに獲得したこの時期の越劇を、「母の越劇」と呼ぶ。

　文革後、浙江省は香港甬港聯宜会からの上演要請を受けた。「上海の越劇は香港上演に来たが、私たちは故郷浙江省の越劇が観てみたい」というオファーである。浙江省文芸政策幹部たちは全省の伝統劇を学ぶ学生三千名余りの俳優と四百名の演劇学校の生徒から二度のコンクールを経て平均年齢十八歳の美少女四十名を選抜し、一九八二年十月に「浙江越劇小百花集訓班」を結成した。[6] 彼女らに最高の指導者とスタッフのもとで強化訓練を施し、一九八二年に海外公演用選抜チームとして「浙江省越劇〝小百花〟演出団」が創設された。この劇団の快進撃は、一九八三年に香港で絶賛された新編作品『五女拝寿』で始まった。

『五女拝寿』は、顧錫東が文革中に労働改造所で聞いた事件に想を得ていた。ある副県長が走資派として批判された時に、彼の四人の娘が父親と縁を切るという壁新聞を貼り出したのだ。顧錫東は親孝行という言葉がなくなってしまった世の中を新編歴史劇に描き出した。言葉巧みな姉妹たちを可愛がり正直者の三女を虐げた父親を主人公に、社会的地位を失った時に本当に信頼できるのは誰なのかを問うものだった。シェイクスピアの『リア王』を連想させるが、文革後の中国では冤罪を着せられ崩壊する家族とその再生の物語として受け入れられた。一九八〇年代の中国文壇に現れた「反思文学」(7)の越劇版と言える作品で、虐げられた主人公が幸せを掴むラストシーンが爽快だ。

〈あらすじ〉

明代、都で戸部侍郎を務める楊継康の誕生祝いの席に結婚した五人の娘たちが夫とともに続々と戻ってくる。彼らはみな高価な祝いの品を持参するが、貧しい三女夫婦（楊三春と鄒応龍）だけは手ぶらで現れたため、両親から冷たくあしらわれる。まもなく父親は親族の罪に連座し、官位を剥奪され財産も没収された。娘たちは困窮して訪れた両親を助けようとはせず、二人はついに雪の降る寒空の下で行き倒れてしまう。物乞いをして二人を支えてきた侍女の翠雲もまた、力尽きようとしていた。偶然その場を通りかかった鄒応龍の弟・鄒士龍《すうしりゅう》（芽威濤が演じた）が彼らを兄夫婦宅に伴うと、三女夫婦は快く両親と翠雲を迎え入れた。

翌年、楊継康は復職し、楊夫人の誕生祝いに再び五人の娘たちが集まった。だが、両親は心優しく誠実な楊三春だけを迎え入れ、他の娘たちを追い返す。忠実に仕え続けた翠雲は六番目の娘として養女に迎えられ、鄒士龍と結婚して幸せに暮らした。

劇作家の顧錫東は、出演者全員が若く、突出したスターがいなかったために、それぞれに同じ分量の見せ場をもたせようと意識して本作を書いた。その結果、この演目一つで越劇の主要な流派すべてが聞けるという贅沢な作品となった。「五朶花」と称された茅威濤（尹《いん》派小生）・何英《かえい》（傅《ふ》派花旦）・董柯娣《とうかてい》（張派老旦）・何賽飛《かさいひ》（張派花旦）・方雪雯《ほうせつぶん》（范《はん》派小生）が勢揃いしたのだ。若手女優たちはみなまぶしいほどに美しく、豪華な衣装とともに観客の視線を釘付けにした。

『五女拝寿』は一九八三年の香港公演、翌八四年三月に上海公演が行われた。そして、一九八四年に平均年齢十八歳という「浙江小百花越劇団」として正式に建団された。九月には北京で中華人民共和国成立三十五周年の献礼上演に参加した。長春電影制片所による映画化を経て、若い役者たちのみずみずしい演技は「舞台にあふれるニューフェイス、極上の美貌と演技（満台新秀、色芸双絶）」と評され、各地の観客を魅了していった。「宝石箱をひっくり返したよう」「時分の花」「おごりの春」という評価は[8]、まさにこの時期の彼女らにふさわしいものであったろう。

『五女拝寿』が俳優全員に見せ場を用意した群像劇であったことからも明らかなように、この劇団は本来一人の特別な大スターを生み出そうとしたわけではなかった。それよりも、女優たちの若さと美貌と演技力、演出、作曲、舞台美術などをも含めた総合芸術としての「小百花ブランド」の確立を目指していた。それこそが新時代に即した芸術創作だと考えられたからだ。そのため、当時のマスコミに取り上げられる時にはつねに複数の俳優が並べて語られ、誰か一人の評価が突出することを避けていた気配すら感じられた。

中国戯劇家協会が発行する演劇専門誌『中国戯劇』は彼女らの活躍に早くから注目し、積極的に支持してきた。浙江省越劇〝小百花〟演出団の名がはじめて『戯劇報』（一九八七年七期から『中国戯劇』に変更）に登場するのは一九八四年二期である。同年九月、同劇団は専門誌『戯劇報』『戯劇論叢』の推薦を受け、『五女拝寿』『漢宮怨』『何文秀《かぶんしゅう》』で初めての北京公演を行なった。

その直後に開かれた座談会には袁世海《えんせいかい》、[9]新鳳霞《しんほうか》、[10]杜近芳《ときんほう》、[11]張君秋《ちょうくんしゅう》[12]ら北京在住の名だたる戯曲俳優たちが集った。彼らは文革に奪われた俳優としての人生に触れつつ、時代に恵まれた後輩の活躍を喜び讃えた。討論のテーマは、「深刻な後継者問題」「新時代の舞台芸術のありかた」「経済的戦略」の三点だった。参加者は当時の戯曲界が抱えていた問題打開の鍵を浙江小百花越劇団の中に見出そうとしていたのだ。

第二節　新時代の女小生・茅威濤

(1) 茅威濤の初梅（一九八五年）

浙江小百花越劇団は、若さと美貌だけではこれからの時代を生き抜くことはできないと考え、俳優個人に知性や教養を求めた。その劇団の志向を体現したのが、「現代越劇のナンバーワン小生」と称せられた茅威濤である。一九六二年生まれの茅威濤は文化大革命時期に少女時代を過ごした。彼女にとっての唯一の楽しみは革命模範劇を観ることだった。母親が映画館の会計をしていたが、当時の映画は哀れなほど少なかった。『羊城暗哨』（一九五七年のスパイ映画）ばかりを何度も見たが、最も印象的だったのは女スパイのカールしたヘアスタイルがかっこ良かったことだ。文革が終わると上海越劇院の映画『紅楼夢』が全国を席巻した。茅威濤は毎日母に昼食を運んでこの映画を観ているうちに、賈宝玉《かほうぎょく》と林黛玉《りんたいぎょく》の節回しをすっかり覚えてしまった。そののち大学受験に失敗したが、桐郷越劇団の入団試験で賈宝玉を歌って合格した。[13]それからは、一九八二年の小百花集訓班を経て一九八三年の香港上演と活躍を続ける。

北京公演の翌一九八五年四月、第二回梅花賞[14]では弱冠二十二歳の茅威濤が尚長栄《ちょうちょうえい》[15]、孫毓敏《そんいくびん》[16]、侯少奎《こうしょうけい》[17]（いずれも当時四十五才）を抑えて首席受賞に輝いた。[18] 梅花賞とは俳優に贈られる最高の栄誉賞である。その対象規定には「前年度中国戯劇節参加作品または北京上演作品に限る」とあり、この賞の評価が中央の権威に裏づけられた全国的なものであることを示している。また、「四十五才以下」という若手限定の規定は、梅花賞受賞者の今後の活躍への期待を表している。

賞は俳優の未来を保証するものではない。だが、賞が俳優を育てるということもまた事実だ。なぜなら賞とは評価の表れだからである。中央からの評価と期待が自信や社会的責任感を生み、俳優はさらなる精進を重ねて新しい境地を開拓する。中華人民共和国ではこのようにして戯曲界を担う人材を育成してきたのだ。

一九八三年に創設された第一回梅花賞の首席受賞者は昆劇の張継青《ちょうけいせい》[19]だった。「昆劇の宝物」[20]と呼ばれる張継青は、文革によって正統な評価を受ける機会を逸した実力派俳優たちを代表していた。だからこそ第二回梅花賞で茅威濤が首席で選ばれたことの意味は重い。それは後継者問題と当時の戯曲不況を打開し、今後の戯曲界を背負って立つ「浙江小百花越劇団」代表者への評価と期待の表れなのである。茅威濤は戯曲界再生への祈りと恵まれた時期を背景に、戯曲界の期待に応えるべく運命づけられた人物であった。彼女の梅花賞首席受賞はそのことを象徴しており、その後の彼女は期待に応えるべく中国戯曲界の中心人物へと成長していく。

（二）『西廂記《せいそうき》』（カラー口絵1）と二度梅受賞（一九九三年）

初梅受賞後、茅威濤の活躍は劇団内で突出していく。メディアもあからさまに彼女一人を取り上げるようになった。一九八八年六期と一九九〇年十期の二度、彼女は『中国戯劇』の表紙を飾っており、一九九〇年には梅花賞受賞後の活躍ぶりも紹介された。この時すでに彼女は「十佳演員賞（トップ10俳優賞）」を受賞し、国家一級俳優（中国では俳優も国の認定によってランク付けされる）となり、中国戯劇家協会理事と第七回全国人民代表大会代表の肩書きをもち、梅花賞受賞者に要求される「徳芸双馨《とくげいそうけい》」(21)を体現する人物となっていたのである。

一九九一年、浙江小百花越劇団は第三回香港上演公演で大成功を収め、翌年の国慶節には『西廂記』（図3）『陸游与唐琬《りくゆうととうえん》』『紅絲錯《こうしさく》』で二度目の北京公演を行なう。この公演で北京の人々がどれほど茅威濤に魅了されたかは、当時の『中国戯劇』がよく示している。一九九二年十一、十二期に連続して本劇団への劇評が掲載されるが、八年前とは異なり論調は茅威濤個人の群を抜いた魅力、演技力へと傾いている。

一九九三年一期の巻頭論文(22)では「昨年の三大現象」の筆頭に「小百花現象」が取り上げられ、それに符合するように「二度梅設立が検討中」という記事が掲載されている。二度梅とは梅花賞受賞者を対象に、さらに「新劇目、新創造、表現芸術レベルの突出した進歩」を追求し精進した俳優に贈られる賞として設定されたものである(23)。

さらに翌二期では茅威濤が表紙を飾り、中国戯曲学会副会長である龔和徳《きょうわとく》(24)の茅威濤論が掲載されている。

> 『五女拝寿』では最後に少し顔を出すだけの役だった茅威濤は……三分の秀麗さと七分の英俊さはまさに小生に最適だ。茅威濤の作り上げる多彩な男性美と彼女本人の美貌と気質がすでに芸術的偶像となり、少女たちの心の奥底に住む「白馬の王子様」となっている……彼女は舞台上で輝きを放ち、そのまぶしさは舞台に上がるや観衆を捉えて離さない。すべての空間を照らし出し、周囲の空気も彼女に合わせて流れ、熱を持ち、ある種の生命力と緊張感と詩情を持つ。この魔力はいったいどこから来るのだろう(25)？

このように茅威濤の天性と資質について手放しの賞賛ぶりである。浙江小百花越劇団の登場で、これまで「女子どもの観るもの」という偏見を抱きがちだった知識人たちが越劇のシンパとなり、演劇界の専門家たちも茅威濤ファンであることを隠さなくなった(26)。

この後、一九九三年の『中国戯劇』はほぼ毎月、茅威濤の話題を取り上げている。『西廂記』は福州で行われた第三回戯劇節で六賞を独占し、十月に茅威濤は初の二度梅に輝く。『西廂記』は中国戯曲学会賞を受賞し、劉厚生から「越劇の新しい記念碑(27)」と賞賛された。その後杭州で行なわれた『西廂記』学術検討会では茅威濤が主人公の内心世界を深く掘り下げ、これまでとはまったく異なる新しい張珙《ちょうきょう》像を作り上げたことが賞賛を集めた。茅威濤演じる張珙は女性を誘惑する軽薄な遊び人でも、うだつの上がらない書生でもなく、「愛情や結婚や事業や人間性から生じる、目に見えないさまざまな抑圧と必死で戦う(28)」人物で、「孤独と寂寞の色彩が漂っている(29)」と評された。また表現上では映画の手法以外にも川劇から「褶子功(30)」「扇子功(31)」を学び、唱腔では京劇、昆劇や越劇の他流派を取り込み「陽剛之気」(男らしさ)を表現した。その結果、地域文化の枠を超えて近代精神を有する新しい張珙像を創造し得た。こうして茅威濤は二度梅受賞のハードルを越えたのだった。

〈あらすじ〉

科挙受験の道中にあった張珙は普救寺で法要に来ていた令嬢鶯鶯《おうおう》と出会い、二人はひとめで恋に落ちる。ちょうどその時、普救寺が賊の襲撃に遭い、鶯鶯の母親は窮地を救ってくれた男性と娘を結婚させると約束する。喜んだ張珙は友人の将軍の助力を得てその場を救った。だが鶯鶯の母親は将来の定まらない彼のことが気に入らない。そこで家柄の不釣合いを理由に二人に兄妹の契りを結ばせて結婚の約束をなかったこと

図3　浙江小百花越劇団『西廂記』　左：何英（鶯鶯役）、右：茅威濤（張珙役）

にしようとした。鶯鶯つきの侍女紅娘《こうじょう》が意気消沈した二人の仲を取り持ち（カラー口絵2）、二人は張珙の寄寓する西廂で初めての夜を迎える（図3）が、母親の知るところとなる。怒りに駆られた母親が、張珙が科挙に合格するまでは会ってはならない、と二人の仲を裂く。張珙は涙ながらに科挙受験へと出立する。

『西廂記』は唐代の元稹の伝奇小説『鶯鶯伝《おうおうでん》』をもとに元代の王実甫が戯曲としたもので、時代とともに新たな解釈で上演されてきた。一九五〇年代の越劇への改編（後述）で封建的結婚反対が強調されたのも、婚姻法発布により恋愛結婚が社会の注目を集めていたからだ。だが、一九九〇年代に「反封建」というテーマが観客を惹きつけることができるだろうか。

そこで劇作家曾《そ》昭弘《しょうこう》は主人公の姿に美しい思想に憧れ追求するがゆえの苦しみを発見した。それは愛情だけでなく、人生や事業についても同様である。張珙は婚姻制度に限らず、礼教の下に生まれたがゆえの、もっと複雑な人間性への束縛に反抗しているのだ。この内なる意味を掘り下げることで、観客の共感を得ることができるだろう。(32)

(三) 茅威濤が演じる小生

演劇人にとっての一九九〇年代は新たな任務を課せられた時代だった。中華人民共和国建国後は国の方針に従っていれば劇団員の生活は安定していた。演劇関係者が演劇市場を考えることを忘れた日々が続くうちに、気がつくと中国文化に戯曲は不必要になったのかと自信を失うほど観客の戯曲離れが進んでいたのだ。演劇市場を活況化させるためには劇団の体制改革が何より必要とされ、「国家による輸血などでなく、劇団そのもので造血して献血せよ」という現状だった。だからこそ、浙江小百花越劇団をモデルに、紹興、寧波など省内に七つもの小百花越劇団が誕生し、(33)『陸游与唐琬』の北京公演のチケットが一枚百元もの高額で取引されたというニュースが戯曲界に自信を取り戻させたのである。(34)

また一九九〇年代は経済最優先の時代だった。本業を捨て商業活動に入ることを「下海」というが、知識人も俳優もこぞって「下海《シアハイ》」した。レストラン経営に精を出す劇団が増え、多数の舞台関係者が留学や結婚で中国を離れた。だが茅威濤は「私は決して下海しない」(35)と宣言し、この時代にふさわしい小生像の創造に邁進した。

茅威濤の小生は、決して男性そのものではない。彼女自身が「私は女性の心で男性を感じ、自分の心に浮かぶ最も完璧な男性像を舞台で表現する」(36)と語っているように、現代女性が求める男らしさの美を再現しようと努めたのだ。

また彼女は「越劇を振興させるために……さらに重要なのは一つの体系を確立し、観客が芸術鑑賞に求めている現代意識を探し当てることだ」(37)とも語っている。ここでいう「現代意識」には演出上の新しさだけではなく、登場人物の精神性も包括されているだろう。では、彼女が生み出そうとした「現代意識」を現した「完璧な男性像」とはいったいどのようなものだったのか。

この「向銭看（拝金主義）」の時期に、すでに三十歳を過ぎた茅威濤はもはや早期作品のような「温柔多情（柔らかくロマンチィック）」な小生を演じようとはしない。彼女が表現したのは、外見のさわやかさよりも精神的な男らしさや大人の男性のもつ知性、哲学、洞察力だった。それはサルトルやカフカや魯迅や銭鐘書《せんしょうしょ》が代表する硬質さと同質(38)のもので、過去の越劇が得意としてきた恋愛物語の主人公からははるかに遠い男性像である。

一九四〇年代、「三角ブランド」（第五章）と呼ばれた女子学生たちがロマンチックな男役に群がり新越劇ブームの一翼を支えたように、一九九二年の『西廂記』北京公演には百名以上の女子大学生がキャンセル待ちの列を連ねた。(39)知識人として国家の発展に寄与することを約束された女子大学生たちが、どのような思いで茅威濤の舞台に詰めかけたのだろうか。

一九八〇年代の中国文壇には張潔《ちょうけつ》（一九三七～二〇二二）、張抗抗《ちょうこうこう》（一九五〇～）、王安憶《おうあんおく》（一九五四～）、鉄凝《てつぎょう》（一九五七～）、池莉《ちり》（一九五七～）ら女性作家が続々登場し、女性文学というジャンルが生まれた。彼女らは文革時代に下放《かほう》（政策により地方の農村に送り出されること）を経験し、現実社会における男女差別の厳しさを実感として描いた。これまでの男性作家が描く理想的な女性像とははるかに隔たった、等身大の女性像を描き始めたのだ。

また、一九八〇年代中期以降には西洋のフェミニズム文学批評も紹介され、中国文化における「女性意識（女性の自我意識）」についての研究が始まった。その中心となった鄭州大学の李小江《りしょうこう》は、(40)「女性は男性によって見られる「客体」ではなく、自ら社会を見る「主体」であること」を宣言した。彼女の著作は男女平等を掲げてきた中華人民共和国もやはり男性中心の社会であり、女性もまた「女らしさ」という文化的・社会的性別に縛られていることを教えた。茅威濤の舞台に詰めかけた北京の女子大学生たちこそは、女性作家や李小江らの著作の読者であったのだ。茅威濤が芸術的成長を遂げた十年間が女性文学とフェミニズム文学批評の勃興・浸透時期と重なっていることは偶然ではなかろう。

男性社会の中で女性が主体的に生きるためには男性社会の行動様式とルールを身につけ、男性を装わねばならない。換言すれば、社会で活躍する女性たちは、多かれ少なかれ精神的男装を強いられているのである。「化粧成男人（男性に扮装する）」という女小生の役割は、現代女性にとって舞台の上だけのものではなく、自分自身のものなのだ。若きインテリ女性たちにとって茅威濤の肉体と精神を通して表現される異性装の世界は決して他人事ではなかったはずだ。それは男性社会で活躍しようとする彼女たちにとって、自分の中にある男性的な精神構造であった。

『陸游与唐琬』や『西廂記』で描かれた（後述）家族との葛藤、職場の人間関係、事業欲と愛情の相克などはどれも社会で働く女性にとって避けられない問題である。人生で何を選択し、何を捨てるべきなのか。社会の中で自分をどのように生かしていくべきなのか。社会で活躍すること、自由を満喫すること、働いて悩むこと、人を愛して、反対されて、裏切られて、守ろうとして、戦う毎日。それが女性にとっても普通になった現代において、人生の抑圧と葛藤する陸游や張珙の苦しみはもはや男性だけのものではないはずだ。孤独や寂寥に耐える美も、いまや男性特有のものではなく、女性自身が獲得すべきものなのだ。演出家楊小青はそのように考え、女優茅威濤がそれを正しく表現してみせた。

茅威濤が若きインテリ女性の心を掴んだ理由もここにある。もはや恋愛の世界だけに生きるわけにはいかない彼女らにとって、茅威濤演じる陸游や張珙は彼女ら自身の中にある男性性の現れなのだ。茅威濤が放つ現代的な審美感とは、男女を超えて社会に自立する人間がもつべき「両性具有」の美なのである。茅威濤演じる理想の男性像は、彼女らにとって理想の自己像でもあったのだ。舞台の茅威濤によって女性たちは勇気づけられる。「茅威濤は私だ」と。

(四) 現在の茅威濤を育て上げた人々

茅威濤が登場人物の性格や心理を知的に分析し、自分なりに消化してその役になりきるタイプであるということは二十代の頃からしばしば指摘されてきた。読書家で物事をよく考え、「小百花を越劇の北京人民芸術劇院にする」[41]ために非常に勉強熱心なこともつとに知られている。また彼女は越劇を「自分の命」と呼び、越劇発展のために小百花越劇基金会を設立している。[42]これら人一倍の努力、事業意欲が彼女の成長の基盤であるのは言うまでもない。だが、同時に現在の茅威濤が多くの人々によって育てられ、支えられてきたことも忘れてはならない。思いつくままに挙げてみよう。

第一に、作家顧錫東と演出家楊小青である。「顧錫東おじさんの『五女拝寿』がなければ、小百花はなく、私たち多くの越劇人の運命は変わってしまっていただろう」と茅威濤は語る。[43]本来、浙江省越劇〝小百花〟演出団は香港公演の後には解散し、俳優たちは元の劇団に戻ることが決められていた。だがそれではあまりに残念だと考えた顧錫東が浙江省に掛け合い、劇団が継続することで若手に大きなチャンスが与えられたのだ。

さらに楊小青の演出は詩情にあふれた新しい越劇を誕生させた。戯曲の現代美を深く追求する二人の合作があってこそ、伝統と創造の極致と呼ばれる『西廂記』が生まれたのである。これは中国女性演劇の発展を考える上で非常に重大な意味をもっている。

第二に、指導者・知識人の評価である。『西廂記』は新編戯曲として最高の評価である戯曲学会賞を受賞した。劉厚生《りゅうこうせい》は茅威濤を袁雪芬の後継者として認めている。また曲六乙《きょくろくおつ》(44)や龔和徳の茅威濤論は知識人男性が茅迷《マオミー》（茅威濤ファン）であることを誇らしげに語っていて微笑ましくさえある。彼らの評価は「女子どもの観る芝居」という越劇のイメージを一変させた。自分の模索する芸術性が一級の知識人男性に受け入れられ、高く評価される。これこそが袁雪芬が求め続けたものではなかったか。茅威濤が新たな芸術を追求し続ける上で、彼らの評価は今後も大きな励ましになるだろう。

第三に、観客である。茅威濤について「越劇小生のタブーを犯した」という観客もいる。小生と小旦の恋物語こそが越劇であり、女小生に人生の悩みはいらない、「柔弱」「柔美」な小生こそ女が演じる価値があるのだ。そう考える観客にとって、茅威濤の小生は女小生の役割には似つかわしくないものである。舞台芸術は観客がいて初めて完成する。彼女の果敢な冒険も伴走してくれる観客がいなければ挫折したかもしれない。だがその試みを理解し、彼女と彼女の作る新しい越劇に声援を送る観客もいた。その声に支えられ、彼女は迷うことなく独自の越劇世界の可能性を追求し続けたのである。

第四に、演劇雑誌『中国戯劇』(45)を挙げたい。茅威濤の過去を振り返る時、演劇雑誌のオーソリティである同誌が他方面から常に茅威濤をサポートしてきたことに気がつく。特に印象的なのは『西廂記』改編を巡る論争時の対応である。『西廂記』の作者曾昭弘が原作の改編について語った内容に対して(46)、『上海戯劇』が一九九四年一期から四期にわたって批判論文を連載した。『中国戯劇』はこの連載を「演劇評論家の学術的論争に追い風を送る目的」と位置づけ、あえて各論文の抜粋を一九九四年八期に掲載した。そのためにかえって浙江小百花版『西廂記』への全体的評価が多少のことでは揺らがないことを印象づけた。茅威濤の成長を見守ってきた同誌は、ここでもやはり彼女が必要な時に必要な評価を与えてきたということであろう。

優れた作品、優れた観客、優れた専門家、優れたマスコミ。これらすべてによって茅威濤は育て上げられた。そしてこれらすべてが中国演劇の懐の深さと二十一世紀への可能性を物語っている。一九八三年初梅の評価の的確さが二十年後の二度梅によって証明されたのである。

第三節　楊小青と「詩的越劇」

（1）楊小青という人[47]

演出家楊小青（Yang, Xiao Qing／国家一級演出家）は一九四二年浙江省諸暨県生まれ。中国戯劇家協会常務理事、中国戯曲演出家学会副会長、浙江省演出家学会会長を務める。主要作品[48]はジャンルを超えて大型作品だけでも百本以上に上り、主要受賞歴[49]も枚挙にいとまなく、名実ともに現代の中国戯曲界においてトップクラスの地位を築いている。

楊小青の家庭は読書人の家で、マスコミを学び諸暨日報という新聞社を作った父と教師の母をもつ。母方の親戚はみな教師で、本人も幼少期は教師になるものだと思っていた。芝居とはまったく縁のない家だったが杭州市第一中学時代に越劇と出会い、夢中になり、十二歳の時に両親に内緒で浙江越劇団を受験した。

だが、戯曲俳優への蔑視を拭い去ることができない親族にとって、これは由々しきことだった。中学で首席だった彼女には無試験で高校入学の資格が与えられており、娘の大学進学を望む母は我がままを許すまいと家に閉じ込めた。だが、楊小青はすきを狙って窓から逃げ出し、さっさと入団してしまった。劇団の試用期間は三か月で、この間は高校側も猶予をくれた。何とか家に戻そうとした母は生活用品も送ってくれなかったので、同僚のベッドで一緒に寝かせてもらったと言う。それでも芝居に夢中になる彼女に周囲の言葉など少しも届かず、学業に戻ることはなかった。

「戯曲の黄金期」に育った彼女は純粋に越劇に魅入られてしまったのだ。それは生きるためにしかたなく芝居の世界に入った袁雪芬の世代とまったく異なり、いわば中国共産党の文化政策の賜物なのである。だがその後の試練を知るにつれ、楊小青が越劇を手放さなかったのではなく、越劇という劇種が自らの発展のために楊小青を捉えて離さなかったのではないかとすら思えてくる。

俳優楊小青のスタートは、惨憺たるものだった。入団前はスタイルが良かったのに、身長が止まってしまい、声変わりもしてしまった。だが、彼女にはもはや退路はなく、劇団に残りたい一念で毎朝四時半から起きて劇団内の掃除をした。助けてくれる人もなく、辛かった。見栄えも悪く声も悪い、社会的条件もない、頼れる人もいない。両親も反対している。越劇の教師にとっても、彼女はまるで魅力のない俳優だったのだ。そんな時に援助の手を差し伸べてくれたのは、劇団の調理師やスタッフなど劇団内で何ら力をもたない友人たちだった。力のある劇団指導者や先生たちは味方になってはくれなかった。

劇団を追い出されないために、最下層の仕事とされていたメイクの下働きを九年間手伝った。時にはその仕事ぶりに目を留めてくれた幹部から通行人の役をもらえた。だがそれすらない時は、自分で仕事を探した。見つけたのは鬘と髭作りだ。これで劇団の費用節減に貢献した。また越劇以外の地方劇の勉強をして、役についた友人たちにアドバイスをした。とにかく稽古が好きで毎日劇場の隅で稽古を見続けた。

そんな状況を一変させたのが文化大革命である。劇団は壊滅状態となり、指導者たちはみな監禁された。行き場を失くした楊小青は一日の大半を図書館で過ごし、スタニスラフスキーや梅蘭芳《メイランファン》の演技術の本を読みふけった。専門書から得た理論は彼女に新たな光を与えたが、学歴のない自分が演出家になるのは無理だろうと諦めていた。文革後、思わぬチャンスが舞い込んだ。ベテランの演出家が去り若い世代の育成が急がれたため、中央文化局が戯曲の脚本家と演出家の育成クラスを作ったのだ。かつて彼女に好意的だった指導者が劇団に戻ってきており、彼女を推薦してくれた。さらに一九七九年から北京の中国戯曲学院演出科で一年間研究生として学ぶことができた。そして翌一九八〇年に男女合演を特徴とする「浙江越劇団」に戻り、正式に演出家の道を歩み始めたのである。

一方、浙江小百花越劇団は香港公演、上海公演、『五女拝寿』の映画化と順調に成長し、一九八五年には茅威濤がすでに梅花賞を受賞していた。一九八六年、「浙江小百花越劇団」に着任した楊小青は、当時をこう振り返る。

以前私は男女合演の越劇団で仕事をしていたので、女子越劇については研究が足りなかった。小百花に配属されてから劇団専属の演出家となり、副団長も兼務したので、プレッシャーが強かった。入団したばかりの頃、『五女拝寿』、『漢宮怨』、『双玉蝉』、『桑園訪妻』等の公演を観て、その美しさに深く感動し、私が以前接していた越劇とは別のものだと感じたのを今でも覚えている。ただ、その時は小百花の品格と特徴の貴いところがどこにあるのかよくわからず、自分で知恵をしぼって考え、女子越劇は美の極致を目指すべきだと思った。その美とは、愛情が湧き、青春があり、変化に富み、ロマンティックであること、私はこれらをまとめて「像詩（詩のような）」と呼んだ。私は「詩化（詩的なるもの）」という言葉を作り、数年来ずっとこの方

図4　浙江小百花越劇団『西廂記』回り舞台

向に向かって努力した(50)。

楊小青は「ハーモニーとしての総合芸術」を浙江小百花越劇団の劇団ブランドと設定した。その舞台は緻密に計算され、場面転換が極めて速い。役者だけでなく美術、照明、衣装、音楽などのスタッフの端々までに高いレベルを求め、劇団員全員が仕事に強いプライドをもつように教育した。そのようなスタッフにしか細部にまで行き届いた仕事はできず、そこからしか総合芸術としての詩的な戯曲世界は創造できないと考えたからだ。

その典型として楊小青は『西廂記』を挙げる。この作品には回り舞台（図4）が使用されたが、当時の越劇では初めての試みだった。楊小青はその必要性を、アルバイトを含む舞台美術担当者一人一人に説いて回った。一つには演出意図を理解してもらうため、もう一つは彼らにプライドと責任感をもたせるためだった。

楊小青の理想とする舞台の追求は自分一人でできるものではない。ともに作品を作り上げる仲間への尊重と感謝、そこから生まれる人間関係に支えられてこそできるのだ、と楊小青は語る。そんな彼女の人柄はたいへん親しみやすく友情に厚く、周囲への心配りが行き届いており、女優たちからは「楊《ヤン》ママ」と呼ばれて頼りにされ、敬愛されている。楊小青の入る現場は、小さな齟齬さえ蔑ろにしない厳格さと、チームが心を一つにして高みを目指す喜びに満ちている。長い下積み生活を経た自分にこの地位を与えてくれた運命への「感謝」が現場の明るさを生んでいるのかもしれない。仕事にプライドと責任を持ち、つねに成長しようと願いながら働く女性にとって、楊小青はこの上ないロールモデルを示してくれている。

(2) 詩的越劇『西廂記』

『西廂記』研討会の概要が『中国戯劇』一九九二年十二期に掲載された。「古典名著と現代的な美的イメージを調和させ新たな時代感覚を生んだ」と語る郭漢城《かくかんじょう》[51]を筆頭に、劉厚生、徐暁鐘《じょぎょうしょう》[52]、曲六乙ら演劇専門家による十六本もの論文で専論コラムが構成されている。それらから本作の斬新な魅力を抽出してみよう。

①新たなテーマ

越劇『西廂記』は一九五三年に中朝協定の締結と金日成首相の中国訪問を祝うために、周恩来の指令で華東越劇実験劇団が作成した作品である。袁雪芬が崔鶯鶯、傅全香《ふぜんこう》が紅娘、范瑞娟《はんずいけん》が張珙を演じ、現在も上海越劇院のレパートリーの一つとなっている。

それまで京劇や昆劇では、二人の初めての夜を描く「佳期」のシーンは欠くべからざるものだった。だが袁雪芬は恋人たちを引き裂く母親への「反封建主義」を強調するため、あえてそのシーンを削除し、鶯鶯の決心を示す「寄方」のシーンを設定した。というのも、原作の「佳期」シーンにはエロチックな表現が多く、一九五〇年代の作品にはふさわしくなかったからだ。[53]

一九九〇年代の楊小青は「美しい憧れへのあくなき追求とそこに生まれる苦難、曲折、苦しみ」(54)をテーマとした。具体的には、恋愛結婚を渇望しつつ親によって引き裂かれる若者の姿を描こうとしたのだ。それにより、「思想を描くことから人物を描くことへと主眼が映り、張珙の複雑な新世界を描くことになった」(55)のである。

②新たなキャラクター

京劇では張珙は性的な誘惑をしかける色男で、紅娘は鶯鶯を煽る年上の女性である。一九五三年の上海越劇版では恋人のもとに飛び込む決意をする勇気ある鶯鶯が主役だった。だが、楊小青は張珙を主人公とし、自由を求め恋に疾走する若者の純粋さや一途さとともに、阻まれ苦悩する姿を強調した。それは恋の手引きをした紅娘を崔夫人（鶯鶯の母）が責める「拷紅」のシーンに続く張珙の姿に表現されている。

鶯鶯を慰めるとその場に跪く。一言も発せず、黙したまま崔夫人の科挙に行けという罰を受け入れる。この沈黙は崔夫人の粗暴で人格否定への無言の抗議だ。なぜなら彼女は鶯鶯の母親だから……張珙は人としてのプライドを守ることで〝人間性を昇華〟させたのである。(56)

顔を観客に向け、跪く。頭を軽くもたげ、口はやや開き、両目は凝視し、言葉は出ない。だが心の中には幾千万もの言葉があふれているのだ。舞台でこれほどドラマティックな場面はめったに出会えない。どんなに優秀な話劇俳優でもこれほどの表現力はもっておらず、どんなに優秀な戯曲俳優でも体験の中から生まれる技巧をこれほど深く表現できない。(57)

楊小青は伝統的で儒教的な束縛からそうやすやすと自由になれない若者の悩みを丁寧に描く。自由恋愛を渇望しつつも、母親の意を振り切ることのできない弱くて従順な青年の姿を描いた。彼は愛する鶯鶯の母親だと思うからこそ、崔夫人が約束を破ったことへの憤りを、簡単に爆発させることができない。崔夫人の眼鏡にかなわない、自身への情けなさや負い目もある。恋愛感情だけでは突破できない現実に苦しむ姿も含めて誠実で一途な「可愛さ」が表現される。母親の気持ちを同じ女性として理解する女小生だからこそ表現できるリアルな苦悩であった。

③新たな舞台構成

回り舞台は二つの効果を生んだ。一つは物理的時空の転換が暗転なしにでき、人物の動きがスムーズで感情を中断せず最高潮にまで高めることができること。一つは感情を外部に表現することができることである。「頼婚」のシーン後、張珙は苦しむ。崔夫人の約束の反故は強烈な打撃だったが、彼は諦めきれない。鶯鶯を欲する茨の道を表現するために、回り舞台をゆっくり三六〇度回転させ心理的な距離を表現した。回り舞台のおかげで張珙の書斎、鶯鶯の寝室、崔夫人の客間という三つの時空が一度に表現でき、三者の心理の隔たりを表現できた。琴を抱いた張珙は鶯鶯に近づこうとするが、近くに見える彼女にいつまでたっても近づけないのだ。

④新たなシーン〝佳期〟

一九五三年の上海越劇版が描かなかった恋人たちの初めての夜を、楊小青は詩的イメージによって表現した。その場を盛り上げたのは、蓮の花が開く様子を模した優雅な群舞である。

図5　浙江小百花越劇団『西廂記』「佳期」の場面

このモティーフは寺院の中の蓮池の睡蓮からヒントを得た。一つには二人の愛情が清らかなものであること、また一つにはその花びらが開くことで二人が結ばれることを表現したのだ。この詩的な雰囲気の中に、私は世俗的なディテールをつけ加えた。紅娘が鶯鶯の背中を押して二人に天を跪拝させ、背後からいたずらっぽく眺めると手を合わせて感謝をささげる（カラー口絵2）。すると蓮の花の群れが二人を高台に押し上げ、大型と小型の回り舞台が同時に回転する。宿願叶い、白い月光の下で一つになった二人がまるで宇宙に漂うような美しいイメージを観客にもたらし、劇中のムードは最高潮に達した[58]（図5）。

「舞台芸術は持ち場の共同作業で成立する」というのが、楊小青の揺るがぬ主張である。どこか一つが飛び出しても、観客から見ると芸術的気分が削がれてしまう。総合的な観点から各持ち場の役割を推敲し、調整し、構成し直して、パーフェクトを目指す。現代的な美的センス、人物像を掘り下げ、キャスト・スタッフへの意思統一を行う。暗転をなくした回り舞台を使って徹底した演出指導を行い、各パートの責任感を高める。静と動を対比してみせ、決して写実的になり過ぎず、伝統劇の写意の手法を採用する。そうすることで、一刻も早く思いを遂げたい男性と、母の厳しい目を逃れた恋人とのひとときに恥じらいながらも胸を弾ませる女性が生き生きと描き出される。さらに恋と性愛と結婚が一致するロマンチック・ラブに憧れる女性たちにとって欠くことのできない、清らかなベッドシーンが細心の注意をもって描かれている。

文化大革命という嵐の中で革命的スローガンを叫んでいた熱狂の時代から四半世紀が過ぎ、浙江省にこんなにも繊細で美しい女性演劇が生まれていたのである。

おわりに

一九四九年の中華人民共和国建国以来、政府は「女は天の半分を支える」というスローガンを掲げ、男女平等社会の建設のために中華全国婦女連合会という組織を設置してきた。だが社会の発展とともに、建前の男女平等は女性に自らの女性性を押し殺し男性との同化を強いるものであることがわかってきた。[59]

一九八〇年代は、経済改革と対外開放という新しい政策が打ち出され、それに伴い様々な社会問題が噴出した時代であった。同時にそれらがこれまでになくオープンに報道され、論じられた時代で、女性問題はとりわけ注目を集めた話題の一つだった。さらに一九九〇年代になると、国有企業の整理・統合に伴う人員整理、職場をめぐる「女は家に帰れ」論争が起こり、[60]レイオフされる女性の増加という厳しい現実があからさまになった。[61]

一九九五年に北京で開かれた第四回国連世界女性会議には参加者が三万人を超え、これまでで最大規模の会議となった。そのうち五千人が中国各地から集まった女性たちだった。もはや知識人階級だけではなく、一般の女

性が自分の言葉で女性としての生き方を語ることに意味を見出し始めたと言えるだろう。(62)

「母の越劇」は、茅威濤と楊小青によって詩情あふれる現代美を誕生させた。そして二十一世紀に入ると、女性を巡る社会的・文化的状況の変化はさらに速度を増した。『西廂記』によって一世を風靡した茅威濤と楊小青コンビも茅威濤の結婚（夫君は演出家郭小男《かくしょうなん》）を機に袂を分かち、二人に牽引されてきた浙江の越劇は新たな局面を見せることになる。

注

(1) 京劇『智取威虎山』、『海港』、『紅灯記』、『沙家浜』、『奇襲白虎団』、バレエ『紅色娘子群』、『白毛女』、交響曲『沙家浜』を指す。

(2) 応志良『中国越劇発展史』（中国戯劇出版社、二〇〇二年）三三五頁。

(3) 袁雪芬『求索人生芸術的真諦――袁雪芬自述』（上海辞書出版社、二〇〇二年）一六六頁。

(4) 一九六二年、上海市嘉定生まれ。一九七四年上海越劇院に入団。老生役だったが小生役に転向し、尹派継承者として『何文秀』などの作品で越劇ファンを魅了。「越劇王子」と呼ばれて一九八〇、九〇年代の上海越劇界をリードし、二〇〇四年に梅花賞を受賞した。上海市政協第十、十一期委員、上海越劇院一団団長、副院長、芸術総監督を歴任。二〇一〇年、杭州市に趙氏工房を設立し、芸術総監督。代表作は尹派の古典作品以外にも、『瘋人院之恋』、『王子復讐記』、『家』、『第一次密接接触』、『趙氏孤児』など新作多数。海外公演経験も多い。

(5) 劉厚生「這一方水土養育了楊小青」（『劉厚生文集③我的心啊在戯曲』上、中国戯劇出版社、二〇一二年）四六四頁。劉厚生によると『上海越劇志』に収められた演出家二十五、六人中浙江出身者はわずか五、六人に過ぎず、その多くも外地で生まれ長く上海に居住している。しかも彼らは一人を除いて全員が越劇関係者の出身でないどころか、戯曲の関係者ですらない。

（6）同（2）三五〇頁。

（7）作家の「文化大革命」以前の歴史に対する回顧と再認識を反映する作品。「オンライン中国20世紀文学辞典索引」https://www.lang.osaka-u.ac.jp/~s_aono/zjcidian/index/fansi.htm

（8）本著序章「はじめに」で紹介した伊藤茂の言葉である。

（9）袁世海（一九一六～二〇〇二）、男、京劇浄役俳優、「生き曹操」と称される。全国人民代表大会代表や全国政協委員、文聯名誉委員、中国戯劇家協会理事などを歴任。

（10）新鳳霞（一九二七～一九九八）、女、華北の地方劇である評劇の俳優、「評劇皇后」と称された第一人者。北京市文聯理事、政協委員などを歴任。

（11）杜近芳（一九三二～二〇二一）女、京劇俳優、梅蘭芳に師事する。

（12）張君秋（一九二〇～一九九七）男、京劇俳優。張派旦役の創始者。

（13）張英「塡家底還是転基因——茅威涛与〝小百花〟的三十年」（『南方週末』二〇一四年）。https://mp.weixin.qq.com/s/B2tdkYrPcrwiJ0dx3M9orA　二〇二四年十一月十一日閲覧

（14）「梅の花は厳しい寒さに耐えて香る」の寓意から名づけられた。中国初の青年俳優を対象とし演劇界の発展を目的としている。一九八三年の創設から、二〇一八年までに二十八回行われ、受賞者は京劇や昆劇など五十四の劇種、話劇、歌劇、ミュージカルなど、六八一名に及ぶ。各演劇ジャンルの第一人者となる登竜門と言える。

（15）尚長栄（一九四〇～）男、京劇浄役、国家一級俳優、国家無形文化遺産京劇代表伝承者、一九八八年より上海京劇院在籍。

（16）孫毓敏（一九四〇～二〇二三）女、京劇旦役国家一級俳優、漢族、上海市人。中国京劇表演芸術家、国家一級演員、国家無形文化遺産京劇代表伝承者。荀慧生《しゅんけいせい》の愛弟子。

（17）侯少奎（一九三九～）男、昆劇国家一級俳優、国家無形文化遺産昆劇代表伝承者。

（18）『五女拝寿』では登場人物の一人に過ぎなかった茅威濤は、『漢宮怨』の主人公劉詢役で梅花賞を受賞した。

（19）張継青（一九三九～二〇二二）女、昆劇俳優、江蘇省昆劇院（後に、江蘇省演芸集団昆劇院に名称変更）国家一級俳優、名誉院長。

(20) 伊藤茂『上海の舞台』(翠書房、一九九八年) 三〇~三五頁。
(21) 人格と技術を兼ね備える、の意味。
(22) 編集部編「引亢高歌迎鶏年——従三個現象看一個前途」(中国戯劇家協会編『中国戯劇』一九九三年一期)。
(23) 二〇〇二年には二度梅受賞者を対象に梅花大賞が設定され、茅威濤は越劇百年にあたる二〇〇七年に梅花大賞を受賞した。
(24) 龔和徳(一九三一~) 舞台美術家、現中国舞台美術学会顧問、中国戯曲学会副会長、中国戯曲学院栄誉教授。
(25) 龔和徳「茅威涛——走進少女心霊的王子」(中国戯劇家協会編『中国戯劇』一九九三年二期)。
(26) 杉山太郎『中国の芝居の見方　中国演劇論集』(好文出版、二〇〇四年) 八頁。
(27) 劉厚生(一九二一~二〇二一) 男、演出家、演劇評論家、文芸理論家。一九四〇年代より共産党員として越劇を指導。「越劇の新しい記念碑」の言葉は「越劇的輝煌大作——小論『西廂記』編導芸術」(中国戯劇家協会編『中国戯劇』一九九三年十二期)。
(28) 茅威濤「張珙是誰?」(中国戯劇家協会編『中国戯劇』一九九三年)。
(29) 劉覚「越劇的発展需要茅威濤」(中国戯劇家協会編『中国戯劇』一九九三年)。
(30) 「褶子功」は川劇の表現方法で、衣装のさばき方の変化によって、喜き、驚き、怒りなどの表情の変化を表す。
(31) 扇子の扱い方によって、感情を表現するもの。
(32) 曾昭弘(一九三四~二〇二一) 一九四九年中国人民解放軍宣伝隊に入隊、一九六一年に浙江越劇二団(男女合演チーム)で専任劇作家となる。現代劇『映山紅』『半籃花生』など多数。八〇年より浙江省文化芸術研究院。引用箇所は曾昭弘「『西廂記』改編雑談」(『小百花「西廂記」創作評論集』百花文芸出版社、一九九四年)。
(33) 胡志紅「浙江省百花越劇団紀事」(葉柄南主編『新中国地方戯劇改革紀實』上、中国文史出版社、二〇〇〇年) 三八八頁。
(34) 「引亢高歌迎鶏年——従三個現象有一個前途」(中国戯劇家協会編『中国戯劇』一九九三年一期)。
(35) 同(33) 三八四、四〇九頁。
(36) 同(35) 三八四頁。

(37) 同(33) 三八五頁。
(38) 武漢大学芸術学院黄蓓の言葉　http://www.tinglana.com/ 二〇一〇年取得。当時大学院生だった黄蓓が運営していた越劇ファンのサイト。現在は閉じられている。
(39) 同(33) 三八八頁。
(40) 李小江（一九五一～二〇二五）江西生まれ、中国における女性学、ジェンダー研究のフロンティア。『夏娃的探索』（一九八七）『走向女人』（一九九五）など女性学研究の著作は多数。秋山洋子「中国の女性学——李小江の「女性研究運動」を中心に」（日本女性学会学会誌四号編集員会編『女性学』四号、日本女性学会、一九九六年）参照。
(41) 北京人民芸術劇院は一九五二年六月に建設された。中国で最も有名な専門新劇（話劇）劇場で、その演劇スタイルは「北京人芸演劇学派」と呼ばれる。
(42) 趙征「〝小百花〟叢中的茅威濤」（葉炳南主編『新中国地方戯劇改革紀實』上、中国文史出版社、二〇〇〇年）四〇九頁。
(43) 同(13)。
(44) 曲六乙（一九三〇～二〇二四）演劇理論家、著名学者、中国戯曲学会常務理事、中国戯劇出版社副総編集長、『中国戯劇年鑑』主編、著書に『中国儺文化通論』（台湾学生書局、二〇〇六年）等多数。
(45) 一九五四年創刊、中国戯劇家協会が出版する演劇専門の月刊誌。出版部数二十万部を誇る。
(46) 曾昭弘「『西廂記』改編瑣談」（中国戯劇家協会編『中国戯劇』一九九三年十期）。https://mp.weixin.qq.com/s?__biz=MzIxNTUwODM1NA==&mid=2247506941&idx=1&sn=d057485cdf4ca3661le5bccdca275bc3&chksm
(47) 楊小青・中山文「楊小青と越劇の六十年」（愛知大学現代中国学会編『中国21』vol. 20、風媒社、二〇〇四年）。
(48) 越劇『陸游与唐琬』『西廂記』『紅絲錯』『流花渓』『荊釵記』『琵琶記』『家』『甄嬛』『李慧娘』『天道正義』『茶花女』『簡・愛』『九斤姑娘』『紅色浪漫』『五市街風情』『王羲之』『西天的雲彩』『洪昇』『陸羽問茶』『狸猫換太子』（新編）『大唐驪歌』等多数。京劇『生活秀』『将軍道』。昆劇『班昭』『西施』。京昆劇『桃花扇』。桂劇『七歩吟』。紹劇『大禹治水』『真仮悟空』『八戒別伝』。甌劇『高機呉三春』。第一回中国越劇芸術節開幕式・閉幕式等。
(49) 国家舞台芸術精品プロジェクトに三度入選、中共中央宣伝部の「五つの一プロジェクト」賞を数度受賞、中国

文化部の文華大賞・文華大賞特別賞・文華新劇目賞、中国戯劇節優秀劇目賞、中国戯曲学会賞、中国京劇節金賞、中国昆劇節一等賞、中国越劇芸術節金賞・大賞特別賞を受賞。中国文化部文華演出家賞を八度受賞、中国演劇節優秀演出家賞を四度受賞、浙江省戯劇節優秀演出家賞等を多数受賞。

(50) 楊小青「私の追求する『詩的なるもの』」(中山文編著『[新版]越劇の世界――中国の女性演劇』NKStation、二〇一九年)一四一頁。

(51) 郭漢城(一九一七〜二〇二一)中国演劇理論家、劇作家、元中国芸術研究員副院長、中国戯劇家協会副主席、『中国戯劇』主編などを歴任した。

(52) 徐暁鐘(一九二八〜)演出家・中国戯劇家協会副主席・中央戯劇学院名誉院長。

(53) 袁雪芬『求索人生芸術的真諦――袁雪芬自述』二五〇頁。

(54) 楊小青「賦与古典名劇現代美――導演越劇〈西廂記〉札記」(中国戯劇家協会編『中国戯劇』一九九三年第十二期)。

(55) 劉厚生「越劇的輝煌大作――小論〈西廂記〉編導芸術」(中国戯劇家協会編『中国戯劇』一九九三年第十二期)。

(56) 曲六乙「茅威濤敵審美追求和張珙的美学意蘊」(中国戯劇家協会編『中国戯劇』一九九三年第十二期)。

(57) 童道明「『西廂記』的喜劇意蘊」(『中国戯劇』一九九三年第十二期)。

(58) 同(54)。

(59) 濱田麻矢「Ⅲ―10　女性学からジェンダー研究へ」(関西中国女性史研究会編『増補改訂版中国女性史入門　女たちの今と昔』人文書院、二〇一四年)八〇頁。

(60) 中国が計画経済から社会主義市場経済へと転換する過程で、国有企業の整理・統合に伴う人員整理が社会問題となり、この延長で「女は家に帰れ」論争が出現した。杉本雅子「Ⅳ―6　女は家に帰れ」(関西中国女性史研究会編『増補改訂版中国女性史入門　女たちの今と昔』)一〇二頁。

(61) 杉本雅子「Ⅳ―6　女は家に帰れ」(関西中国女性史研究会編『増補改訂版中国女性史入門　女たちの今と昔』)一〇二頁。

(62) 同(40)秋山洋子「中国の女性学――李小江の「女性研究運動」を中心に」。

第八章　女たちの越劇

はじめに

二十一世紀に入り、中国はめざましい経済発展を見せる。二〇〇一年にWTO加盟すると、翌二〇〇二年には経済成長率八パーセントの高度成長を見せ、二〇〇五年にはGDP世界四位となった。一方、地方では農民暴動が起こり、経済的な勝ち組と負け組が鮮明になった。日本の戦後六十年をわずか三十年でとり戻そうとする勢いが、厳しい競争社会を生んだ。大学拡充と就職市場自由化は大学生の就職難や高学歴ワーキングプアを生み出した。その中でも、男子学生に比べると女子学生の方がより深刻な就職難に直面している。

文壇では一九九〇年代中頃から林白《りんはく》(1)と陳染《ちんせん》(2)が活躍し、抑圧されてきた女性性を解き放とうとする作品を発表しフェミニズム文学の旗手とされた。一九九五年の世界女性会議の影響もあり、一九九〇年代末には衛慧《えいけい》(3)や棉棉《めんめん》(4)などの「美女作家」が現れ、女性の性的欲望を含めた赤裸々な内面告白をする作品も現れた。自分の人生を力のある誰かに頼ることなく主体的に切り拓こうとする女性たちを描く作品が、女性の手で生まれてくるようになった。

図1　楊小青近影

二〇〇〇年に浙江《せっこう》小百花《しょうひゃっか》越劇団を退団してフリーの演出家となった楊小青《ようしょうせい》（図1）は、温州市文化局による「南戯新編シリーズプロジェクト」を皮切りに、俳優も劇種もテーマも劇団の大小をも超えた八面六臂の活躍を見せる。その背景には、二〇〇二年から二〇〇七年にかけての五年間、「国家舞台芸術精品工程」というプロジェクトが展開されていたという事情もある。中国で上演された京劇・話劇・児童劇・歌劇など舞台芸術から、一年間に十本合計五十本を選出するというプロジェクトである。ここに入選すれば国家的な名作と認定されることになり、各劇団は入選をめざしてしのぎを削っていたのだ。そのために何より必要なのは優秀な演出家を招くことである。この時期の楊小青人気は、彼女の詩的越劇がいかに戯曲界を魅了していたかを証明している。

その代表作が二〇〇一年初演の昆劇『班昭《はんしょう》』（上海昆劇団）で、本作は二〇〇二年に中国戯曲界最高の栄誉である中国戯曲学会賞を受賞した。二〇〇三年には新版『陸游与唐琬《りくゆうとうえん》』（浙江小百花越劇団）で約十年ぶりに茅威濤《ぼういとう》（カラー口絵11）と協働して精品に入選し、二〇〇四年の第七回中国芸術節では『流花渓《りゅうかけい》』（杭州越劇院）で二日連続の女性大河ドラマと紹劇『真仮悟空《しんかごくう》』（浙江紹劇団）で孫悟空芝居にも挑戦した。また楊小青は、浙江省内の小さな越劇団でも演出を手がけ、地方の小劇団と無名女優を全国の大舞台に送り出した。その代表作が二〇〇六年の第一回中国越劇芸術節で金賞を受賞した『天道正義《てんどうせいぎ》』（顧頌恩《こしょうおん》作、浙江省諸暨越劇団）である。

楊小青は実力をもちながらも機会に恵まれず小さな地方劇団に埋もれていた「普通」の女優を主役に、輝かしい舞台を生んだ。二十世紀の演劇の主役は茅威濤のような資質と才能に恵まれた大スターでなくともかまわないのだ。誰もがかけがえのない人生の主役であり、多様な個性を持ち平凡な人生を生きる女性一人一人に光を当てる「女たちの越劇」の時代が始まったのである。

本章では浙江小百花越劇団を離れてからの楊小青の仕事の展開と彼女の果たしている役割を押さえつつ、越劇の未来像を考察する。

第一節　新版『陸游与唐琬』論——茅威濤との邂逅

『陸游与唐琬』の初演は一九八九年である。浙江省越劇〝小百花〟演出団における楊小青と茅威濤の合作でありまぎれもない名作でありながら、一九九三年の『西廂記《せいそうき》』の大成功の影にかすんでしまった感があった。だが楊小青の詩的越劇の追求は『陸游与唐琬』から始まっていた。この作品が二〇〇三年に新版となって再演された。楊小青が浙江小百花越劇団を去って以来、茅威濤との初の邂逅である。あらすじに変化はないが、演出は全く新しくなり、約十年間の二人の関係性が反映される作品となった。

(1) 新旧　あらすじ

陸游と唐琬の物語は、「母に引き裂かれた男女の愛」をテーマにした有名なもので、陸游の詞「釵頭鳳《さとうほう》」の結句「錯！錯！錯！（あやまてり）」「莫！莫！莫！（せんすべもなし）」はあまりに有名だ。

南宋時代の詩人陸游は、若くしていとこの唐琬を妻とし、仲睦まじく暮らしていた。二人は沈園を散策しながら、唐琬の父・唐仲俊の赴任先（福建）で就職しようと話し合う。しかし、陸游の母・唐夫人にとっては、自慢の息子の科挙試験合格と任官が絶対的な望みだ。自分が選んで親戚の唐婉を嫁にしたものの、受験勉強の妨げに

図2　浙江小百花越劇団『陸游与唐琬』怒る姑
左から　董柯娣（陸宰役）、洪瑛（唐夫人役）、茅威濤（陸游役）、陳輝玲（唐琬役）

なる嫁の存在が不満である。

一方、陸游は敵国金を相手に徹底抗戦を主張し、和戦派である当時の宰相・秦檜《しんかい》と対立していたため科挙に合格する見込みはなかった。陸游は政治を嫌い、政界での栄達を諦めていたが、その心は母には通じない。

出世への裏工作を息子に拒否された唐夫人は「裏切られた」と感じ、その怒りを唐琬に向け、離縁を迫る（図2）。父・陸宰は罪のない唐琬を不憫に思って別宅にかくまうが、唐琬は日々絶望感を深める。唐仲俊は陸游に頼まれて仲裁に入るが、唐夫人と激しい口論となり、縁戚関係は決裂。唐琬もついに陸游の将来を考え、自ら陸家を去る。やむなく陸游は「三年、待っていてほしい」と書いた手紙を花売り女に託け、単身で福建に赴任する。だがその手紙は唐夫人の手に落ち、「三年」を「百年」に書き換えられて唐琬の元に届けられた。

三年後、福建から戻り再び沈園を訪れた陸游は、初めて手紙が改ざんされた事実を知る。折しも、すでに再婚していた唐琬が夫・趙士程と沈園を訪れ、二人は偶然再会する。彼女は夫の許可を得て陸游に酒を贈る。悲嘆にくれる陸游は酔いにまかせ、唐琬への切々たる思いを「釵頭鳳」の詞にして壁に書きつける。

唐琬も詞の真意を察し、手元の白絹に詞を書き記す。我が身の不幸を耐え忍ぶ唐琬は、咳込み血を吐き、ほどなく世を去る。

(2) 旧版『陸游与唐琬』

『陸游与唐琬』について楊小青自身が「私の追求する『詩的』なるもの」(5)で詳細に述べている。ここではそれに従って楊小青の旧版への思いを記しておこう。

作者の顧錫東は有名な才人で、人を育てることにも評判が高い。初稿は一場一景、場ごとに四句七字句の合唱があり、時間・場所・出来事を歌って明確にする、比較的伝統的なスタイルだった。だが『釵頭鳳』という名高い傑作にふさわしく、ロマンチックで感動的な詩的作品にしたいという楊小青の要望に応えて改稿された。でき上がった修正稿は、場と場の間が詩詞で繋がれ、顧錫東自身が詠んだ詩は陸游の詞曲と競うほど美しい。この脚本によって、「陸劇」の文化レベルが格段に上がった。万人向けの歌詞、わかりやすく綿密な構成、豊かな人物造形、スリリングな展開、このような脚本があればこそ、演出は飛躍できるのだ、と楊小青は語る。

舞台美術は羅志摩《らしま》である。彼の設計は伝統を前提にし、舞台上の時間と空間は演技によって、流動的に自由に動かされた。梅が描かれたスクリーンは劇中の音楽と幕間の曲に合わせて上下し、役者の出入りにも合わせて動かした。照明は一度も暗転せず、劇の全篇を通して詩のような、自由自在に移ろう躍動感があった。

旧版の稽古で楊小青は二つの難題に直面していた。一つは「釵頭鳳」の場面の適切な方法が見つからなかったことである。茅威濤は陸游の内心を表現するために試行錯誤し、舞台上で書写することを思いついたが、俳優が舞台で字を書く時に観客の意識が芝居から逸れてしまうため、楊小青はそれには反対した。書写の演技を用いずに、陸游が「釵頭鳳」を書いた時の名状し難い気持ちを直接観客に見せることはできないかを茅威濤と相談した。

陸游は自分がどのような人生の紛糾に巻き込まれてしまったのかわからず、彼の独立した人格に対する追求、なぜ母性愛・忠誠・孝行・社会道徳にあれほど強烈な対峙をしたのか、運命が彼を翻弄し、愛情・婚姻・報国は同じではなく対照的なものだ……全て間違っている！彼は濃厚な感情を「釵頭鳳」に託し、書き終えると彼の魂も「釵頭鳳」と共になくなり、瞬く間に崩れ落ちてしまい、数枚の落ち葉を目にし、剣に支えられて遠ざかり、後を振り返る眼光は茫然とし、すべては一世を隔したようである……私（楊小青）たちは稽古場で繰り返しこの部分を磨き上げ、最後には虚構の書写で詩を見せる方法を見つけ、俳優の表情・身振り・目つきを通して人物の感情を極限まで誇張した。茅毛（茅威濤）は当時若く、人生経験も豊富ではなかったが、表現力がとても豊かであった。旧版「題詩壁」の場面では完璧な演技を見せ、堂々としていながら細やかで、洒脱であり、緩急のバランスが良く、動きは思いのままであった。（「私の追求する詩的なもの」）

この「題詩壁」の場面は観客を感動の渦に巻き込み、涙を誘い、旧版の中の最高の見せ場となった。

もう一つの難題は結末である。唐琬の死後に陸游が墓前で霊魂を慰めるのだが、そこがどうしてもうまく収まらない。茅威濤は昆劇の『釵頭鳳』を観て、計鎮華《けいちんか》扮する陸游が八十歳の老人であることにヒントを得た。小生から老生まで演じて最後には鬚をつけることを思いついたのだ。茅威濤は顧錫東に自分の考えに合わせて脚本を書き換えてくれることを望んだ。「書き換えなければ、演らない！」とまで言われては、楊小青がその役目を引き受けざるを得なかった。楊小青は茅威濤の困難を打破しようとする精神に感心していた。だが、いつもはニコニコと温厚な顧錫東が、結末を変えることや茅威濤が鬚をつけることには断固反対した。自分の作品は他の人のものとは違うのだ、と怒りのあまり涙を浮かべて訴えたのだ。その場で彼は茅威濤に電話をかけた。彼女も恐らく彼の声から尋常ではない様子を感じ取ったのだろう、それ以上無理を通そうとはしなかった。だがこのエピソードは、そののち、茅威濤と楊小青が袂を分かつ伏線となる。

本作は第四回浙江省戯劇節で台本、演出（楊小青）、作曲（胡夢橋、顧達昌）、舞台美術（羅志摩）をはじめ、茅威濤（陸游役）、陳輝玲（唐琬役）、洪瑛《こうえい》（唐夫人役）らも一等賞を受賞。茅威濤は本作と『西廂記』で一九九三年に第三回文華賞、第四回上海白玉蘭《しゃんはいはくぎょくらん》主演賞、第十一回梅花賞「二度梅」受賞を果した。

この大成功ののち、茅威濤は顧錫東・楊小青という年長者との合作を解消し、新たなパートナーを見つけるのである。

（3）茅威濤の十年

顧錫東を怒らせてしまった旧版『陸游与唐琬』のラストシーンについて、茅威濤は新聞『南方週末』のインタビューにこう答えている。(6)「そのことは顧おじさんのお別れ会で初めて聞いた。老年の陸游を演じたかったのは、上海昆劇団を見て、そうすれば表現力がもっと広がると思ったからだった」。

また、「越劇は劇種の底が薄過ぎる。節回しも単調。表現方法は話劇と昆劇を学んで育ったと言うけれど、装置はお粗末にも一卓二椅のまま。水袖《すいしゅう》をひらり、扇子をパタリで、もうおしまい。いったいどうすればいいのか」「四〇年代の越劇人は外国映画、話劇、ミュージカルから学んで大胆に改革を行い、『梁祝』『紅楼夢《こうろうむ》』『祥林《しょうりん》嫂《そう》』を作り出したではないか」と越劇改革の必要性を述べている。

一九九二年初演の『西廂記』が文化部の文華大賞と中国戯曲学会賞を受賞し、さらに二度梅まで受賞すると、茅威濤は伝統的な越劇に満足できなくなった。「次は『蘭陵王《らんりょうおう》』(7)か『オイディプス』(8)をやりたい。」それを聞いた楊小青は恐ろしくなった。「どうやって演じるの？そんな題材が女子越劇で受け入れられるのだろうか？」楊小青は、次は越劇版の『牡丹亭《ぼたんてい》』か新版『梁山伯与祝英台《りょうざんぱくとしゅくえいだい》』を、と思っていたのだ。「茅威濤の足取りは早過ぎて、自分にはついていけない。彼女が何をやるのか、距離をおいて見ていようと思った」のだと言う(9)。楊小青は二〇〇〇年まで浙江小百花越劇団に所属したが、二人の協働は絶えてなくなった。

経済先行の一九九〇年代、越劇をめぐる状況も変化した。杭州劇院は土地を切り売りし、映画館になった。茅威濤も巡業に走り、自分の出番にだけ出て、歌い終わると出演料を受け取るとさっさと帰った。「こんなことを続けていて、いったい何になるのか。全身の力が抜けていくようだった」、と茅威濤は語る。

この時期、団長の仕事もつらかった。それまで一緒に芝居をしてきた姉妹たちとの折り合いが悪くなったのだ。自分にとって都合の良い時は団長扱いをし、そうでない時は仲間外れにする。劇団内がぎくしゃくして味方がおらず、精神的につらい日々が続いた。一九九五年、浙江省が魯迅文学芸術賞を設立し、越劇ジャンルから茅威濤が選ばれた。ちょうどその時茅威濤はシンガポールで上演中だったが、表彰式に出席するようにとの連絡が入ったので急いで帰国した。だが「杭州に戻ると、誰も私に見向きもしなかった」のだ。さらに文化庁のある幹部からは茅威濤おろしの要求が出された。理由は「いつも田舎回りの上演を拒否し、共産党員としての基本的姿勢をなくしているから」だという。

当時の文化政策は、劇団を田舎に送り、上演回数に応じて補助金を出すというものだった。この政策のおかげで生きながらえていた劇団も多かった。だが茅威濤には別の考えがあった。「小百花のマーケットは都会であって、農村ではない。省立劇団として芝居のレベルは落とせないし、補助金めあてに市や町レベルの劇団と農村マーケットを奪い合うこともできない」のだ。

顧錫東・楊小青と別れたのち、一九九六年に茅威濤は上海戯劇学院卒業生の馮潔（一九五六〜）作の『寒情』を上演する。馮潔が同級生の郭小男（一九五七〜）を演出家として連れてきた。日本留学の経験をもつ郭小男（後に郭暁男に改名）は一九九三年に淮劇『金竜与蜉蝣』の斬新な演出で高い評価を受けていた。だが「荊軻がなぜ始皇帝暗殺に至ったか」を描いた『寒情』（カラー口絵3）は「台詞が生硬で観念的な語句が多く、越劇が特徴とする通俗的で優しい表現とは真反対[10]」だった。演出も北京からモダンダンサーの金星を招き[11]、劇団がこれまで踏襲してきたものを捨て去ろうとするかのような舞台作りを行った。上演後、「あれが越劇か？」と疑問の声があふれ、劇団内部からも批判の声が上がった。本作は一九九七年に東京国際舞台芸術フェスティバル'97の参加作品として日本上演を行っている。

図3　茅威濤『孔乙己』（孔乙己役）

一九九八年、茅威濤は浙江小百花越劇団の所属はそのままで給料を止めてもらい、別組織として自分の工作室を立てた。その第一作が郭小男演出の『孔乙己《コンイーチー》』（図3）だ。魯迅の『薬』『狂人日記』などを融合させた作品で、失敗に次ぐ失敗の人生を歩む書生の物語だ。この作品は越劇のイメージを覆し、さらに茅威濤はスキンヘッドになって役にあたった。あまりの実験性に「茅威濤は遠くに行ってしまった。あの素敵な茅威濤はもういない」と解散したファンクラブもあった。だが、この作品を好む人たちもいて、工作室は百数十万元の利益を上げた。この方向性があったかと喜んだところで文化庁の配属転換があり、浙江小百花越劇団の団長として呼び戻された。自分のやり方で劇団改革をしてくれという。体制を離れて発展しようとした茅威濤だったが断り切れず、体制内に戻ることになった。

郭小男が演出として加わってからは、浙江小百花越劇団は「人文越劇」と呼ばれる路線を進み始めた。二〇〇二年には『蔵書之家』で寧波の天一閣（現存する最古の民間図書館）を舞台に、文化の伝承と倫理問題を取り上げた。蔵書のことしか考えられない幼児性の強い男とそれをとりまく女たちの葛藤を描く物語だ。だが『蔵書之家』はヒット作とはならなかった。

（4）新版『陸游与唐琬』（カラー口絵4）

二〇〇二年、文化部を中心に「国家舞台芸術精品工程」なるプロジェクトが始動すると、浙江小百花越劇団は『西厢記』ではなく新版『陸游与唐琬』（図4）でエントリーした。この作品の作者であり当劇団生みの親でもある顧錫東が二〇〇二年六月に亡くなったばかりなので、この作品を選択したことは劇団にとって意義深い。同時に、若い男女の恋愛物語である『西厢記』よりも『陸游与唐琬』のほうが茅威濤の年齢や体験を活かすにふさわしいテーマであることも選択の理由だったのではなかろうか。

旧版『陸游与唐琬』は一九八九年の初演時ではその評価が分かれた。理由は、顧錫東の描いた陸游が封建的な「家」に引き裂かれる可哀想なだけの若者ではなく、積極的に苦悩する若者だったからだ。楊小青は陸游の苦悩――家族との葛藤、職場の人間関係、事業欲と愛情の相克――をいずれも働く時代の女性にとって避けられな

図4　浙江小百花越劇団 新版『陸游与唐琬』 左：茅威濤（陸游役）、右：陳輝玲（唐琬役）

い問題であると捉えた。そして茅威濤は人生の抑圧と葛藤する陸游の中に孤独や寂寥に耐える美を見出し、「思索する女小生」という新しいスタイルを獲得した。小生と小旦の恋物語が越劇であり、「柔弱」「柔美」な小生こそ女性が演じる価値であると考える旧来の越劇ファンにとって、茅威濤の小生は「タブーを犯した」ものに見えたのだった。

旧版『陸游与唐琬』のテーマは「捨てるということ」であろう。人生において選択するということは、選択しなかったものを諦めて捨てるということでもある。その痛みと孤高の精神をラストシーンの剣舞が表現していた。理想と現実から生まれる妄執を振り払おうとするかのような剣舞ののち、陸游は舞台奥に立つ唐琬にきっぱりと別れを告げる。そして身を翻すと正面に向かって堂々と新しい人生を歩み始める。旧版『陸游与唐琬』はそれまでの人生を捨て、一人で生きていこうとする男の物語なのだ。愛し合う男女が一つになって封建的家制度と闘うという越劇の基本的精神からすれば、それは革命的過ぎる作品だったのだ。

二十一世紀の新版『陸游与唐琬』では、テーマが「許すということ」に変化していた。劉杏林《りゅうきょうりん》（一九五三〜）の舞台空間は、直接的な表現がありながらそれを上回るイメージの隠喩を含んだものであった。幕開けでは紗のスクリーンの奥で書生たちが語らっている。穏やかで、和やかな美しい南宋の庭園風景だ。母から離婚を言い渡される場面でも、愛憎を掻き立て、血を吐くような「題詩壁」のシーンは意図的に削られた。代わりに、母、父、陸游、唐琬の四人が並んで正面を向き、淡々と自分の心情を語るシーンが挿入されている。最大の変化は、芝居の最後で陸游が一人にならないということだろう。旧版では十四年後、梅林にある唐琬の墓前で剣舞を舞う陸游は唐琬の名を呼び、祖国回復のために命をかけることを誓う。だが新版ではラストシーンに剣舞はおかれず、幕開けと同じ美しい庭園で書生たちが集う和やかなシーンが繰り返されるのである。

これはすべての葛藤が思い出になったことを示しているのではないか。陸游は選択した自分、捨てた自分を許しているのだ。そして辛い過去の一切を純化した思い出にしている。思い出というものはすべて、大切で愛おしくかけがえのないものだという優しさにあふれたラストシーンであった。

新版への変化は茅威濤と楊小青の関係を暗示する。一九九二年『西廂記』大成功ののちに二人は袂を分かち、茅威濤は公私共に郭小男を人生のパートナーとして選んだ。その選択には幸福ばかりではなかったはずだ。団長としての重責や自分の健康状態の悪さも重なり後悔したこともあったかもしれない。だが四十歳を過ぎた茅威濤はそれらをすべて受け入れ、自分の選択を許している。そして楊小青との邂逅を心から喜んでいるように思えた。

九〇年代の『西廂記』同様、二十一世紀の新版『陸游与唐琬』は時代と芸術家が幸運な出会いをとげた奇跡の作品である。本作は第一回国家舞台芸術精品工程に入選した唯一の越劇作品となった。

第二節　『班昭』論——劇種を越えて

昆劇は昆曲とも称され、現存する中国戯曲の中でもっとも古い劇種である。明代には、全国的に隆盛を誇った劇種として愛好され、他の劇種に大きな影響を与えた。高度な文学性を備えた脚本は一定以上の教養がなければ楽しめず、笛・笙・琵琶などによる穏やかできめ細かい調べも貴族好みで、知識階層や支配層のたしなみとしてのステイタスシンボルだった。芸術形式が複雑で完成されているために時代に即した変化は難しく、中国戯曲最高峰の劇種として強い矜持をもつがゆえに、改革に対しては保守的だった。すでに抗日時期から観客が激減し、現存するのは北方昆曲劇院、上海昆劇団、浙江京昆芸術劇院、江蘇省演芸集団昆劇院、江蘇省蘇州昆劇院、湖南省昆劇団、永嘉昆劇団の七劇団のみである。いわば昆劇とは、芸の蓄積がないからこそ他劇種や話劇を取り込み、時代の変化に対応し、女性の好みを読み取り変容を続けてきた越劇とは、極北にある劇種なのだ。

二〇〇一年、気息奄々の状態が続いていた昆劇がユネスコ無形文化遺産で中国初の選出となり、息を吹き返した。上海昆劇団が起死回生の一作を作ろうとして楊小青を演出家に招聘したのは慧眼だった。越劇で圧倒的な成果を挙げている楊小青を演出に招くということは、伝統と改革の相克とともに昆劇と越劇の劇種序列まで意識され、二重の意味で軋轢や抵抗が予想されるコラボレーションだったと思われる。だが楊小青が二〇〇一年に演出した昆劇『班昭』は予想通り二〇〇〇年代屈指の傑作として高い評価を得、二〇〇二年には中国戯曲学会賞をもも受賞したのである。そして二〇〇三年、同劇団は『班昭』で国家舞台芸術精品工程入選を狙い、楊小青は再度重大な責務を負うことになった。昆劇『班昭』再演にあたり、楊小青は「次の世代に残すべき昆劇作品を作るようにと言われ」て苦慮したという。だがその結果、本来の昆劇の特徴を生かしつつ、現代人の感覚にマッチした作品を創り上げ、期待通り二〇〇五年に国家舞台芸術精品工程入選を果たした。

さらに二〇一〇年、楊小青は杭州越劇院から改めて昆劇『班昭』を越劇『班昭』としてリメイクする依頼を受けた。最高の評価を得ている作品をリセットし、異なる劇種でリメイクするというだけでも、生半可な覚悟ででき るものではないだろう。しかも、それを中国戯曲の中であらゆる面において対極にある劇種、昆劇と越劇で果敢にもやり遂げたのだ。彼女の二つの劇種による『班昭』創造が、どのような意義をもち、また私たちに何を見せてくれたのかを考えていきたい。

(1)新編戯曲『班昭』

『班昭』は、羅懐臻《らかいしん》(12)がはじめ昆劇のために、その後、越劇のために書きおろした新編戯曲で、演出はともに楊小青である。

〈あらすじ〉

病身の班固は、二人の弟子のうちどちらかを妹・班昭の婿にして『漢書』の完成を託そうと考える。温厚で誠実な兄弟子・馬続か、才気あふれる二枚目の弟弟子・曹寿か。決めあぐねた班昭は、兄が作った籤で曹寿を引き当てる。結婚後、馬続は師の仕事を支えるが、出世を望む曹寿はいつ終わるともしれない『漢書』の仕事を嫌い、宮中で勤めるようになる。班固の死後、兄の遺志を継いだ班昭は班家で馬続とともに『漢書』を書き続ける。

班昭三十歳、曹寿が皇太后の寵愛を受けているとの噂を耳にする。夫の留守宅で仕事をすることを憚った馬続は班家を辞し、一人で『天文志』を書き上げようとする。別れに際し班昭は茶の盃を交わして彼を送り出し、妻を娶るよう勧める。思いがけず曹寿が帰宅し、彼女に離縁状を渡して馬続と一緒になるように告げる。曹寿は皇太后の死に伴い、殉死するよう命じられていたのだった。自分の半生を深く後悔する曹寿は自害する。その時、書斎に雷が落ちて出火し、書きかけの『漢書』が燃えてしまう。

班昭五十歳、馬続が帰郷する。馬続は結婚もせず、『天文志』を書き上げていた。その間班昭は『女誡』の作者として世の女性の模範となり、宮中に迎えられ、公主に授業を講じるなど優雅な暮らしに耽っていた。その姿に馬続は『漢書』はすでに完成したものと思うが、班昭は孤独な作業に耐え切れず、『漢書』を途中で放り出していたのである。責める馬続に「私は人並み以上に苦労した。私だって少しは人並の幸せを味わいたい。私は『漢書』を恨んでいる」と訴える。

馬続は、それならば自分が『漢書』を引き継ぐと言う。子供の頃から班昭に仕えてきた傻姐も「私は学問をするお嬢様を尊敬するからこそ嫁にも行かず、仕えてきたのです」と、馬続とともに出て行こうとする。班昭は自分の使命に目覚め、「『漢書』は誰にも渡さない！」と叫ぶ。再び馬続とともに『漢書』を書き始める。馬続は、班昭とのあらぬ噂を避けるために自ら宮刑（男性器を切断する刑）を受ける。

班昭七十歳、ついに『漢書』が完成した。だが彼女は注釈執筆のためにさらに宮中に残されることになる。「仕事を終えるまで待っていてくれる？」「待っているよ」。班昭と馬続は再び茶で別れの盃を交わす。結婚の縁はなかったが、真の愛情に結ばれた二人だった。班昭は傻姐にも感謝の茶を捧げ、三人で班家の霊魂にも茶を捧げる。別れて数日後、馬続はこの世を去った。

班昭七十一歳、馬続の後ろ姿を思い出しつつ、傻姐に看取られて息を引き取る。

『班昭』のテーマは、女性にとっての「事業」である。兄班固の志を継ぎ、妻や母としての人生を捨て『漢書』を書き上げることに一生を費やした班昭の名が、『漢書』の作者としては残らず、女性の道を説く『女誡』の作者として残っているのは皮肉なことだ。

だが、彼女の「事業」の光と影を掘り下げたことで、「女性と仕事」の意味を深く考えさせるものになっている。いや、何も「女性」と限定する必要などないのかもしれない。この作品にあるのは、人生と仕事という普遍的なテーマである。

(2) 昆劇『班昭』について

昆劇『班昭』は、班昭と彼女に関わる人たちの交流をわずか六人の登場人物で描いている。人間と運命を描くドラマとして、美学が一貫している。深い悲哀は感じさせるが、情に流れない。涙を流すような情緒的な感動ではなく、説明しがたい重いものを受け止めている感動である。

劇中の班昭は、自分自身を消して敬愛する父や兄（の理想）と一体化しようとしている。班昭役の張静嫻《ちょうせいかん》は、その班昭を自我をもつ人物として演じながら、それを一人の個性ではなく古典美をもつ人物の典型として普遍化していく。

しかも楊小青は昆劇という完成された様式の中で、「女性と事業」という現代的なテーマを扱っている。たしかに彼女は、常に現代女性の生き方を追求してきた演出家である。女性にとって納得できる人生、満たされた人間関係とはどういうものか？　彼女の思想性とテーマ性は昆劇『班昭』においても貫かれていた。

班昭は班家の血を継ぐ者として、『漢書』を書き上げることに一生を費やす。そのために多くのものを犠牲にするが、代償として、『漢書』完成という大事業を達成させた至福感に満たされる。彼女を尊敬し支え続ける馬続や儍姐との間に生まれる深い理解と愛情、篤い感謝の情を手に入れる。そこには、班家の理想に溶け込んでしまえた快感、自足感があった。それを張静嫻が、凛とした美しさで表現する。昆劇だけが生み出せる世界だった。「昆劇」のプライドを崩すことなく、楊派越劇の甘い匂いは後退し、それでいてこれまでの昆劇には味わえなかった大きな優しさで包み込まれている。楊小青自身も上海昆劇団も、何かを変えないと創れなかった作品だろう。「伝統との融合」を目標とする新編戯曲の極致に届いている、と思わせるものだった。

（3）越劇『班昭』（カラー口絵5）について

越劇『班昭』は二〇一〇年八月に杭州で初演された。越劇版は昆劇『班昭』とは全く異なる印象を与えるものだった。越劇版では台詞や唱が倍に増えている。結婚相手を籤で決められた驚き、曹寿への失望や怒り、馬続との別れの悲しみ、班昭のその時々の感情の起伏がストレートに観客に伝えられる。そこでは昆劇版がもつ古典美による「抑制」は放棄され、その代わり新たな魅力がつけ加えられていた。

張静嫻の班昭が体現する神聖さは、そこにはなかった。越劇版班昭の陳暁紅《ちんぎょうこう》は、喜怒哀楽をストレートに表現し、観客とともに涙を流す、つまりは等身大の存在だったのである。それは、張静嫻の班昭が一つの規範として次世代に継承されていくものだとすれば、陳暁紅の班昭はもっと自由に個性的に演じていいのだと教えてくれるものだった。そうして『梁山伯与祝英台』のような越劇のスタンダードとなり得る可能性を見せてくれた。

また越劇らしい人物形象を感じさせたのは、陳雪萍《ちんせつひょう》扮する曹寿である。昆劇では何澍《かじゅ》[13]が出世のためには手段を選ばない、利己的で卑俗な色男の悲劇を演じている。だが陳雪萍の曹寿には最後まで范派の小生らしい、無邪気でストレートな男らしさが感じられた。越劇『班昭』は、市井の人がもつ素朴さ、感情のほとばしりや揺らぎが盛りだくさんに描かれ、カタルシスを生み出そうとしていたのである。

舞台美術にも大きな変化があった。昆劇版ではレリーフが刻まれた大きな石に囲まれ重々しい舞台だったが、越劇版では舞台後方に透明なアクリル板を大きなガラス窓のように置き、開放感を生み出す。またその窓の外の世界では、多数のアンサンブルを用いて班昭の生活の周りにいる市井の人たちを見せる。班昭が決して孤立しているわけではないことに気づかされる。

しかも正面上方には、巨大な鏡が据え付けられている。この鏡に映る像によって、観客は最初から最後まで登場人物を天から見下ろしているように感じる。観客は、目の前にいる班昭の悲壮な運命に感情移入しつつ、だがいったん上方を見上げると、そこには班昭の影に隠れていた他の登場人物が相応の分量・質量で存在していたことに気づく。

この演出から、現実社会には絶対唯一の典型・英雄などなく、光の当たっていない場でも、みなが精いっぱいに自分の人生を生きている、とのメッセージを感じ取るのだ。この登場人物たち（班昭でさえ例外ではない）を相対化するかのような視点は、名もなき市井の人たちも歴史を作り出すものとして同等に扱おうとする演出家の意図であろう。

だからこそ、班昭の死を描く最終場には、使命の達成の後に来る彼女の解放感が感じられた。それは昆劇にあった大事業を成し遂げた至福感とは異質なものだ。周囲の状況から、やむなく望まない人生を歩み続けた女性は世の中にいくらもいることだろう。その意味では班昭も、儒教的束縛の中で誠実に働いた無数の妻や母たちと同類である。そのように生きてきた市井の女性たち、つまり観客たちは、自分の中に班昭のエッセンスを見出すことができたのではないか。そういう共感こそが越劇ファンが越劇に求めている醍醐味なのであり、楊小青はそういう観客の期待に十二分に応えていたのである。

楊小青は言う、『班昭』を見た中年過ぎの人間たちは、みんな自分の仕事ぶりを振り返っている」と。筆者も越劇『班昭』を観て、涙を流した。そこには昆劇版に登場する班昭の仰ぎ見るような偉大な人物造型はないが、観客に共感、同化させる班昭が存在したからである。

越劇版には、喜びも悲しみも生々しく露わにする登場人物たちがいた。それは中国戯曲史の中で、まさしく人間性の解放、つまり人間回復＝ルネサンスと呼ぶべき変化があった証左である。逆に、それを果たしたからこそ、越劇は越劇たり得ているといっていいのだろう。

第三節　『天道正義』論——普通の女性たち

二〇〇六年、越劇一〇〇周年を記念する越劇祭が、中華人民共和国文化部と浙江省人民政府の主催により、紹興を中心に開催された。この越劇祭は「中国越劇芸術節」と名付けられ、それ以後四年に一度開かれている。第一回（二〇〇六年）は紹興、第二回（二〇一〇年）は寧波、第三回（二〇一四年）は温州、第四回（二〇一八年）と第五回（二〇二二年）は紹興で開催された。

第一回中国越劇芸術節では全国から予選を勝ち抜いた二十演目が二週間かけて上演され、筆者は後半の十一演目を観劇した[14]。ここで上演された作品たちが当時の越劇界を代表する優れた新作だといえる。本節では、その中で観客をもっとも沸かせていた『天道正義』（顧頌恩作[15]、楊小青演出、浙江省諸暨越劇団、楼明迪《ろうめいてき》主演、図5）を取り上げ、そこに描かれた女性像について考察する。

図5　楼明迪『天道正義』(秦香蓮役)

『天道正義』の台本は京劇『秦香蓮《しんこうれん》』のそれを改編したものである。『秦香蓮』は、出世した夫に棄てられた糟糠の妻秦香蓮が裁判に訴えて恨みを晴らすという物語で、現在もしばしば上演される人気のある演目だ。[16]京劇以外にもいろいろな劇種で上演されており、筆者もかつて評劇[17]での上演を観た経験をもつ。[18]

『天道正義』の秦香蓮は、権力者に泣いて夫の非を訴える評劇の秦香蓮とはまったくの別人物だった。夫を信じて裏切られた女性が、事実を確認するや自分で新しい人生を切り拓いて生きていく。その潔さ、まっすぐさに心打たれたのは、筆者だけではない。終演後、劇場中の観客が総立ちになり、嵐のような拍手が鳴り止まなかったのだ。

女性にとって幸福とは何か、そのために女性はどのように生きれば良いのか。越劇『天道正義』は、この難題に正面から取り組み、演出家は明確な意図をもって、新しい秦香蓮像を作り上げていた。その結果生まれたのは、たとえ宋の時代を借りてはいても、同時代の女性観客に共感を抱かさずにはおかない現代性を有した新しい女性像であった。

(1) 京劇『秦香蓮』における女性像

①『秦香蓮』劇の流布

『秦香蓮』は、中国地方劇としては極めてポピュラーな演目である。現在も京劇や越劇以外に河南の豫劇、陝西の秦腔、四川の川劇、江蘇の淮劇、広東の粤劇と、広く中国全土に作品を残している。[19] 特に清末から民国時代に愛され、「新中国における地方劇改良運動においても『秦香蓮』ほどもてはやされた作品はまれ」[20] であり、「上演頻度の高さ、観客層の厚さ、息の長さといったすべての点で梆子・皮黄地方劇の代表作の一つ」なのである。

本節では「新中国舞台影視芸術精品選」[21] シリーズに収められたＶＣＤ（一九六四年長春電影制片廠・香港繁華影業公司聯合摂制、演出：郭維、北京京劇団、主演：張君秋）をもとに考察を進める。[22]

②京劇『秦香蓮』のあらすじ

北宋の時代、湖広の文人陳世美《ちんせいび》は老親と子どもたちを妻の秦香蓮に託し、科挙受験のために都に上る。みごと状元（科挙の首席合格者）となるが、妻たちに報告をせず、そのまま三年間行方知れずとなる。早魃による飢饉で舅姑が亡くなり、夫の帰りを待ちかねた秦香蓮は子ども二人を連れ、夫を探すために上京する。だがこの間陳世美は皇太后に気に入られ、独身と偽って附馬《ふば》（皇女の夫）となっていた。宿屋の主人張三陽から事情を聞いた秦香蓮は、陳世美の屋敷に押しかけ夫に詰め寄る。附馬としての地位を守りたい陳世美は百両を渡して追い返そうとする。一瞬後悔の念にかられるが、結局秦香蓮たちを妻子と認めることはなかった（「闖宮」）。

秦香蓮は宰相の王延齢に直訴する。王延齢は彼女を琵琶芸人に扮装させ、陳世美の誕生日祝いの宴会へ連れて行く。彼女は陳世美の前で自分の身の上を歌う。陳世美は動揺するが、やはり妻と認めずに追い返す。（「琵琶詞」）

陳世美は秦香蓮の今後の行動を恐れて、家来の韓琪《かんき》に、秦香蓮と子どもたちを殺すよう命じる。だが韓琪が刀を振り上げると、秦香蓮は涙ながらに事情を訴える。同情した韓琪は三人を逃がし、主君への申し訳が立たないために自刎して果てる（「殺廟」）。

秦香蓮は包拯《ほうじょう》(23)に陳世美の非道を訴える。包拯は陳世美を呼び出して二人を対面させて認知を迫るが、陳世美は附馬であることを頼りにし、抗弁を繰り返して認めようとしない。怒った包拯は陳世美を逮捕するが、馳けつけた皇太后と皇女から釈放を迫られる。皇太后の剣幕に屈した包拯は、自分の俸給である三百両を秦香蓮に手渡して帰郷を勧める。絶望した秦香蓮は金を受け取らずに子どもたちを連れて去る。それを見た包拯は自分の職を投げ捨てて陳世美の死刑を命じ、秦香蓮の無念を晴らす（「鍘美案」）。

③京劇『秦香蓮』台本の問題点

『天道正義』に見られる改編との比較を前提に、厳遅は京劇『秦香蓮』の台本の欠点を以下のように述べている(24)。

（一）テーマが「糟糠の妻を棄てるな」という古い道徳観念を提唱する封建色が色濃い。
（二）教育効果を重視するあまり、人物描写と劇構造が粗雑で、妻子を殺そうとする陳世美の行動が唐突で必然性に欠ける。
（三）個人的復讐に邁進する秦香蓮は人間的魅力に乏しい。
（四）作品の社会的意義や批判的意義が希薄である。「糟糠の妻を棄て新しい妻を娶る」という社会現象を個人の資質による事件としており、それを包拯という一人の清官が解決してくれたという物語になっている。

京劇『秦香蓮』で描かれる秦香蓮像について、筆者はこのほかに次の二点に注目する。

第一は、秦香蓮が夫婦の精神的つながりよりも、結婚生活の維持を重視している点である。冒頭、都に上る夫を見送る場面で、秦香蓮はまず「合格してもしなくても、故郷に戻るように」と語り、夫をにらみつける。その表情はあたかも夫の裏切りを予測して戒めているかのようである。昔から糟糠の妻たちは出世欲に憑かれた夫の薄情さに泣かされてきたのであり、自分の夫もまたその男たちの轍を踏む可能性があることをこの秦香蓮は知っている。彼女にとっては一家団欒こそが自分に経済的・精神的幸福を与えてくれる唯一の形なのである。だがそれは、形さえ整えれば二人の仲は元に戻ることができるということでもある。「どうぞ私を妻と認めてください。お茶も入れるしご飯も炊きます。どうか離れていかないで」（「闖宮」）という、夫にすがりつく台詞には、夫・父親という役割さえ守ってくれればこれまでの裏切りには目をつぶるという、女性の弱さの裏にある現実的で功利的な一面が表現されている。

第二に、「闖宮」の場で夫に拒否されて以来、秦香蓮が一貫して私怨のために復讐しようとする点である。包拯が皇太后の剣幕に屈して陳世美の死刑を諦めてくれと語り、生活費の元手として銀を差し出す。だが秦香蓮はそれを拒否すると、絶望の涙を流し「人は包拯様を公平無私の方だと言うが、結局地位の高い人はみな繋がっているのだ」という恨みの言葉を残して立ち去ろうとする。その言葉に触発された包拯は彼女を呼び戻して自ら冠を脱ぎ、職を投げ打って陳世美の死刑を執行する。

この二点が越劇『天道正義』で最も大きく改編されている。

（2）越劇『天道正義』における女性像

京劇『秦香蓮』から二〇〇六年発表の越劇『天道正義』への改良点について、前記の厳遅は次の三点を挙げている。

（一）テーマの比重を前半の「糟糠の妻」の悩みを訴える道徳的場面から、後半の皇太后との関係と、法の番人としての正義という包拯の悩みへ移動させた。

（二）そのために三年前に陳世美が秦香蓮に宛てた手紙を証拠品として設定した。

（三）全編を通して宿屋の主人張三陽を登場させ、前後関係の説明を矛盾なく行なっている。

だが、それだけではあるまい。『天道正義』には精神的なつながりを至上とする純愛ラブロマンスの要素と、これまでの『秦香蓮』にはなかった現代性が加わっていることをここで指摘しておきたい。

①秦香蓮の恋

『天道正義』には、かつて夫婦の間に確かに信頼し合った愛情関係が存在したという状況が描かれている。京劇の秦香蓮と違い、越劇の秦香蓮は夫の裏切りを想像だにしない。夫の心変わりを示唆する宿屋の主人張三陽にこのように答えるのだ。

秦香蓮　ほかの男性のことは知りませんが、うちの夫は学問をし、理を弁えた人間です。非礼をなすことはありません。酒色に溺れ妻子を棄てるなど、決してありえません。

張三陽　（独り言）こいつは立派だ。見たところ、この奥さんは並みのお方ではないようだ。

ここには、秦香蓮の夫へのゆるぎない信頼と愛情の強さに打たれた張三陽が秦香蓮に人間的尊敬を抱く描写があり興味深い。それは「気の毒な女性に同情する」という一方的な力関係とは異なり、対等の人間関係が感じられて極めて現代的である。

さらに、越劇では陳世美が秦香蓮に宛てた手紙を配することで陳世美も本来は信頼するに足る愛情をもっていたこと、二人はきちんと愛し合っていたことが証明される。夫が宿に忘れて行った着物を張三陽から渡されると、

秦香蓮　(両手で着物を受け取り、涙を浮かべている) ああ、(胸に抱きしめる) あなた、丸々三年間というもの……あら、着物の中に手紙が？ (急いで手紙を読む)

(読み上げる) この手紙を湖広の故郷へ、すばらしい妻秦香蓮のもとへ届けよう。……妻よ、私は忘れない。東に銀子を西に食料を、と頭を下げて用立ててくれた恩を。髪を切り、路銀を作ってくれた恩を。短い手紙では書ききれないこの思い、早く戻って伝えたい。

ああ！ (唱) 手紙を読み終え、狂おしいほどの喜びに包まれる。あなたはなぜこの手紙を出してくださらなかったの？　お仕事が忙しいの、まさか病気ではないかしら。

実際には投函する前に附馬となったために、出世に目のくらんだ陳世美は手紙を書いたことすら忘れていたのだが、後にこれが悪事の証拠となる。一つの愛情の証拠が、その裏切りの証拠に変化するのである。

②秦香蓮の成長物語

この作品の中で、秦香蓮は人間として二段階の成長を見せている。作品の冒頭では、彼女は夫の愛情を疑うことすら知らない妻だった。だが、「二幕　唱曲」「三幕　殺廟」で夫の真の姿を知った彼女は、夫を棄てて一人で子どもを守る母の道を選択する。さらに、「四幕　鍘美」では裁判を通して、不平等な社会に対して異議申し立てをする強い母・女・人間へと変化するのである。

(一) 夫を棄てる妻へ

「一幕　闖宮」で陳世美の屋敷を追い出された秦香蓮は張三陽から「渡された金をもって田舎に帰る」よう諭される。だが、「五〇元で畑は買えても、良心道義は買えません。このまま認めると、子どもと亡くなった義両親に申し訳が立ちません」と恨みを晴らしたい心を話す。ここで注意すべきは、秦香蓮は夫の心変わりを恨み、こちらの状況を法廷に伝えたいとは考えているが、決して夫婦の形を元に戻そうとは考えていないことである。

「二幕　唱曲」は自己弁護をする陳世美の歌で始まる。「競争の激しい官僚の世界で出世するために選んだ方法をあの世の両親も許してくれるだろう」と歌う。王延齢に連れられた秦香蓮は「別れのあの日、夫婦の愛情は永遠で、雷にも雪にも砕けないと誓ったのに、たったの三年でその誓いが灰になってしまうとは……(子どもや年寄りに聞かれたら)いつもお仕事がたいへんでお帰りになれないのよ、と話して聞かせていたのに。まさか帽子に官僚の花を挿し、堂々と宮中を闊歩していたなんて」と夫への恨みを吐き出す。だがこの時もまた、彼に戻ってくれとは決して言わないのである。

陳世美はいったん承知したものの、やはりそれでは皇女に申し開きができないと考え直し、秦香蓮の同情を引く作戦に出る。「お前も辛いが、私も辛い。貧しい出身で出世していかねばならないこの身の辛さをわかってくれ」と訴える。そのために子どもの認知を諦めてくれと言うのである。

彼の訴えを聞きながら、その甘えた自己中心ぶりに失望した秦香蓮は渡された五十両をその場に残し、自ら退場する。それに気づかずに陳世美は自分の事情を長々と歌い続ける。歌い終わるとようやく彼女が金を拒絶したことに気づき、そこに悪意を深読みして暗殺を企てる。だが実際、彼女の方はさっさと夫に見切りをつけているのである。

「三幕　殺廟」では、「お父さんは本当に僕らが要らなくなったの？」と尋ねる息子に秦香蓮はこう答える。

秦香蓮　あの人が私たちを要らないと言うのなら、私たちはもっと要らない。
　　　英哥、冬妹！あんな男はおまえたちの父親にふさわしくない、宮中の犬です。
　　　富貴と栄華のために、喜んで犬畜生に成り下がったのです。
　　　見ておきなさい、欲を出して出世を求め、不義の輩の行く末を。
　　　おまえたち、夜の闇も風の寒さも恐れることはありません。
　　　あなたたちのそばにはこの母がいます。
　　　母の懐こそは蓮の台、あなたたちの暖かな家なのです。

秦香蓮はここで完全に夫を見限っている。そこには復讐の気持ちなどいささかもなく、すでに二人の子どもの母として新たに生きていく覚悟を決めている。その場に陳世美から遣わされた暗殺者韓琪がやってくる。秦香蓮に同情した韓琪は親子を逃がそうとする。だが、そうなれば戻った韓琪が責められると考えた秦香蓮は、子どもたちを逃がして自分を殺すようにと頼む。自分の命を投げ打ってでも義を通そうとする秦香蓮に心を打たれた韓琪は、三人を逃がすために自刎して果てる。それを見て、秦香蓮は決然として都に戻り、夫の非道を包拯に訴えるのである。それは韓琪の名誉のために、卑怯な陳世美を許しておけないと考えたからである。

（二）社会に物言う母へ

皇太后に屈した包拯に対する怒りと絶望については、京劇でも同じ内容の唱が歌われる。だが、越劇の秦香蓮はさらに包拯に迫り、包拯の弱さを皮肉るのである。

秦香蓮　包拯さま！　一つお願いがございます。
包　拯　何なりと申してみよ。
秦香蓮　（唱）この「明鏡高懸」(25)と書かれた額を取り下げてください。
　　　　醜い名を世間に流さないために。

ここで秦香蓮が批判する対象は包拯個人ではない。その対象は包拯をもってしても公正化することのできない社会そのものである。越劇の秦香蓮は棄てられた妻から夫を見限って子どもを守る母へ、さらに子どもの将来のために社会権力を敵に回して闘う母へと変化するのだ。

ラストシーンでは、京劇の職を投げ打っても法律と社会を守ろうとした包拯が主役である。秦香蓮親子はその横で立たずむだけである。だが越劇では、この場の主役もやはり秦香蓮なのだ。秦香蓮は心からの感謝と敬意を込めて跪き、深くお辞儀をして礼を尽くす。そしてしっかりと子どもたちの手を握り、新しい生活へと歩みだす。この場面について、台本には「合唱の中、ライトが点く。秦香蓮は息子と娘の手を引き遠くへと歩き去る」としか書かれていない。だが演出家楊小青はこの場面を作品のクライマックスとして、たっぷりと時間をかけて演じさせる。女性を理解しサポートする社会への感謝をはっきりと示し、一人で子どもを育てる女性が決して孤独ではないことを表現する意図であろう。この場面があるからこそ、両手に子どもの手を引き観客を見つめる秦香蓮に、凛々しいだけでなく精神的ゆとりを感じさせるのである。

出世に目がくらみ家族を見棄てるような薄情で不甲斐ない男は、こちらからきれいさっぱり棄ててしまう。自分で子どもを育て、力を貸してくれる友人には友情厚く義理堅い姿勢を貫く。社会の不正に対しては、ひるむことなく自分の意見を主張する。これはまさに夫との愛情生活だけで人生を完結することのできない現代女性の成長ストーリーではないか。『天道正義』は秦香蓮の物語を借りて、「女は男に幸福にしてもらうわけではない。自分の力で幸せになるのだ」と語る新しい女性像を見せてくれていたのである。

第一回中国越劇芸術節では茅威濤率いる浙江小百花越劇団が新版『梁山伯与祝英台』で舞台装置の大型化、形式美の追求という新しい方向性を打ち出して注目を集めていた。だが、『天道正義』はその路線とは正反対に、シンプルな舞台設計、効果的な照明、力のある俳優で勝負しており、結果的にコンテストのトップ十作に選ばれる高い評価を得た。総合芸術としてのこの作品の魅力を語る時には、劇本のもつ合理性と、演出によって描き出された女性像の現代性がまず指摘されるべきであろう。

学問研究の場で越劇に対する視線は冷たい。今でも越劇の特長を「文化的レベルの低い女性の共感を呼ぶ」劇種と考える知識人もいる。その主たる理由は、越劇は京劇と異なり、観客に「入口の閾（門道）」を求めないからだろう。歴史上の人物や演技の型が示すルールを知らなくても「女性観客は等身大の自分の感覚で同情や共感を抱くところに美感を感じ、舞台上の祥林嫂の悲惨な運命に同情の涙を流しハンカチを濡らす、そしてそれで満足する」(26)のだ。彼女らにとって舞台で繰り広げられる物語は、自分の物語でもあるのだ。

女性が好む文化を軽視するこの態度は、日本における宝塚歌劇への視線とよく似ている。だが一九四〇、五〇年代にさかのぼって考えると、越劇が京劇に次ぐ第二の劇種にまで成長したのは決して偶然でもなければ、共産党が支援をしたからだけでもない。何よりも越劇作品そのものに当時の女性観客の心を掴む力があったから、女性の琴線に触れて共感を生み、カタルシスを与えてくれる名作を生んできたからである。

そして楊小青演出の『天道正義』は越劇の伝統と新しい女性像を備えた名作となった。だからこそ決して経済的に豊かでない地方劇団の無名女優が、越劇百周年を記念するコンテストで最大のスタンディングオベーションを引き起こしたのである。

筆者は一九九九年に北京で中国評劇院の『秦香蓮』（劉萍主演）を観て、延々と泣いてすがりつく妻の粘着質ぶりに辟易したことがある。こんな女だと男も逃げだしたくなるだろう、と陳世美に同情すら感じたほどだった。だが越劇では顧頌恩の劇本が秦香蓮を凛々しいシングルマザーに生まれ変わらせている。

越劇の秦香蓮は「捨てないで、私を認めて」とただすがりつくだけの無力な女ではなく、子供たちのために言うべきことはきっぱりと言い、人間としてのプライドをもつ毅然とした母である。「彼が私達を要らないというなら、私達はもっと要らない。私のいるところが家なのだから」のセリフに、割れんばかりの拍手が沸いた。

皇太后に懇願された包拯は、自分の俸給を与える代わりに訴えを引き下げるよう秦香蓮を宥める。だが逆に秦香蓮から、「五十両で買えなかったものでも三百両なら買えるというのか」と詰め寄られる。この場面では「好！」の声が乱れ飛び、最後は観客が総立ちとなった。カーテンコールでは舞台前に押しかける人が幾重にもなった。押し寄せた観客の中に中高年男性客の多いことが、一定のスターにファンが群がる上海越劇院や浙江小百花越劇団とは異なっている。

秦香蓮役の楼明迪は、「トップ十俳優」選出の際に、審査委員たちが「あれは誰だ？　どういう字を書くのだ？」と大騒ぎした、まったく無名のダークホースだった。この浙江省諸暨越劇団には『西施断纜《せいしだんらん》』（一九九六年、楊小青演出）という大ヒット作品がある。だが、その後主役の周柳萍《しゅうりゅうひょう》が紹興越劇団に移籍したため、劇団は存続の危機に陥った。今回のキャスティングではそれが逆に若い俳優にとってのチャンスとなった。劇団は諸暨市の全面的サポートを得て、楊小青を演出に招き、起死回生の作品創りに取り組んだのである。

しかし実際問題として経費も団員も不足しており、最後の裁判の場面では俳優経験のない団長までもが衣装を着けて舞台へ上がったという。よい芸術作品を作り、それによって地方都市の威信を高めようとする、芸術と政治の幸福なパートナーシップがあってこそ生まれた作品であった。

第四節　越劇の展開

本節では第一回中国越劇芸術節（二〇〇六）と第三回中国越劇芸術節（二〇一四）に出品された楊小青演出作品を中心に、特筆すべき作品や俳優を紹介する。それらはみな多様に展開する越劇の一面を見せてくれている。

第一回中国越劇芸術節で楊小青は開幕式、閉幕式とともに現代劇『紅色浪漫《こうしょくロマン》』（浙江越劇団）（図6）、『天道正

図6　浙江越劇団　現代劇『紅色浪漫』
左：陳芸（曾紫霞役）、右：華渭強（劉国鈜役）

義』、『越女三章』（紹興小百花越劇中心）を演出した。男女合演、資金の乏しい地方劇団、新しい男性像の創造という越劇の抱える問題に対する彼女なりの回答が提示されたと言えるだろう。劇目賞と「トップ十俳優」の発表では淡々としていた観客が、特別賞で楊小青の名前が呼ばれたとたんに沸き、会場は大きな拍手に包まれた。誰が現在の越劇を支えているのかを、観客は知っているのだと感じさせる一幕だった。

第三回でも楊小青の活躍は目覚ましい。開幕式、『大唐驪歌《だいとうれいか》』（温州市越劇演芸中心）、『董小宛《とうしょうえん》与《と》冒辟疆《ぼうへききょう》』（南通芸術劇院越劇団）、『摂政王《せっしょうおう》之恋』（杭州越劇院）、『屈原《くつげん》』（紹興小百花越劇団）、『陸羽問茶』（余杭小百花越劇芸術中心）、『甄嬛《しんけん》』（上海越劇院）、『閉幕式・越劇流派名家演唱会』の演出を担った。実際には楊小青が各劇団に所属する若手演出家を指導しながらも、プログラムから自分の名前を外している作品も多いという。これは越劇界に彼女に代わる演出家がまだ生まれていないことを示すエピソードであるが、同時に楊小青が次世代の人材を育成中であることも示している。

（1）『越女三章』（二〇〇六年、紹興小百花越劇中心）（図7）

本作は、越国出身の有名女性三名を描いたオムニバス作品だ。前半二本は九〇年代の楊小青の名作『西施断纜』『陸游与唐琬』の名場面に楊小青本人が手を加えた新作で、後の一本は『梁山伯与祝英台』という越劇の名作である。西施《せいし》、唐琬、祝英台をそれぞれ周柳萍、呉素英《ごそえい》（カラー口絵8）、陳飛《ちんひ》（カラー口絵16）という三人の実力派女優が演じた。だが実際の主役は一人三役（範蠡、陸游、梁山伯）をこなした呉鳳花《ごほうか》である。タイプの違う女優を相手にし、ベテランの演技力と若々しい美貌で観客を魅了した。

①『西施浣紗』

母国のために呉国に嫁いでくれと恋人に跪く範蠡《はんちゅう》。あなたの頼みならばと決意する西施。一九九六年の『西施断纜』に比べると、ずいぶんあっさりと、明るい西施の旅立ちである。これも懊悩する西施の芝居ではなく、女に無理を承諾させる男の芝居になっているからだろう。群舞による水袖の技をたっぷり見せた。

②『唐琬遺恨』

舞台中央に陸游の書が一面に書かれた紗幕。茅威濤版との違いは、陸游が「三年待ってほしい」と唐琬に宛てた手紙にある「三年」の文字を母親が「百年」と書き換えたことに、唐琬が気づいていたのかという点である。茅威濤版では唐琬はそのことに気づいていたが、そこまで姑に嫌われていたことを知り二人の仲を諦めたという演出だった。だが、呉鳳花版では二人とも母の言葉にすっかり騙され、そして二人同時にそのことに気づく。そこに騙され易い、単純な二人に若さゆえの悲劇性が突

図7 『越女三章』

出して、呉鳳花のもつ真っ直ぐで純な若者のイメージに似合っている。陸游が筆ではなく水袖で文字を書くのだが、越劇の男役がこれほど派手に水袖を使うのは珍しい演出だ。『陸游与唐琬』が楊小青・茅威濤コンビの作品の中でも傑出した名作であるため、茅威濤とはまったく異なる陸游を創り上げようとする演出家の意図が感じられた。

③『英台祭兄』

梁山伯の死から回想シーンへ入るという構成が斬新である。古典の『梁山伯与祝英台』をきちんと踏襲し、観客の心を掴んでいる。学問を志す女性とその生き方を支持する男性の出会い、男同士としてくつろぐ塾での場面、祝英台の謎かけにピンとこない梁山伯をからかう「十八相送」と、名場面を押さえた上で、離れていたわずかの間に成熟した男女の感情を爆発させる「楼台会《ろうだいかい》」では、しっかり観衆の心を掻き立て、カタルシスを与えてくれる。短い作品ながら、いい越劇を観たという満足感に酔った。最後は真っ白の世界から一転、天井から吊り下げられたリボンを身体に巻きつけた男女が回転する雑技団も参加して、色鮮やかなフィナーレが置かれた。

呉鳳花はこれまで武戯のできる小生として注目を浴びてきたが、今回はその個性が新しい時代の小生像を創り上げている。一九九〇年代の茅威濤は社会の抑圧と闘う、「悩める小生」として一世を風靡した。恋愛に明け暮れたこれまでの小生とは違い、孤独と寂寞が漂う、大人の男性の知性を感じさせる尹《いん》派の小生像であり、それは当時の女性観客たち自身が内包する男性性の表れと見えた。

それに対して、二十一世紀の呉鳳花は「行動する小生」である。まっすぐで、明るくて、単純で、決して女性を裏切らない。女性が自分を委ねるような強く頼れる男性ではないかもしれないが、軽やかな透明感を持った美しさで女性の人生に輝きを与えてくれる、永遠の少年性を備えた范《はん》派の小生像だ。悩む男性から、悩む女性を支える男性へ。呉鳳花の創る男性像は、新しい時代の女性たちの望みを体現しているのであろう。

(2)『大唐驪歌』(二〇一四年、張思聡作、温州市越劇演芸中心)(27)(カラー口絵6)

楊小青はかつて「今の自分があるのはいろいろな人たちに支えられたおかげだという思いがあります。人生、男女の愛情だけではない」(28)と語ったが、彼女の問題意識はさらに現代性を帯び、多岐にわたっている。彼女が特に好んで描くテーマに女性と女性の関係があるが、開幕演目として上演された『大唐驪歌』は「母からの自立」という母と娘の新しい関係を描いて、特筆すべき作品となった。

〈あらすじ〉

舞台は唐の都長安。中国史上唯一の女帝・則天武后には、太平公主という愛娘がいた。太平公主は灯籠祭りの夜に神策軍(エリート禁軍)の武人薛紹《せつしょう》と出会い、一目惚れする。娘からその話を聞いた則天武后は、彼に嫁ぎたいという愛娘の願いを叶えるため、薛紹を呼び出す。太平公主は知らなかったが、実は薛紹は既婚者で子もいた。則天武后は薛紹の妻・慧娘に死を賜い、無理やり彼を娘婿にする。

薛紹は則天武后を深く恨み、太平公主に対して氷のように冷たく接するが、太平公主は広い心で受け止めた。則天武后はさらに、太平公主を愛さなければ一族にも災いが降りかかると薛紹に圧力をかける。薛紹はやむを得ず太平公主に対して丁重な態度を取るようになるが、先妻慧娘を想い、彼女との間に生まれた息子を寺で密かに育てていた。

それから六年がたった。歳月は人の心にも変化を与えた。太平公主の己れへの変わらぬ愛情に心動かされつつあった薛紹は、唯一の気掛かりだった息子の将来が保証されると、板挟みの苦悩に終止符を打つため自ら命を絶った。はじめてすべての真相を知った太平公主は、愛する男の骸を抱きしめて母に問う。「これがあなたの愛なのですか？」と。

母である則天武后は娘の太平公主の幸福を何よりも望んでいる。娘には「自分のような血なまぐさい人生ではなく、いつも朗らかで太平に暮らせること」を望む愛情深い母親なのだ。と同時に、娘の幸福のためには他の女性の命を平気で犠牲にする権力をもつ残酷な母親である。また、妻ある男性を愛した太平公主も、事実を明白にしないまま自分たちの幸福を守ろうとする。それはどんな望みも許されるという生き方に甘えてきた彼女の弱さでもあった。死を賜った亡き妻への愛と太平公主の真摯な愛の板挟みに苦しみ、薛紹は自ら命を絶つのである。

ラストシーンで夫の亡骸を抱きしめる太平公主に「家に帰ろう」と母は話しかける。「どこの家に帰るというの？　私たちが帰る家は別々なのに」と娘は答える。しばし沈黙の後、家来に支えられた則天武后は娘に背を向け、その場を後にする。背を向け合う二人。これまで母に依存してきた可愛い太平王女が、この時はじめて孤独に耐える強さを見せる。その毅然とした姿は、また母にそっくりである。

相手が自分の幸福を最優先に考えてくれると信じているだけに、娘が母から自立することは難しい。二十一世紀のノラ（イプセン『人形の家』の主人公）にとって、最大のテーマは夫ではなく母からの自立であり、それは愛する男性を失わねば達成できないほど困難なものなのだ。ここに、長年の一人っ子政策と急激な経済成長が生んだ「母と娘の癒着」物語が浮かんで見えた。

日本でも二〇一〇年前後に『シズコさん』（佐野洋子作、二〇〇八年）、『放蕩記』（村山由佳、二〇一一年）、『母は娘の人生を支配する　なぜ「母殺し」は難しいのか』（斉藤環作、二〇〇八年）など、娘と母の関係性を問い直す小説や評論が盛んに出版された。それらの読者の多くが女性であることを思う時、女性演劇越劇のもつグローバルな性格を認識させられる。

（3）『摂政王之恋』（二〇一四年、楊鋭作、杭州越劇院上演）(29)（カラー口絵7）

一九四〇年代に范瑞娟《けんずいけん》が主演した作品と同じ題材を使ってはいるが、まったくの新作である。清朝三代の皇帝に仕えた実在の名摂政ドルゴンの、後継者争いと愛情争いに翻弄された一生を描く。

〈あらすじ〉

金国ヌルハチの第十四皇子ドルゴンは、最愛の母がヌルハチに殉死し、皇帝の位も恋人・大玉児も二十歳上の兄・皇太極に奪われる。この逆境の中、明を滅ぼして清の国作りに功績を立てる。皇太后になった大《たい》玉児《ぎょくじ》への純愛を抱きつつ、自身は皇帝になることなく補佐役に甘んじていたのだ。皇太極の死後、ようやく大玉児に求婚するが思いがけず拒否され、さらに息子・福臨に皇位を継がせるために摂政となってほしいと求められる。だが成長した福臨は自分を粗略に扱うドルゴンに不満を抱く。福臨派の毒矢に倒れたドルゴンは、大玉児との思い出の場で、彼女の胸に抱かれて息を引き取る。

唯々諾々と運命をうけ入れているかに見えていたドルゴンが、皇帝の位と恋人への執着を吐露する場が見所の一つである。ドルゴン役の陳雪萍（范派）は、度重なる不運をひたすら耐え忍ぶ誠実な役柄にぴったりはまっている。また純情な少女からしたたかな皇后へと変化する大玉児を、能面のような表情で演じる謝群英《しゃぐんえい》が秀逸だ。「あなたの元へ降嫁するのは嫌。息子に皇位を継がせたい。あなたには福臨を支えてほしい」。「なぜだ?!」。変わってしまった恋人の心を知り、これまで蓋をしてきたドルゴンの欲望がこぼれ出る。「私だって皇帝になりたい！」。ドルゴンの切なさを、陳雪萍が熱演している。

『秦香蓮』をはじめ、中国の伝統劇に心変わりをする男性の物語は数多い。だからこそ、これまでは出世や私欲で糟糠の妻を捨てたりしない男と女の純愛を描く越劇作品が女性観客の心を掴んできたのだろう。だが、人は変わるのである。男性だけでなく、女性も変わるのだ。娘から母へと変わっていく女性に、いつまでも恋人への純愛だけを心に抱いて生きることはできない。大人の女性のための越劇作品誕生である。

（4）『屈原』（二〇一四年、呂育忠作[30]、紹興小百花越劇団）（図8）

『屈原』は一九五四年に郭沫若の話劇を馮允庄《ひょういんしょう》（蘇青）が越劇に改編し、尹桂芳《いんけいほう》が屈原を、戚雅仙が嬋娟を演じて華東戯曲会演で一等賞を受賞した。今回の作品は、馮允庄脚本をもとにした新作である。

〈あらすじ〉

楚国振興という偉業のために、左徒・屈原は国内改革を推し進めている。国外に対しては斎と合従し、大国の秦に対抗しようとした。そのために法律を改め風紀を引き締め、内政に非凡な才能を発揮する。秦の大臣・張儀は秦に服従せよと主張し、繰り返し楚と斎の連盟を妨害し、南后をたぶらかし、楚の懐王をだまし、讒言を用いて屈原を陥れる。逆境の中、屈原は寺に幽閉されながらも天下を憂い、自分の理想を堅持する。楚の失政、官僚の腐敗、貴族階級の貪婪を批判し、楚の懐王に進言する。だが懐王は怒るだけで戦わず、恨むだけで屈原の心を察せず、登用せず、そのために楚は滅んだ。屈原は自分の無力を恨み、国の滅亡を悲嘆しながらも、最後まで祖国への愛情を抱いて汨羅《べきら》江に身を投げる。

一九五〇年代版でも小生の尹桂芳が髭をつけて愛国の大詩人に扮し、高い評価を得た。登場人物は同じだが、物語は大きく異なる。一九五〇年代版では、南后の性的な罠や女弟子・嬋娟の恋情など屈原をめぐる色恋の見せ場が用意されており、最後は新たな男弟子とともに救国の道を歩み出す。

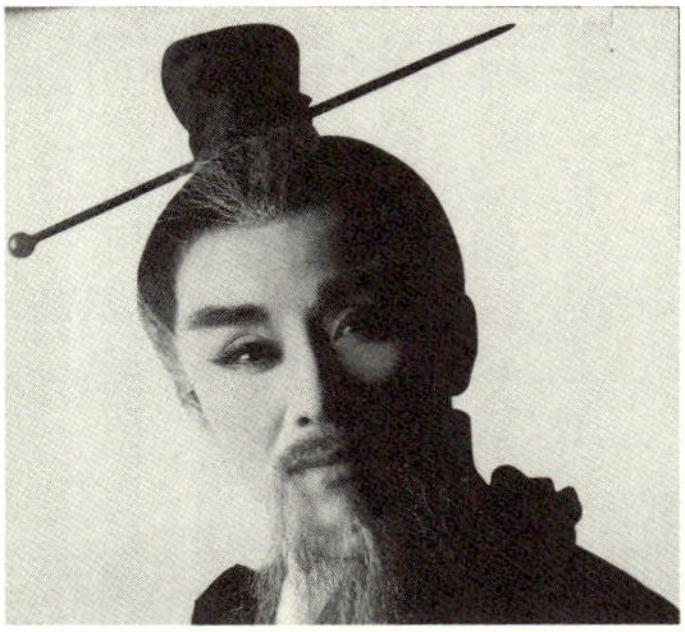
図8　吳鳳花『屈原』(屈原役)

だが二〇一四年版に色恋の場面はなく、女弟子に「人間はどうあるべきか」を優しく説き示す屈原を、吳鳳花が父性あふれる魅力的な男性に表現している。さらに屈原は弟子に対して男女を問わず平等に接しており、死後も彼の志は男女の弟子たちによって平等に継承されるのである。二〇〇六年に『越女三章』で「永遠の少年性」を見せた吳鳳花が、今回は大人の男性のゆとりを見せ、いずれも現代の女性が求める男性像を見事に体現していた。また息子を守るために屈原を殺そうとする南后役の吳素英も悪女役を好演。周正平の冴えた照明も特筆しておきたい。

おわりに

楊小青は戯曲界に不動の地位を確立し、二〇一〇年代に入っても、その勢いは衰えなかった。その芸歴五十五周年を記念して、二〇一二年九月六日〜十六日に杭州で「楊小青演出芸術シンポジウム兼作品上演会」が開かれた。文化部芸術司、中国戯劇家協会、浙江省文化庁、浙江省戯劇家協会主催で、シンポジウムには国内外から二百名の専門家が集い、記念論文集『粉墨丹青――楊小青導演芸術』が出版された。同時に杭州劇院で『陸游与唐琬』『李慧娘』（カラー口絵8）『班昭』『簡・愛』『九斤姑娘』（カラー口絵9）『将軍道』の六本が一挙に上演され、閉会式では各越劇団のトップスターが集まり代表作の唱を聞かせて多くのファンを喜ばせた。いち演出家を記念するこのようなイベントは極めて珍しいものである。

彼女の仕事は多くの女優に新たな道を切り拓いただけでなく、劇場スタッフの社会的地位を向上させた。二〇一四年の第三回中国越劇芸術節では楊小青の手による作品で茅威濤と同世代の女優たちが大いに活躍し注目を集めた。

温州市越劇団の鄭曼莉《ていまんり》（カラー口絵18）、杭州越劇院の陳雪萍（カラー口絵17）・謝群英（カラー口絵13）、紹興小百花越劇団の呉鳳花（図8・カラー口絵15）・呉素英らは五十歳前後（一九六〇年代生まれ）の茅威濤と同世代で、みな国家一級俳優や梅花賞受賞の称号を持つ実力者ばかりである。浙江越劇を代表する三劇団があえて彼女らの年齢を生かした新作を創っていることが、第三回中国越劇芸術節の大きな特徴だった。その結果、これまでとは異なる「大人の越劇作品」が生まれていたのである。

女性だけで演じるために、越劇はしばしば「中国の宝塚」と呼ばれる。だが宝塚歌劇団と異なり、越劇には結婚で退団するという規則はない。プロの俳優としてのキャリアに一人の女性としての実人生が加わり、さらに深みを増した演技を見ることができる。それが宝塚歌劇団との大きな差で、越劇の優位な点であることを見せつけた。

一九二〇年代に貧しい浙江省の村で生まれた少女たちにとって、越劇女優という職業は生きるための選択肢を増やしてくれた。だがラブロマンスが中心の作品では、若さと美貌が何より優先され、俳優として最も円熟した時期には舞台に立てなくなる。そのために、女優という仕事は一生の職業とはならず、彼女らにとってはやはり結婚が人生最良のゴールだった。

だが年齢にふさわしい作品に恵まれることで、彼女らは本来の小生から老生へ、老生から老旦へと挑戦し、表現者としての新たな扉を開いたと言えよう。その意味では、袁雪芬《えんせつふん》たちが望んだ、女性の一生の仕事としての越劇女優という職業が、今ようやく成立したと言えるのではないだろうか。

また第三回中国越劇芸術節では親子関係を描いた作品の多いことに気づかされた。その代表は『大唐驪歌』だが、『賀双卿』（福鼎市閩浙辺界文化芸術交流中心）では不幸な結婚の末に孤独感にさいなまれる夫や息子を心配する二人の母親が、『海蘭花』（舟山師芸術劇院小百花越劇団）では仕事と家庭生活に引き裂かれる女性校長のつらさが、『探春』（余姚市芸術劇院越劇団）では高い志をもつ娘とその足を引っ張る実母との葛藤と和解が、『双獅図』（平陽県小百科越劇団）では家族のために立身出世を望んだ結果、家族を失いかける父親の姿が描かれた。いずれも現代的な家族の問題を浮き彫りにしていて、大変興味深い。越劇のテーマが恋愛から家族へと重心が移っているのも、大人になった女性観客が異性愛以外に自分の居場所を確保していることの証明なのかもしれない。

『西廂記』（一九九二年）以来、楊小青の演出する楊派越劇は詩化越劇と称されてきた。その演出方法は、着実にフィールドを広げてきた。俳優の力だけではなく、照明・音楽・舞台美術・衣装などのハーモニーによって女性の成長を伴うすべてのできごと――変わることのない純愛も、移ろいゆく心も、大人の悩みも、人間の欲望も、男性の人生も、そのすべてが高い芸術レベルで表現できるようになったのだと感じさせる。

一方、茅威濤は二〇〇六年三月には谷崎潤一郎の小説『春琴抄』を改編した『春琴伝』（郭小男演出）を発表した。その斬新な形式には『蔵書之家』の時と同様に反対意見や批判が絶えなかった。だが同年十月に行われた第一回中国越劇芸術節では、新版『梁山伯与祝英台』（図9）（郭小男演出）を発表し、劇目金賞、「十佳俳優」ともに第一位に選ばれた。群舞、下から吹き上げる蝶の群れ、向かい合う男女というお得意のシーンが多用される。ツタと花がからむ鉄のオブジェが額縁舞台の四方を取り巻く舞台美術は宝塚歌劇団を思わせる豪華さである。二人の出会いのシーンから茅威濤が情熱的な梁山伯を演じ、これまで描かれてきた梁山伯に親しんだ目にはずいぶん違和感があった。だがそれも「茅威濤だから」と好意的に受け止められており、越劇界にとって彼女がいかに特別な存在であるかが感じられた。

図9　浙江小百花越劇団　新版『梁山伯与祝英台』　左：陳暁紅（祝英台役）、右：茅威濤（梁山伯役）

二〇〇六年の茅威濤は多忙を極めた。中国戯劇家協会副主席・浙江省戯劇家協会副主席を務める茅威濤は越劇百年イベントが始まった春から会議や作品以外でも活発な動きを見せていた。若者の集まるクラブで越劇演唱会を行なったり、『春琴伝』上演後のステージでは女優たちに流行歌を歌わせたり、と若い越劇ファン増加のために試行錯誤している様子がうかがえた。

一劇団の団長としてだけではなく越劇界のトップとして劇種そのものを牽引せねばならない彼女の重責と焦りはいかほどであろう。気の毒なほどの働きぶりだが、彼女の目指す新しい越劇の方向性は従来の越劇ファンの期待に必ずしも沿ってはいないように見える。だが一九四〇年代の袁雪芬が発表した新越劇作品も、初めから観客を掴んだわけではなかった。茅威濤もまた、越劇の新たな道の開拓者を任じて奮闘しているのだ。(31)

二〇一三年、茅威濤はブレヒトの『セチュアンの善人』を改編した『江南好人』(カラー口絵10)を発表。二〇一四年の第三回中国越劇芸術節では『二泉映月』を発表し、孤独に生きる盲目の男性音楽家阿炳《あへい》を美しく演じて異彩を放った(カラー口絵11)。阿炳は清末の民間芸人で、売芸で生計を立てる二胡の名手だった。『二泉映月』は彼の代表曲のタイトルである。「おかあさん、どこにいるの?」「お月さまにいるわよ」という会話で幕が開く。父親から引き継がれた音楽の才、「私生児」の烙印、父に反抗して家出、花柳界におぼれ性病で失明。女に支えられる芸人暮らし、盲目ゆえに従軍もできず、引け目と自己嫌悪の日々。ライバルの戦死、託された亡父の楽譜と母の手紙、解脱、心から湧き出る音楽と名曲の誕生。日本軍による侵略がきっかけで、ストーリーが転がり出し、抗日エピソードが語られるたびに拍手が起きていた。

劇中には表題曲以外にも多くの二胡や琵琶の名曲が流れて耳を楽しませてくれ、黒メガネと白装束の茅威濤が一幅の絵としてたいへん美しい。だが、ひたすら後ろ向きのマザコン男性に女性観客の共感は得難いのではないだろうか。逆に、彼を支える董催弟役の陳輝玲の演技は観客を惹きつけて離さず、国家一級俳優の実力を見せつけた。本作が『摂政王之恋』『屈原』と並ぶことで、男性の人生を描くことが越劇の新たなテーマとして定着していることを感じさせた。

傅謹は二〇一四年の浙江小百花越劇団創設三十周年イベントで「茅威濤の作品は彼女個人にとって大きな賭け

であり、越劇の現代的影響力と歴史的発展に賭けたのだ」(32)と評した。茅威濤はその後も二〇一六年にシェイクスピア逝去四百年に合わせて『寇流蘭《こうりゅうらん》与《と》杜麗娘《とれいじょう》』を英国で上演。シェイクスピアの『コリオレイナス』と湯顕《とうけん》祖《そ》の『牡丹亭』を合わせた舞台で男女主役の二役を演じて熱烈な反響を呼んだ。本作はその後フランス、ドイツ、オーストリアでも上演され、越劇の魅力を世界に発信した。茅威濤の視野は広く、遠い未来を見つめている。

「母」なる浙江の越劇は楊小青の牽引によって「女たちの越劇」となり、今もなお中国女性の見たい・演じたい芝居を鋭く探り、多様化を続けている。そして茅威濤の越劇は越劇という劇種をも越境し、グローバル市場を視野に入れた新たな挑戦を続けているのである。

注

(1) 本名林白薇、一九五八年廣西北流県に生まれる。原籍は廣西の博白。二年間下放を体験し、その間に民営学校の教師も勤めた。一九八二年に武漢大学図書館系を卒業。図書館、映画会社などで働く。現在は北京に住み、編集の仕事にたずさわる。詩を書いたこともある。主要作品は、長編小説『一個人的戦争』、中短編小説集『子弾穿過苹果』、『同心愛者上能分手』など多数。中国作家協会会員。「オンライン現代中国作家辞典」。https://www.lang.osaka-u.ac.jp/~s_aono/zjcidian/zuojia/l/linbai.htm

(2) 一九六二年北京に生まれる。幼年は音楽を学んだ。一九八六年大学卒業。北京で大学中文系の教師をしたり、新聞記者、出版社編集などをした経験をもつ。オーストラリアとイギリスで生活しながら、講義をしたこともある。現在は北京に住み、専業創作に従事。中国作家協会会員。二十歳から作品を発表し始める。「オンライン現代中国作家辞典」。https://www.lang.osaka-u.ac.jp/~s_aono/zjcidian/zuojia/c/chen/chenran/chenran.htm

（3）「晩生代」の女性作家。一九九五年復旦大学中文系卒業。記者、編集者、テレビ局司会者、コーヒー店のウェイトレス、下手糞なドラマー、当らないコピーライターなどの職を転々とし、自作自演の話劇で「超市芸術展《に参加したことがある。現在上海で執筆活動をする。『蝴蝶的尖叫』『水中的処女』『像衛慧那様瘋狂』『欲望的手槍』などの小説集を出版しており、一部の作品は、アメリカ、ドイツ、日本に翻訳紹介されている。「オンライン現代中国作家辞典」。邦訳に『上海ベイビー』（桑島道夫訳、文春文庫、二〇〇一年）がある。https://www.lang.osaka-u.ac.jp/~s_aono/zjcidian/zuojia/w/wei/hui/weihui.htm

（4）一九七〇年生まれ、上海出身。一九八六年創作を開始。一九八七年高級中学退学。一九九七年に初めて作品『一個矯柔造作的晩上』を発表。「オンライン現代中国作家辞典」。邦訳に『上海キャンディ』（三須祐介訳、徳間書店、二〇〇二年）がある。https://www.lang.osaka-u.ac.jp/~s_aono/zjcidian/zuojia/m/mianmian/mianmian.htm

（5）楊小青「私の追求する『詩的』なるもの」（中山文編著『[新版]越劇の世界――中国の女性演劇』NKStation、二〇一九年）。

（6）張英「填家底還是転基因――茅威濤与〝小百花〟的三十年」（『南方週末』二〇一四年）。

（7）北斉の王子。勇猛かつ美貌の名将として名高い。

（8）ギリシア悲劇。テーバイの王オディプスは先王殺害犯を追及し、それが自分であったと知る。母と交わり子をもうけていたことを知り、自ら目を潰し王位を退く。

（9）同（6）。

（10）津田忠彦「浙江小百花越劇団招聘公演のこと」同（5）書一七四頁。

（11）金星（一九六七年～）モダンダンサー、中国初のMTFパフォーマーとして有名。

（12）羅懐臻（一九五六年～）、伝統劇の劇作家。中国戯劇家協会副主席。主な作品に淮劇『金竜与蜉蝣』、京劇『宝蓮灯』、『李清照』、越劇『真暇駙馬』、甬劇『典妻』等がある）。

（13）何澍　上海京劇院老生俳優、国家一級俳優。

（14）詳しくは、中山文・細井尚子「二〇〇六年中国越劇芸術節報告」（神戸学院大学人文学会編『人間文化 H&S』第二二号、神戸学院大学人文学会、二〇〇七年）。

(15) 顧頌恩(一九九四年〜)浙江嘉善人、浙江省文化庁副長官を務めながら、《紅系譜》《呉王悲歌》《白兔記》《漢武興邦》《豪姑塔》など越劇台本を多数執筆し、楊小青が演出。一九九九年浙江省劇作家協会主席。

(16) 加藤徹「中国地方劇脚本の流伝と展開——梆子・皮黄劇「鍘美案」を題材として」(東京大学東洋文化研究所編『東洋文化』第七一号、東京大学東洋文化研究所、一九九〇年)。

(17) 評劇は華北省の地方劇。評劇、京劇の異動については、及川純子「趙五娘から秦香蓮——解放後の戯曲改革」(『藝文研究』vol. 92、慶應義塾大学藝文学会、二〇〇七年)一七〇〜一八五頁参照。

(18) 一九九九年五月二十四日、中国評劇院二団、北京評劇大劇院での上演。席宝昆・魏栄元演出、柳萍主演。

(19) 加藤徹「地方劇『秦香蓮』の成立と発展」(東京大学大学院人文科学研究科修士論文、一九八八年)には、女主人公の性格の変型には時代・地域差があると指摘されている。

(20) 同(16)。

(21) 一九九九年、新中国成立五十周年を記念して五十年間の優秀芸術作品五百作品が政府指導で編まれ、DVD化された。そのジャンルは映画、テレビドラマ、演劇(伝統劇、話劇)、音楽、芸能、サーカスの広きに及ぶ。

(22) 台詞については、陳予一主編『経典京劇劇本全編』(国際文化出版公司、一九九六年)所収の『秦香蓮』を参考にした。

(23) 一九九九〜一〇六二。北宋の政治家。包公、包青天とも呼ばれ、中華圏では清廉潔白な官吏の代表として誰もが知る歴史上の人物である。ちょうど日本の大岡越前や水戸黄門のようなキャラクターとして、現在も舞台やテレビドラマにしばしば登場する。

(24) 厳遅「在探索中前進——二〇〇六年浙江戯劇創作総述」(『戯文』浙江省芸術研究所、二〇〇七年)。厳遅は浙江省芸術研究所所属で『戯文』の元編集長、国家一級劇作家。

(25) 曇りのない鏡が高くかけられているということで、公平無私の裁判を行う官僚を褒め称えた言葉。

(26) 顧錫東「徽班進京与越劇到上海」(上海越劇芸術研究中心・上海越劇院芸術研究室編、高義龍・盧時俊主編『重新走向輝煌——越劇改革五十周年論文集』(中国戯劇出版社、一九九四年)三九頁。

(27) 本来温州方言は越劇で使用される紹興方言とはかなり異なるため、解放前には越劇団はほとんどなかった。一九五〇年以後王湘芝をはじめとする名優が集まり、各地に県クラスの越劇団が創設された。現在温州市には市直属の本劇団以外に、楽清・永嘉・平陽・瑞安県に公立越劇団と十二の民営プロ越劇団がある。張思聡（一九四三〜）は温州出身の国家一級劇作家で本劇団とは縁が深い。浙江省文聯副主席。話劇・戯曲・映画・テレビドラマ等四十作、主要作品に越劇『荊釵記』がある。

（28）楊小青・中山文「楊小青と越劇の六十年」（愛知大学現代中国学会編『中国21』vol. 20、二〇〇四年）三三頁。

（29）一九四〇年代の竾派作品のリメイクである。これまで折子戯では呉鳳花も演じたことがあったが、全編上演は今回の杭州越劇院がはじめてだという。パンフレットには本作を復活させた劇団に対する竾瑞娟の感謝の言葉が付されている。近年、杭州越劇院の活躍は目覚ましく、侯軍院長の指導のもと、イプセンの『ヘッダ・ガブラー』を中国化した『心比天高』、『簡・愛（ジェーン・エア）』、『班昭』など常に新しい模索を続けている。杭州越劇院の小生俳優である陳雪萍によると、楊鋭（女）は地質学の専門家でアマチュア作家だが大の越劇ファンで深い文化的素養を持つ。特に竾瑞娟と親交が篤く、他劇種の作品をリメイクしては竾派に提供した。陳雪萍が主役を務める『新獅吼記』も楊鋭の作品である。

（30）呂育忠（一九五一〜）はもと文化和旅游部芸術司一級巡視員。作品に佳劇『七歩吟』、京劇『屈原』、越劇『李慧娘』など、楊小青との合作が多い。

（31）傅謹「三十年与四個階段—浙江小百花発展之路」（『戯劇与影視評論』二〇一四年総第二期）。

（32）同（6）。

終章　越劇は自分をどうみたか

はじめに

二〇二一年八月六日、往年の越劇スター王文娟《おうぶんけん》が永眠した。一九二六年十二月十九日浙江省紹興嵊《じょう》県生まれ、本名王彩娟。国家一級俳優、国家級無形文化遺産項目〝越劇〟伝承者、越劇〝王派〟花旦創始者、上海白玉蘭演劇表現芸術終身成就賞などの国家的な賞を多数受賞。一九六二年の越劇映画『紅楼夢』のヒロイン林黛玉《りんたいぎょく》役で全国的に著名な人物である。

筆者は施銀花（一九一〇年生）ら一九二三年に誕生した「施家嵒第一女子科班」出身者を女子科班の「第一期生」、一九三〇年以後に続々と誕生した女子科班の出身者を「第二期生」と呼んでいる(1)。わずか数歳の年齢差でありながら、王文娟の経歴には二期生の先輩たちと大きく異なる点がある。それは彼女が浙江省巡業を経験していないという点である。

一九四〇年代の女子越劇興隆期を担う第二期生の姚水娟《ようすいけん》（一九一七年生）、筱丹桂《しょうたんけい》（一九二〇年生）、袁雪芬《えんせつふん》（一九

二二年生)、尹桂芳《いんけいほう》(一九一九年生)らはみな、上海上陸前に浙江省巡業を経験している。女性が結婚に頼らず自立することが極めて困難な時代に、女優という職業を選び故郷を離れた少女たちが身を寄せ合い、豊かな生活を目指して師匠のもとで学んだ生活の記憶。女子科班は同じ境遇の者同士が集う集団生活の場であった。

王文娟はその集団生活を経験せず、一九三九年に単身で上海に入っている。彼女は女子越劇の発展のために奮闘する先輩たちの姿を、いつも少し離れた場所から見続けてきた。後年、彼女は映画『紅楼夢』の冒頭「黛玉進府」について、「孤児林黛玉が祖母の住む賈家に身を寄せる場面で感じた心細さと今まで聞くだけだった新世界の珍しさは、自分自身の経験でもあった[2]」と語っている。

王文娟の最初の師匠は彼女の従妹であり、王杏花や支蘭芳(一九二二〜一九四二)らとコンビを組んだ小生スター竺素娥(一九一六〜一九八九)である。王文娟ははじめ小生を学んだものの、二年後には花旦へ役柄を変え、一九四四年からは竺素娥の相手役として『碧玉簪《へきぎょくさん》』『盤夫索夫《ばんふさくふ》』で主演を務めた。一九四六年には若手スター陸錦花(一九二七〜二〇一六)と『礼拝六』『金蟬記』などの現代劇で共演した。一九四八年春、小生のトップスター尹桂芳とコンビを組み『浪淘沙』『双槍陸文龍』などを上演、「小花旦と名小生」コンビと呼ばれた。同年夏以後は徐玉蘭《じょぎょくらん》(一九二一〜二〇一七)の「玉蘭劇団」に入り彼女と長期のコンビを組んだ。一九五二年に徐玉蘭と人民解放軍総政文工団へ参加し、一九五三年には朝鮮戦争前線慰問した。朝鮮の古典作品を越劇化した『春香伝』は王文娟の代表作の一つとなった。一九五四年には「玉蘭劇団」が「華東戯曲研究院」に統合され、民間劇団から国営劇団へのレベルアップを果たした。一九五五年「上海越劇院」設立後まもなく『紅楼夢《こうろうむ》』の林黛玉役を射止め、一九六二年には映画『紅楼夢』のヒロインとして中国全土に名を馳せた。彼女は越劇の人気が女役から男役に移る時代に、次々と人気男役とコンビを組むことができた幸運な女役と言えよう。

王文娟は越劇女優を「戯子《シーズ》」と蔑み性的凌辱の対象と見なす男性社会との闘争を合同公演という形で実現させた「越劇十姉妹」の中には入っていない。だが彼女らの行動をつねに身近なところで見てきた越劇史の生き証人と呼ぶにふさわしい人物である。中華人民共和国成立後、越劇が中国第二の劇種へと成長を遂げる変遷の中をつねに勝ち組として歩んだ王文娟にとって、その歴史はどのように見えていたのだろうか。

一九四七年、五劇団のトップスター十名が集まり『山河恋《さんがれん》』の合同公演を行った。これは、旧社会で虐げられてきた越劇女優たちが立ち上がり、劇場老板の支配を逃れて自らの目指す越劇を上演する劇場と学校を建てるための合同公演であった。この「越劇十姉妹」の快挙は中国演劇史の注目すべき出来事として伝えられてきた（第五章）。

「越劇十姉妹」の行動は、しばしば共産党の指導を受けた袁雪芬のリーダーシップを中心に語られてきた。一九四六年の『祥林嫂《しょうりんそう》』上演から一九四七年の筱丹桂自殺までの一年半は、袁雪芬が共産党と急速に親密さを増していく時期である。彼女の行動が共産党に導かれたものであり、その結果新中国成立後の袁雪芬は戯曲界全体の指導者として脚光を浴びるのだから、それも当然であろう。

だが一九四〇年代の、越劇史を越劇関係者の立場から語り直そうとする試みは二十世紀末から提起されていた。それが越劇版『舞台姐妹《ぶたいしゃまい》（舞台姉妹）』である。本章では、もう一つの越劇史の可能性について、一九六五年の映画版『舞台姐妹』、一九九八年の越劇版『舞台姐妹』、二十一世紀の越劇版『舞台姐妹情（舞台姉妹情）』を比較して考察する。

一九九八年、上海越劇院によって『舞台姐妹』（薛允璜《せついんこう》作）が発表された。これは一九六五年制作の映画『舞台姐妹』をもとにしてはいるものの、まったく別個の作品になっている。具体的に言えば、映画版は共産党から見た越劇史を、越劇版は越劇関係者から見た越劇史を描いているのだ。

また二〇一三年五月には越劇改革七十周年を記念した『舞台姐妹情』スター版が生まれた。ここでは徐玉蘭（当時九三歳）を筆頭に越劇界の長老俳優が多数出演し、チケット発売当日に全五ステージが完売となり話題を呼んだ。さらに二〇一五年八月には同作が上海越劇院設立六十周年記念として再演された。この時は全国十の越劇団から二十名以上の梅花賞・文華賞俳優が競演する華やかさが評判となった。

二〇一五年版の越劇『舞台姐妹情』について、上海越劇院の李莉院長は「越劇史は〝継承と団結の歴史〟である」と語った。映画版と二つの越劇版、この三つの『舞台姉妹』で何が、どのように継承されていたのだろうか。

（1）映画版『舞台姐妹』（林谷・徐進・謝晋作、謝晋監督、謝芳・曹銀娣《そうぎんてい》主演）

まず一九六五年の映画版『舞台姐妹』のあらすじを紹介しよう。

〈あらすじ〉

浙江省の旅回り劇団で姉妹の契りを結ぶ二人の女優が、師匠の死をきっかけに上海へ進出する。姉・竺春花は師匠の言葉を守って芸の道に邁進し、妹・邢月紅《けいげっこう》は大都会の誘惑に堕落する。姉を振り切って劇場主と結婚した妹は舞台を去るが、結婚生活は破綻して行方不明となる。共産党の教育によって思想的に成長した姉は、解放後各地で現代革命劇の舞台に立ち、ついに故郷で妹と再会を果たして劇団に迎え入れる。

実在の越劇女優・袁雪芬の半生を下敷きにして創られたこの映画には、当時の越劇界の様々な状況がまるで百科事典のように描かれている。旅回り劇団の構成、人はどのようにして女優になるのか、田舎芝居の女優がどうやって大都会に出、どのような運命を辿るのか。これらの疑問に的確に答えてくれる映画は、本作をおいてはないだろう(3)。

旧社会で「戯子《シーズ》」と蔑まれ、娼妓と同じに扱われた越劇女優たちが社会の尊敬を受ける職業芸術家になるまでの道程は、新しい国家作りの歴史と密接に連動してきた。中華人民共和国成立後は「父（共産党）」の「娘」となった袁雪芬の人生は、劇種そのものの歴史を体現している(4)。

そのため本作では共産党の指導によって成長する竺春花と、党に救済される邢月紅の対比が主題となる。童養媳出身の竺春花は共産党にとって鍛えがいのある素質をもつが、劇団座長の娘という出自の邢月紅は資本主義の中で転落の人生を歩むしかない。しかも「竺春花さえも党の存在がなければ何者でもない人物と設定されて」おり、ジェンダー表象としては、二人とも党の救済を待つ無力な女性として描かれている。

だが実際には本作は収録中から「毒草」のレッテルを貼られ、文革時期に越劇が「六〇年代の怪現象」として徹底的に批判をされるきっかけとなった。その理由は「階級の差異を超越する姉妹の絆の深さ」を強調したため、とされた。浙江省出身の謝晋監督が江南の風景を船で移動する少女たちの細やかな愛情あふれる関係を通して、党を必要としない絆の強さを伝えてしまったということであろう(5)。

（2）越劇版『舞台姐妹』（薛允璜作・盧昂《ろこう》演出・銭惠麗《せんけいれい》、単仰萍《ぜんぎょうひょう》主演）

越劇版『舞台姐妹』は一九九八年に上海越劇院が上海国際芸術祭で初演し、優秀劇目賞などを受賞した作品である。主演の銭惠麗・単仰萍が二人とも本作品で第十七回中国戯劇〝梅花賞〟を受賞した作品である。本来男役の銭惠麗が女性の幸福を望んで堕落する邢月紅を演じ、本来女役の単仰萍が雄々しく現実に立ち向かう竺春花を演じていることが舞台ならではの見どころである。さらに劇中劇の『梁山伯《りょうざんぱく》与《と》祝英台《しゅくえいだい》』では邢月紅が男役、竺春花が女役なので、観客はいつもの安定した男女役割を見ることもでき、二重においしい作品になっている。[6]

本作では極端な政治性はカットされ、二人の姉妹愛に重点が置かれている。それは映画版では触れられなかった月紅の歴史でもある。越劇版の月紅は映画版のように春花に庇われるだけの弱い人間ではない。例えば第一幕には、警察に抗議して捕えられ橋の袂に晒された春花を救おうとして、月紅が喜捨を集める乞食踊りを踊る場面がある。そのあまりの惨めさに、春花は「もうやめて！」と泣き叫ぶ。この場面は二人が被差別芸人の屈辱や怨念を共有する対等の関係であり、その絆を武器として上海でのサクセスストーリーを掴んでいく将来を暗示する。

共産党の特別な関与がまだなかった時期に、姉妹を教育し進むべき道を教えたのは身近にいる男性たちだった。月紅の父であり芸の師匠である邢師傅は、死の間際に姉妹たちに二つの願いを託す。一つは「清清白白做人、認認真真做戯（まっとうな人になり、芸に精進せよ）」で、もう一つは「男班の伝統を守って、上海で有名になれ」である。そのために、二人には「姉妹であれ（別れるな）」と命ずる。

ここで、邢師傅が男班俳優として築いてきた歴史の証である古い台本と自分の白い衣装を二人に手渡すことに注目したい。彼の最後の言葉は「留個記念帯身辺，莫忘了父輩艱辛重品行（これを形見として傍に置き、父の世代の苦労と品行を忘れるな）」、「盼你们姐妹唱出新天地，我在九泉也寛心（お前たち姉妹が新天地で活躍できれば、私はあの世でも安心しておれる）」である。男班出身の俳優にとっては、上海で自分たちの芝居が認められ人気を博することが長年の夢であった。父であり師匠でもある邢師傅は、その夢を娘たちに託したのだ。

女子越劇の源流は浙江省の男性芸人で、一九一〇年代に上海で地歩を築いた男班が一九三〇年代には人気急上昇の女班に駆逐されてしまったという歴史をもつ。この場面には父が果たせなかった夢を娘たちに継承させるという意図がはっきりと描かれている。そのためには男役と女役の舞台姉妹がコンビ別れをしてはならないと言い遺すのだ。

師匠の死後、途方に暮れて泣く二人を「泣いていても仕方ない。上海へ行こう！」と上海への道を示してくれるのが阿鑫坊主である。映画版では師匠の葬式でできた借金の形に彼女らを上海の劇場に売り飛ばす悪辣なイメージだったが、越劇版では彼女らの将来の道を切り拓く味方として描かれる。

上海進出後の春花に大きな影響を与えるのは、映画版では共産党に近しい女性演劇記者江波だった。だが、越劇版で彼女らに新しい演劇のあり方を教えるのは同郷のインテリ青年倪涛である。彼は紹興時代から二人の芝居を観続け、二人に上海行きを勧め、上海での誘惑を心配する越劇の伴走者であり、やがて月紅と恋仲になる。だが上海で人気を博した月紅の「貧乏教師では私を養いきれない」という言葉を耳にした彼は、プロポーズできないまま身を引いた。彼の人柄を知る春花は、月紅の心変わりを『梁山伯与祝英台』を引き合いに出して批判する。

春花は上海の消費文化に毒される月紅を批判するが、月紅も一面では「上海で有名になれ」という父の期待に応えているのだ。有名になり大金を稼ぐことで、彼女は社会の尊敬を受ける人間たちの仲間入りしようとする。初給料と共に多額の小切手を渡された月紅は、貧しい「戯子」の生活から解放されたことに、素直に歓喜の声を上げる。彼女は次のステップとして、金と地位のある男性の正式な妻になることを目指す。そうすることで社会に自分の居場所を確保しようとしたのである。「正式な結婚による正妻」という地位は、当時の大多数の女優が求めた、人生のゴールだった。

月紅が夫に選んだのは劇場主の唐経理である。映画版と違い、越劇版の彼に政治色はない。若い恋人が出現すると、女優としての人気と容色に陰りが見え始めた愛人・商水花をあっさり捨てさる、薄情な男に過ぎない。唐経理にしてみれば、商水花が越劇皇后になれたのは自分のプロデュース力のおかげで、決して彼女を奴隷として働かせたわけではない。たとえ二人が私的に親密な関係だったとしても、仕事上の貸し借りはないはずだ。これまで女優を「金のなる木」として扱ってきた彼が、月紅とは正式な結婚をし、専業主婦への道を準備してくれると言うのだ。月紅が舞い上がるのも無理はない。

消費社会の虚飾と栄光を求めた月紅とは対照的に、春花は舞台人としてのプライドを守り芸の道に精進する。きらびやかな消費社会の誘惑に背を向け、「舞台は人を裏切らない」という昆劇の師匠の励ましに応える春花も、上海での成功をめざす、強い上昇志向の持ち主である。

春花にとって、芸の道は唯一の生活の糧だ。だからこそ「舞台を引退する」と宣言した月紅に、「芝居をやめて、どうやって食べて行くの?!」と詰め寄り、結婚を生活の保障と考える月紅に、師匠の形見である白い衣装を突きつける。だが月紅は「こんなもの」と払い落とす。

春花　你把師傅的白羅衫弄臟了，難道你也要把自己弄臟吗(7)？

月紅　什么臟不臟呢。谁叫我們心強命不強，是個戯子呢。

戯子在人家眼睛里本来就是下九流的下賎貨。

（春花　師匠の白衣を汚すということは、自分を汚すことだとわかっているの？

月紅　何が汚す、汚さないよ。いくら心を強くもっても、私たちの運命がそうさせてはくれない、それが戯子よ。戯子なんて他の人からすれば、最下層の人間なのよ。）

この言葉に、春花は思わず月紅の頬を打つ。月紅の言葉は師匠の教えへの離反であった。春花が師匠から受け継いだ最も重要な志とは俳優という仕事にプライドをもつことであり、その目標は「戯子」という社会的蔑視からの脱出である。

春花　一声戯子軽出口，自軽自賎自辱自羞自蒙污濁自作囚，弄臟了的白羅衫，一罐清水難洗污垢。昏了頭的月紅妹，十面鑼鼓也鼓不醒她夢中游……你可知掌上玩物籠中鳥想要飛騰無自由。

（春花　軽々しく口にした戯子という言葉、それが自分を卑下し、辱め、恥じ、汚濁にまみれさせてしまう。この白衣を汚してしまっては、一瓶の清水を使っても汚れを落とすことはできないのに。気迷った月紅は、どんなに大声で叫んでみても夢の旅から目覚めない……誰かの手のひらでペットとなった籠の中の鳥は、空を飛びたいと思っても自由のないことをわかっているの？）

舞台をやめて主婦になるということは、人間としての自由をなくすということだ。自分の力で生きてきた女優が芝居を捨て経済力のある夫の正妻に収まるのは、ペットとなり籠の中の鳥になることと同じである。それは自分たちが求めてきた生き方ではないはずだと春花は訴えるが、月紅はその言葉を振り切る。そして、二人の最後の舞台『梁山伯与祝英台』が演じられる。自分の前から去っていく月紅への、春花の悲痛な叫びでこの場が収束する。

結婚後間もなく、唐経理は舞台を降りた月紅には何の取り柄もないことに気づく。小鳥の世話をしながら月紅の無能ぶりをぼやく唐経理は、トロフィーワイフをほしがった平凡な男性に見える。芝居をやめ劇場主の妻に収まった月紅は、毎日退屈で仕方がない。久しぶりに楽屋を訪れ、春花のために新しい台本を書く倪涛と再会し、師である父の五周忌が近いことを知らされる。唐経理は話し込んでいる二人を見かけて激しく嫉妬し、月紅を殴る。泣いて身の潔白を訴える妻を夫は「戲子《シーズ》」と呼ぶ。

唐経理　清白，戲子談什么清白。如今吃我，用我，穿我，住我，还要去勾引人家，談什么清白。
竺春花　你欺負月紅，就是欺負我们越劇姐妹。
（唐経理　純真だって？　戯子が「純真」を語るとはな。
いったい誰のおかげで衣食住満足な生活ができていると思っているんだ。
その上、よその男を誘惑しておいて、どんな純真さが語れるというんだ？
竺春花　月紅を侮辱するということは、私たち越劇姉妹を侮辱するということよ。）

唐経理は春花の弁護を「これは夫婦の問題だ」と突っぱねる。さらに、春花が企画している合同公演『祝福』

に社会局から上演禁止令が出たと告げる。春花は月紅を誘い社会局に確認しに行こうとするが、唐経理に阻まれる。「これは私の妻だ。私が管理する。行くな」。そう命じられた月紅は、春花を気にしながらも夫の言葉に従うのだ。立ち去る月紅の背中を見送る春花のバックに、合唱の声が流れる。

合唱　一入牢籠無自由，又回頭時風満楼

（合唱　いちど籠の中にとらえられ自由を失ってしまうと、振り返ろうとしても強い風に阻まれてしまう）

ここに描かれる唐経理は極悪非道な男性ではないが、月紅の望むような夫でもなかった。妻の不倫スキャンダルを報じる新聞を手に、「春花がおまえと倪涛との不倫を証明した」と喚き立てる。「顔に泥を塗られた」と激怒する夫に、月紅は「春花がそんなことを言うはずがない、不倫は冤罪だ」と泣いて訴えるが、「死んで潔白を証明しろ、食わせてほしければ家を出るな」と自宅に軟禁されてしまう。月紅はまさか春花が自分を裏切るわけがないと思うものの、引き留めてくれた春花に耳を貸さず舞台を捨てた自分を後悔する。唐経理のペットとなる結婚生活は、春花の言葉通り空を飛ぶ自由を奪うものだった。

結婚が決して女優のゴールではなかったと思い知らされた月紅は、失意の中で薬を飲んで自ら命を断とうとする。だがその直後、春花から事情を説明し、月紅を案じる手紙が届く。しきりに後悔する月紅の体の奥底から「歌いたい」という思いが込み上げてくる。自分がいかに芝居を愛し春花との絆を信じているか。その思いを梁山伯に重ねて歌うのである。

病院に運ばれた月紅は唐経理に見放され、見かねた阿鑫坊主が故郷に連れ帰っていた。師匠の五周忌で春花も帰郷し、故郷の人々のリクエストに応えて戯台で『梁山伯与祝英台』を歌う。一人二役である。だが、それを陰で聞いていた月紅が途中から梁山伯のパートを歌い始める。師匠に導かれたように再会を果たした姉妹の『梁山伯与祝英台』を、故郷の人々が暖かい歓声で迎えるところで幕が下りる。

本作の最大の魅力は、二人の関係を劇中劇の『梁山伯与祝英台』に重ねて見せることである。それは二人の最後の舞台「送兄・別妹」、自殺を図った後に春花からの手紙を読んだ月紅の「梁病倒」、故郷の戯台上で再会を果たした二人の「十八相送」と三度積み重ねられる。それによって儒教社会（または資本主義社会）の中で純愛が勝ち抜くという越劇本来のメッセージが提示される。また姉妹愛と男女愛が等価で互換可能なものとして描かれ、梁山伯と祝英台のように「死後も二人で一つ」と誓った姉妹たちの片割れ探しの物語がハッピーエンドに収束していく。

一九八〇年代末から一九九〇年代は経済バブルと劇団自立経営政策の間で、戯曲界が極めて浮ついていた時期だった。もはや共産党は劇団にとってセーフティネットにはならず、戯曲関係者は自分の将来を自分で考えるようにと迫られた。そしてこの時期、多数の若い女優達が女優業を捨てセレブの生活を夢見て海外へ移住していった。だが数年後、その多くが舞台への思いを絶ちがたく、王志萍《おうしひょう》(8)のように帰国して舞台に復帰している。夫に軟禁され、「歌いたい！舞台に立ちたい！」と絶唱する月紅の姿は、一九九九年の多くの女優たちにとって自分自身と重なるものであっただろう。

（3）二十一世紀越劇版『舞台姐妹情』
（薛允璜・杜竹敏作、汪灝演出、銭恵麗・単仰萍主演）

二十一世紀越劇版『舞台姐妹情』は、一九六〇年代の越劇版『舞台姐妹』から乞食踊りの場面と師匠が台本と衣装を託す場面を継承している。だが、人物形象については政治色が濃くなり映画版に回帰している。

例えば、故郷のインテリ男性倪涛は登場せず、月紅は恋愛と経済力の間を揺れ動くことがない。彼女は最初から恋に惑わされたりせず、安定した生活のために男性を選ぶのだ。また春花の思想を教育するのは共産党員の女性編集長の役割であり、許広平から『祥林嫂』への激励の手紙をもらった春花が感激して、自分の生き方に自信をもつというシーンも用意された。共産党の指導のもとで女優たちは団結し、女性の敵・唐経理を吊し上げる。何よりもラストシーンで、二人が舞台を去ったあとに春花と同じ童養媳《トンヤンシー》という出自を継承する小春花が登場することに本作の意図が込められている。搾取された階級の出自をもつ女性が共産党のおかげで輝かしい成功を成し遂げた、というものだ。

図1　上海越劇院『舞台姐妹情』(2013年)パンフレット

映画版『舞台姐妹』（一九六五年）は越劇の歴史を共産

党による指導の「継承」と共産党を中心とした越劇女優の「団結」として描いていた。だが越劇版『舞台姐妹』（一九九八年）は男班からの芸の「継承」と片割れ同士の「団結」として描いたのだった。

その潔さと比べると、二十一世紀越劇版『舞台姐妹情』は女優たちのシスターフッドと強い共産党の両方を継承しようと欲張った作品に見える。しばしば挿入される政治的エピソードのために、劇中劇の緊張感は下がり、観客は片割れを探し当てた二人に涙することもない。俳優陣の豪華さは、まるで演劇的効果を減じてしまったことへの代償のようだ。

越劇版『舞台姐妹』は、越劇女優たちが格闘してきた数多のジェンダー的葛藤を網羅する名作である。単なるお祭り用の作品としてではなく、上海越劇院が本作を古典作品としてさらに磨き上げ、大事に上演し続けるべき作品である。つねに政治と良好な関係を結びつつ商業的に生き延びてきた越劇にとって、自分たちの歴史は自分たちで紡ぐのだという姿勢は重要であろう。

おわりに

極端な政治性以外に越劇版『舞台姐妹』が映画版から継承しなかった台詞がある。それは芝居の世界に引き留めようとする春花に対して月紅が放った「我已経是他的人了（私はもう彼のものになってしまった）」である。映画ではこの台詞に打ちのめされる春花の心情を反映する音楽が鳴り響き、彼女は月紅を引き留めることを諦めるのだ。社会主義的ピューリタニズムと儒教的性嫌悪の結びついたこの場面は、性的関係をもってしまえば、女性は男性の言いなりになるしかないと告げている。「清清白白作人（純潔であれ）」を強いる残酷な男性視点を感じずにはおられない。袁雪芬が性的な演技や表現を忌み嫌ったことは多くの言説から知られているが、それもまた共産党指導者に愛された理由であったのかもしれない。

一九四〇年代の越劇の流行が、決して袁雪芬一人の力によるものではなかったことは確かである。また一九五〇年代以後、政治界に入ったとはいえ、袁雪芬が舞台においては新たな成果を挙げられなかった理由の一つとして、相手役に恵まれなかったことが挙げられよう。安定したコンビを組むことが、越劇ファンの人気を獲得する秘訣であることは、現代の宝塚歌劇にも通じていて興味深い。この点からも新たな越劇史のきっかけが望めそうである。

終章では、越劇の歴史を描いた『舞台姐妹』という作品が、一九六〇年代の映画版・一九九〇年代の越劇版・二〇〇〇年代の越劇版へと変遷する様子について考察した。共産党の指導によって成立した歴史を強調する映画版に対して、越劇版は「越劇の歴史的展開は政府や共産党などの他律的なものではなく、浙江省にルーツをもつ越劇の自律的なものだった」と宣言している。これこそが越劇に関わる人々の本音であろう。

だが越劇版の中でも一九九〇年代のものと二〇〇〇年代のものとでは共産党との距離が微妙に縮まっている。これは越劇が女性の問題や自分のアイデンティティを最重視しながらも、つねに政治状況に対して極めて敏感なアンテナを立てていることの現れであろう。どんな状況でも周囲と対立せず、その時どきに許された自由をフルに活用して中国社会に自分の居場所を見つける。この他律的展開と自律的展開のバランス感覚こそが、女性演劇の越劇を中国第二の劇種足らしめている最大の理由なのかもしれない。

それはまた、家族への貢献と自我の発露のバランスを取りながら、家庭生活を平和に楽しく営もうとする一般女性たちの生活に、何と酷似しているることであろうか。そう考えたとき、越劇という劇種の展開そのものが、一人の女性の成長過程に重なって見えてくるのである。

女優たちは性差別と職業差別に遭いながらも着々と経済力をつけ、自立し、観客を獲得し、観客を教育し、現在の地位を掴んだ。その女性の団結が共産党という権力者を惹きつけた。政府の方針を守ることで、芸術としての高みを獲得し、時代の流れを見てそれを女たちの演劇のためにフィードバックしてきた。その逞しさこそは男班に代わって上海に根付いた江南少女たちから受け継ぐ「精神的な遺伝子」の現れであろう。上海の越劇もまた「父の時代」を越え、自らの力で自らの歴史を紡ぎ始めたと言えるのではないか。『舞台姐妹』が時代と切り結びながら変遷してきたように、彼女らは今後も中国戯曲という大河に沿って女性たちの待ち望む女性演劇を届け続けてくれるだろう。

注

（1）本書第四章、第五章参照。

（2）王文娟「回憶我的舞台生涯」（《文化娯楽》編集部編『越劇芸術家回憶録』浙江人民出版社、一九八二年）。王文娟『天上掉下个林姉妹――我的越劇人生』（上海文芸出版社、二〇一三年）一一～一五頁。

（3）杉山太郎「越劇を見るということ（三）」（『中国の芝居の見方　中国演劇論集』好文出版、二〇〇四年）三一頁。

（4）姜進著・森平崇文訳「越劇の物語――革命史あるいはエスノグラフィー」（『近きに在りて』第五八号編集委員会編『近きに在りて　近現代中国をめぐる討論のひろば』第五八号、汲古書院、二〇一〇年）。この論文は「一九四九年以前に共産党が映画版で描かれているほどの大きな影響を与えたことはなく、越劇版はその事実を明らかにしている」ということを明確に教えてくれる。
（5）映画版については、阿部範之「『舞台の姉妹』の反時代性――中国映画と舞台芸術を巡るアプローチから」（同志社大学言語文化学会運営編集委員会編『言語文化＝Doshisha Studies in Language and Culture』十二（一）同志社大学言語文化学会、二〇〇九年）が詳しい。
（6）同（3）。
（7）台詞はすべて越劇『舞台姐妹』七彩台版（出演：銭惠麗・単仰萍）から。
https://www.youtube.com/watch?v=mHL7OgW2UnU　二〇二一年十一月十七日取得。
映画版については、上海文芸出版社編『舞台姐妹――従提鋼到影片』（上海文芸出版社版、一九八二年）。
（8）王志萍（一九六六～）上海越劇院所属の国家一級俳優。一九八六年上海越劇院に入団するが、一九九〇年に退団し日本に渡る。一九九九年五月再度上海越劇院に所属した。二〇一一年『胡蝶夢』で第二十五回梅花賞受賞。

あとがき

一九九九年八月、筆者は瀋陽で開催された第六回中国越劇節で、温州市越劇団『荊釵記』（作：張思聡、演出：楊小青）を観た。越劇は女子供の観るものという先入観はこの作品によって完全に打ち砕かれた。舞台の美しさに感嘆するとともに、これこそ中国のフェミニズム演劇だと興奮したのだ。

王十朋（湯麗芳）が科挙受験で留守の間、荊で作ったかんざしで将来を誓った幼馴染の恋人銭玉蓮（賈小萍）は王母（張亜蓉）を実家に引き取るが、二人は、毎日実家の継母から嫌味と苛めを受けている。銭玉蓮は王母に対して孝行を尽くすというよりも、一緒に王十朋を待つ戦友という感覚でおり、王母もまた彼女の気持ちに応えている。科挙に合格した王十朋が自分を裏切ったと聞かされ銭玉蓮は入水自殺を図る。

銭玉連の死を知った王十朋が歌う彼女への思いは客席を感動の渦に巻き込んだ。だが筆者は怒りに燃えて上京する王母の姿にこそ、激しく心を揺すぶられた。それが銭玉蓮を自殺へ追いやった息子への怒りだったからだ。この嫁と姑の間には、すでに息子を介さない女同士の関係が成立している。それゆえに王母は恋人の死を知って「もう結婚はしない、子孫を諦めてくれ」と泣いて頼む息子の意を快く受け入れるのだ。王十朋は自分が子孫によってつながれていく王家の一つの鎖となるよりも、銭玉蓮との個人的関係を優先させようとした。王母もまた息子を許すことで、「家」の存続よりも、銭玉蓮と息子との個人的関係を選択したのだ。川に身を投げた玉蓮の命を救ってくれた養母の銭夫人（梁小蘭）もまた彼女の味方である。銭玉蓮の幸福よりも社会的体裁や面子にとらわれがちな夫銭戴和（鄭曼莉）をたしなめる、頼り甲斐のある女性として描かれている。『荊釵記』に登場するこの二人の母親は「家」という制度の中で生じる上下関係よりも、一個人として子供と向き合うことを選択する。彼女らは同じ越劇でも家父長制度の中で父親の代理として娘の恋路を阻んでいた『西廂記』の母親とは大きく異なっている。そこに「シスターフッド」という言葉が浮かび、演出家楊小青の思想の中核に触れた気がした。そしてその思いは彼女の作品を観るたびに強くなっていった。

これが越劇との初めての出会いだ。筆者にとって越劇とは楊小青の作る楊派越劇であり、それがその後の越劇を観る基準となった。本腰を入れて越劇史を学び始めると、そこには女性をめぐる興味深いエピソードが満ちあふれていた。

女性ばかりで演じられる越劇がもともと男性ばかりで演じられていたこと、貧しい少女たちが職業として越劇女優を選んだこと、性差別に晒されながらの辛いどさ周りの中で鍛えられ、自分の味方を増やしたこと、当時の流行を先読みし、自分と家族を守るためにつねにより力のある男性と組んでいったこと、実家に戻り本来の自分を見つめなおしたこと、特別ではない自分もかけがえのない人生の主役であると気づいたこと……越劇という劇種の発展はそのまま一人の女性の成長過程に重なって見えた。

今は亡き杉山太郎先生から「中国のフェミニズム演劇は越劇にあり」と教えられた。杉山先生は男女が手を取り合って封建主義と戦う姿にフェミニズムを見ておられた。だが女性が観たい、女性によって作られる演劇という視点から考えると、それが越劇の終着点ではなかったように思う。二十一世紀の女性にとって異性愛は必ずしも人生の最重要課題ではなくなった。その時小生は女性にとっての理想の男性像ではなく、自分の中にある男性性の体現者となった。「もし私が男性ならば、こう考える、こう行動する」。そう思いついたとき、女小生の存在こそが越劇ファンにとって「尊い」のだと腑に落ちた。

拙著で語り切れなかった話題がまだまだ山積している。ファンクラブとの関係、男女合演越劇、越劇が作る革命作品、福建省の芳華越劇団、杭州の胡蝶劇場、何よりも博士論文の最終試問で松浦先生から出された『楊小青論』『茅威濤論』という難しい宿題は残ったままだ。今回はとりあえず、一九四〇年代に大流行した女子越劇が楊小青と茅威濤との化学変化を通して詩的越劇に結晶した道程を考えてみたかった。「共産党の宣伝塔」と呼ばれる越劇の、何がどうつながって、こんなに美しく心の震える作品になったのか。

これまでお世話になった先生方のご指摘に答えるにはまだまだ不十分で誤りも多いと思います。諸先生方にはどうぞご叱正いただきたく存じます。とりあえず越劇とともに歩んだ二十五年間の歴史を記しておきたく、書き残した多くのテーマは今後の楽しみといたします。

二〇二五年二月十一日

中山　文

参考文献（発表順）

【日本語文献】

田辺聖子『夢の菓子を食べて　わが愛の宝塚』（講談社、一九八三年十月）

丸山昇編・訳、丸尾常喜訳『魯迅全集2　吶喊・彷徨』（学習研究社、一九八四年十一月）

加藤徹『地方劇『秦香蓮』の成立と発展』（東京大学大学院人文科学研究科修士論文、一九八八年十二月）

藤井省三・大木健『新しい中国文学史　近世から現代まで』（ミネルヴァ書房、一九九七年七月）

伊藤茂『上海の舞台』（翠書房、一九九八年十月）

杉山太郎『中国の芝居の見方　中国演劇論集』（好文出版、二〇〇四年六月）

佐治俊彦『かくも美しく、かくもけなげな　「中国のタカラヅカ」越劇百年の夢』（草の根出版会、二〇〇六年十二月）

戴錦華著、宮尾正樹監訳、舘かおる編『中国映画のジェンダー・ポリティクス　ポスト冷戦時代の文化政治』（御茶の水書房、二〇〇六年十二月）

谷本奈穂『恋愛の社会学「遊び」とロマンティック・ラブの変容』（青弓社、二〇〇八年四月）

天野道映『男役の行方　正塚晴彦の全作品』（青弓社、二〇〇九年一月）

阿部幸夫『幻の重慶「二流堂」　日中戦争下の芸術家群像』（東方書店、二〇一二年六月）

吉川良和『北京における近代伝統演劇の曙光　非文字文化に魂を燃やした人々』（創文社、二〇一二年十二月）

関西中国女性史研究会編『増補改訂版　中国女性史入門　女たちの今と昔』（人文書院、二〇一四年二月）

森平崇文『社会主義的改造下の上海演劇』（研文出版、二〇一五年三月）

スーザン・マン『性からよむ中国史　男女隔離・纏足・同性愛』（平凡社、二〇一五年六月）
髙綱博文 他編著『戦時上海のメディア――文化的ポリティクスの視座から』（研文出版、二〇一六年十月）
堀井弘一郎・木田隆文編『戦時上海グレーゾーン――溶融する「抵抗」と「協力」』（勉誠出版、二〇一七年一月）
季国平、菱沼彬晁訳『中国の伝統劇入門　季国平演劇評論集』（菱沼彬晁訳、晩成書房、二〇一七年十一月）
田村容子『男旦（おんながた）とモダンガール　二〇世紀中国における京劇の現代化』（中国文庫、二〇一九年三月）
中山文編著『[新版] 越劇の世界　中国の女性演劇』（NKStation、二〇一九年九月）
中国ジェンダー研究会編『中国の娯楽とジェンダー――女が変える／女が変わる』（勉誠社、二〇二二年三月）

【中国語文献】

袁雪芬『雪声記念刊』（雪声劇団劇務部、一九四六年五月）
中国戯劇家協会編『戯曲劇本選集　第一届全国戯曲観摩演出大会』上（人民文學出版社、一九五三年十二月）
曹雪芹原著、徐進編劇『紅楼夢』（上海文芸出版社、一九五九年・一九六二年）
魯迅『魯迅全集』第二巻（人民文学出版社、一九八一年）
上海文芸出版社編『舞台姐妹　従提鋼到影片』（上海文芸出版社、一九八二年六月）
嵊県文化局越劇発展史編写組編『早期越劇発展史』（浙江人民出版社、一九八三年一月）
章力揮・高義龍『袁雪芬的芸術道路』（上海文芸出版社、一九八四年一月）
呉兆芬等整理『范瑞娟表演芸術』（上海文芸出版社、一九八九年十一月）
銭法成主編『中国越劇』（浙江人民出版社、一九八九年十二月）
『戯考大全』第三巻（上海書店、一九九〇年十二月）
高義龍『越劇史話』（上海文芸出版社、一九九一年五月）
張継舜捜収集整理『落地唱書　越劇伝統説唱』（浙江文芸出版社、一九九二年三月）
嵊県政協文史資料委員会編『越劇溯源』（浙江文芸出版社、一九九二年九月）
《上海文化芸術志》編纂委員会・《上海越劇志》編纂委員会編、盧時俊・高義龍主編『上海越劇志』《上海文化芸術志》

編纂委員会・《上海越劇志》編纂委員会編（中国戯劇出版社、一九九七年十二月）
黄育馥『京劇・蹺和中国的性別関係（1902-1937）』（生活・讀書・新知三聯書店、一九九八年十二月）
高義龍・李暁主編、中国戯曲現代戯研究会・上海芸術研究所編『中国戯曲現代戯史』（上海文化出版社、一九九九年九月）
曹凌燕『梦入剡溪的篙声　趣説越劇』（百家出版社、二〇〇一年一月）
孫世基編『建国前女子越劇戯考』（寧波市新聞出版局、二〇〇二年）
袁雪芬『求索人生芸術的真諦　袁雪芬自述』（上海辞書出版社、二〇〇二年四月）
応志良『中国越劇発展史』（中国戯劇出版社、二〇〇二年十月）
譚帆『優伶：古代演員悲歡録』（百家出版社、二〇〇二年十二月）
銭宏主編『中国越劇大典』（浙江文芸出版社・浙江文芸音像出版社、二〇〇六年九月）
陳華興・黄宇『徳芸双聲　尹桂芳伝』（浙江人民出版社、二〇〇六年十二月）
胡暁軍・蘇毅謹『戯出海上　海派戯劇的前世今生（海派文化叢書）』（文匯出版社、二〇〇七年八月）
陶君起編著『京劇劇目初探』（中華書局、二〇〇八年八月）
胡叠『上海孤島話劇研究』（文化芸術出版社、二〇〇九年十一月）
上海越劇芸術研究中心、高義龍主編『越劇芸術論』（中国戯劇出版社、二〇〇九年十二月）
鐘冶平・何国英主編『萬紫千紅総是春　大型電子節目《百年越劇》文集』（浙江人民出版社、二〇一〇年十一月）
蘭迪『此生只為越劇生　袁雪芬　海上談芸録』（上海文芸出版集団・上海錦繡文章出版社、二〇一〇年七月）
邵迎建『上海抗戦時期的話劇』（文学史研究叢書）（北京大学出版社、二〇一二年一月）
王文娟『天上掉下个妹妹　我的越劇人生』（上海文芸出版社、二〇一二年八月）
張艶梅『中国越劇走向向方　近20年来中国越劇研究』（浙江大学出版社、二〇一二年十月）
蔣中崎編著『越劇文化史』（浙江大学出版社、二〇一五年一月）
蔣中崎編著『越劇文化論』（浙江大学出版社、二〇一五年一月）
李声鳳『舞台下的身影　二十世紀四五十年代上海越劇観衆訪談録』（上海遠東出版社、二〇一五年三月）

姜進『詩与政治　二十世紀上海公共文化中的女子越劇』（社会科学文献出版社、二〇一五年五月）
上海越劇芸術研究中心編『越劇男班老調精選』（上海音楽出版社、二〇一五年十二月）
張艶梅『新中国「戯改」与当代越劇生態』（浙江大学出版社、二〇一六年三月）
蘇瓊『跨語境中的女性戯劇』（学苑出版社、二〇一六年四月）
傅謹『20世紀中国戯劇史』下（中国社会科学出版社、二〇一七年四月）
廖亮『都市文化語境中的上海越劇（1917-1949）』（中国書籍出版社、二〇一八年四月）
尹詩『海派話劇研究　1928-1951』（中国社会科学出版社、二〇一八年九月）
張煉紅『歴煉精魂　新中国戯曲改造考論』（上海書店出版社、二〇一九年）

参考論文・執筆文・資料　等（引用順）

序章　越劇とはなにものか？

竹西寛子「耳目抄―50―越劇・宝塚・シベリウス」（『ユリイカ』三月号、青土社、一九八四年）
細井尚子「越劇と「少女歌劇」」（中山文編著『[新版]越劇の世界　中国の女性演劇』NKStation、二〇一九年九月）
佐治俊彦「越劇の現代と「編導制」」（愛知大学現代中国学会編『中国21』Vol. 46、風媒社、二〇一七年三月）
松浦恆雄「文明戯の実像――中国演劇における近代の自覚」（『中国における都市型知識人の諸相』編集委員会（高瑞泉・山口久和）編『中国における都市型知識人の諸相――近世・近代知識階層の観念と生活空間』（大阪市立大学大学院文学研究科COE国際シンポジウム報告書）大阪市立大学大学院文学研究科都市文化研究センター、二〇〇五年三月）
周慧玲「女演員、写実主義、〝新女性〟論述――晩清至五四時期中国現代劇場中的性別表演」（上海戯劇学院学報『戯劇芸術』二〇〇〇年第一期（総九十三期））
『戯劇芸術』（『上海戯劇学院学報』二〇〇〇年第一期（総九十三期））

松浦恆雄「二〇世紀の京劇と梅蘭芳――二〇世紀の演劇」（宇野木洋・松浦恆雄編『中国二〇世紀文学を学ぶ人のために』世界思想社、二〇〇三年六月）
李声鳳「對于越劇学学科建設的一点設想」（安怡主編『長三角与越劇学術論文集』文化藝術出版社、二〇二三年九月）

第一章　男たちの越劇――浙江省の遺伝子

「「遺伝子」とは何か」http://healthcare.itmedia.co.jp/hc/articles/1505/01/news149.html（二〇二二年十二月二十四日閲覧）
「百年越劇02-1917三闖上海灘」（浙江テレビ『記録片百年越劇』）
谷雲星「近代中国における女性雑誌の歴史」（『ＨＡＢＩＴＵＳ』二十七巻、西日本応用倫理学研究会、二〇二三年三月）
『紀録片百年越劇02-1917三闖上海灘 男子越劇小歌班』https://www.youtube.com/watch?v=1AjeADMhC2U
藤野真子「上海の京劇」（宇野木洋・松浦恆雄編『中国二〇世紀文学を学ぶ人のために』世界思想社、二〇〇三年六月）
尹桂芳「我走過的芸術道路」（《文化娯楽》編輯部編『越劇芸術家回憶録』浙江人民出版社、一九八二年十一月）

第二章　少女の越劇（一）――男たちが生み育てた卵たち

星野幸代「上海の少女レビュー・ビジネスの隆盛と衰退――〈見られる〉性《ジェンダー》と身体表現」（中国ジェンダー研究会編『中国の娯楽とジェンダー――女が変える／女が変わる』勉誠社、二〇二二年三月）
金向銀「女子越劇第一班――施家嶴女班」（嵊県政協文史資料委員会編『越劇溯源』浙江文芸出版社、一九九二年九月）
周乃光「金栄水和他的教戯法」（嵊県政協文史資料委員会編『越劇溯源』浙江文芸出版社、一九九二年九月）

第三章　少女の越劇（二）――男芸から女芸へ

金向銀「女子越劇第一班――施家嶴女班」（嵊県政協文史資料委員会編『越劇溯源』浙江文芸出版社、一九九二年九

月）
丁一・方爾「漫話女子科班」（嵊県政協文史資料委員会編『越劇溯源』浙江文芸出版社、一九九二年九月）
竺柏松「群英鳳舞台史略」（嵊県政協文史資料委員会編『越劇溯源』浙江文芸出版社、一九九二年九月）
金向銀「女子越劇第一班——施家嶴女班」（嵊県政協文史資料委員会編『越劇溯源』浙江文芸出版社、一九九二年九月）
相真「篤牌班長裘光賢」（嵊県政協文史資料委員会編『越劇溯源』浙江文芸出版社、一九九二年九月）
黄士波「趙瑞花二三事」（嵊県政協文史資料委員会編『越劇溯源』浙江文芸出版社、一九九二年九月）
丁一「屠杏花当客師」（嵊県政協文史資料委員会編『越劇溯源』浙江文芸出版社、一九九二年九月）
労俊「施銀花東山再起」（嵊県政協文史資料委員会編『越劇溯源』浙江文芸出版社、一九九二年九月）
范瑞娟「我与越劇事業」（中国人民政治協商会議上海市委員会文史資料委員会編『戯曲菁英』下（上海文史資料選輯第六二輯）、上海人民出版社、一九八九年九月）
李惠康「尹桂芳之芸術道路」（『一代風流尹桂芳』上海文芸出版社、一九九五年三月）
成田静香「礼か非礼か——珠江デルタの婚姻文化」（『関西学院史学』第三二号、関西学院大学史学会、二〇〇五年三月）
深井美智子「ゲイル・ツキヤマの『糸を紡ぐ女たち』にみる自梳姉妹（シスターフッド）考」（『AALA journal（アジア系アメリカ文学研究）』№10、アジア系アメリカ文学会、二〇〇四年）
小野和子「舊中國における『女工哀史』」（『東方學報』第五〇号、京都大學人文科學研究所、一九七八年二月）
尹桂芳「我走過的芸術道路」（《文化娯楽》編輯部編『越劇芸術家回憶録』浙江人民出版社、一九八二年十一月）
高媛「『ソフィ女士の日記』に語られる女同士の絆」（『多元文化』第一一号、名古屋大学国際言語文化研究科国際多元文化専攻、二〇一一年三月）
濱田麻矢「[書評] Tze-lan D.Sang.『The Emerging Lesbian Female Same-Sex Desire in Modern China』」（『中國文學報』第七二号、中國文學會、二〇〇六年十月）

第四章　姉妹の越劇（一）――時代性の獲得

范瑞娟「従梁祝文化的演変看越劇改革的前前後後」（葉炳南主編『新中国地方戯劇改革紀實』上、中国文史出版社、二〇〇〇年十月）

魏紹昌『姚水娟伝』読後校補」（『戯文鑼鼓』大象出版社、一九九七年八月）

魏紹昌「越劇雑記」（『戯文鑼鼓』大象出版社、一九九七年八月）

樊迪民「姚水娟的芸術道路」（中国人民政治協商会議浙江省委員会文史資料研究委員会編『浙江文資資料選輯』第二五輯、浙江人民出版社、一九八三年十一月）

中山文「異性装のヒロイン――花木蘭と祝英台」（服藤早苗・新實五穂編『歴史のなかの異性装』勉誠出版、二〇一七年六月）

田村容子『『孤島』期上海と戦時下の演劇」（『男旦（おんながた）とモダンガール――二〇世紀中国における京劇の現代化』中国文庫、二〇一九年三月）

第五章　姉妹の越劇（二）――観客の獲得

袁雪芬「難以忘却的往事」（葉炳南主編『新中国地方戯劇改革紀實』上、中国文史出版社、二〇〇〇年十月）

呉琛「越劇改革与袁雪芬的芸術道路」（袁雪芬『求索人生芸術的真諦――袁雪芬自述』上海辞書出版社、二〇〇二年四月）

張雯「近代上海における越劇と女優（1938-1949）」（『東アジア研究』第五八号、大阪経済法科大学アジア研究所、二〇一三年二月）

「聴説夫君一命亡」（『香妃』）（高枝榜主編・《中国越劇大考》編纂委員会編纂『中国越劇大考』浙江文芸音像出版社、二〇〇四年）

「実指望我和你高飛遠颺」（『香妃』）（高枝榜主編・《中国越劇大考》編纂委員会編纂『中国越劇大考』浙江文芸音像出版社、二〇〇四年）

袁雪芬「求索人生芸術的真諦　袁雪芬自述」（『上海戯劇』二〇〇二年第一一期（總二三九期 刊中刊）、上海市文学芸

術界聯合会、二〇〇二年十一月）
松浦恆雄「新越劇と観客を結ぶメディア」（『伝統芸能の近代化とメディア環境』（二〇一七年度研究科プロジェクト推進研究成果報告書）、大阪市立大学大学院文学研究科都市文化研究センター、二〇一八年三月）
丁一「屠杏花当客師」（嵊県政協文史資料委員会編『越劇溯源』浙江文芸出版社、一九九二年九月）
菅原慶乃「男装するモダンガール――映画『化身姑娘』シリーズと女性観客」（中国ジェンダー研究会編『中国の娯楽とジェンダー――女が変える／女が変わる』勉誠社、二〇二二年三月）
李惠康「尹桂芳和尹派芸術世界　写在〝芳華〟建団五十周年（代序）」（李惠康主編『尹桂芳和尹派芸術世界』上海芸術家雑誌社、一九九七年）
方青芬「回憶尹派芸術」（福建省芳華越劇団・福建省越劇之友聯誼会編『折桂越壇　流芳百世』二〇〇一年）
「你是英雄志剛强」（『盤妻索妻』）（高枝榜主編・《中国越劇大考》編纂委員会編纂『中国越劇大考』浙江文芸音像出版社、二〇〇四年）
李惠康「尹桂芳之芸術道路」（『一代風流尹桂芳』上海文芸出版社、一九九五年三月）
傅駿「尹桂芳的青年時代」（福建省芳華越劇団・福建省越劇之友聯誼会編『折桂越壇　流芳百世』二〇〇一年）
中山文「越劇『祥林嫂』の女性像――女性演劇の視点から」（『日本ジェンダー研究』第十一号、日本ジェンダー学会、二〇〇八年九月）
『太太万歳』桑弧監督・張愛玲脚本（映像資料）（文華影片公司　一九四七年十二月十三日上映）https://www.bilibili.com/s/video/BV1z5411N7wW　冒頭三分三七秒～四分一七秒
顧錫東「徽班進京与越劇到上海」（上海越劇芸術研究中心・上海越劇院芸術研究室編、高義龍・盧時俊主編『重新走向輝煌――越劇改革五十周年論文集』中国戯劇出版社、一九九四年七月）
田漢「団結就是力量！――越劇十名伶合作『山河恋』之喜（上海『新聞報』一九四七年八月二八日）」（田漢著、《田漢全集》編委会編『田漢全集』第十七巻　花山文芸出版社、二〇〇〇年十二月）
小菊「筱丹桂的悲劇」（中国人民政治協商会議上海市委員会文史資料委員会編『戯曲菁英』下（上海文史資料選輯第六二輯）上海人民出版社、一九八九年九月）

渡辺聡「日本語版集団自尊心尺度構成の試み」（『社会心理学研究』第十巻二号、日本社会心理学会、一九九一年一月）
上瀬由美子・堀洋元・岡本浩一「被職業スティグマ意識と対処方略」（『社会心理学研究』第二六巻一号、日本社会心理学会、二〇一〇年八月）
中山文「『女声』劇評にみるジェンダー観――関露のみた海派話劇」（山﨑眞紀子他著訳『日中戦時下の中国語雑誌『女声』――フェミニスト田村俊子を中心に』春風社、二〇二三年）

第六章　父の越劇――社会的地位の獲得

森平崇文「上海の越劇」（中山文編著『[新版] 越劇の世界　中国の女性演劇』NKStation、二〇一九年九月）
姜進著、森平崇文訳「「断裂」と「延続」――1950年代上海の文化改造」（日本上海史研究会編『建国前後の上海』研文出版、二〇〇九年六月）
中山文「もうひとつの越劇史――3つの『舞台姉妹』をめぐって」（神戸学院大学人文学部編『人文学部紀要』四二号、二〇二二年三月）
張煉紅「第一節『梁祝』：喬装伝奇与反封建主題」（『歴煉精魂　新中国戯曲改造考論』上海書店、二〇一九年七月）
中山文「異性装のヒロイン――花木蘭と祝英台」（服藤早苗・新實五穂編『歴史のなかの異性装』勉誠出版、二〇一七年六月）
佟静「締造経典――女子越劇〝紅楼夢〟与現代中国鏡像（1942-1962）」（『紅楼夢学刊』二〇一八年第四輯）
「特集　占領地・植民地における〈グレーゾーン〉」（『史潮』新七八号、二〇一五年十二月）
髙綱博文「特集　グレーゾーンとしての戦時上海」（執筆：髙綱博文 他）（『現代中国研究』第三九号、中国現代史研究会、二〇一七年七月）
傅謹「越劇『紅楼夢』的文本生成」（文化部文学芸術研究院紅楼夢学刊編輯委員会編『紅楼夢学刊』二〇一〇年第三輯、百花文芸出版社、二〇一〇年）
田村容子「京劇　ここが面白い！（三）」最終回（第三回京劇講座）http://ncf.way-nifty.com/kg/2008/09/3-c7eb.html（二

〇二三年十二月閲覧）
徐進「重印後記」（曹雪芹原著、徐進編劇『紅楼夢』上海文藝出版社、一九七九年四月）
中山文「姉妹の越劇――姚水娟・袁雪芬・尹桂芳の時代」（中国ジェンダー研究会編『中国の娯楽とジェンダー――女が変える／女が変わる』勉誠社、二〇二二年三月）
龔和徳「越劇演劇風格的重新建構」（『乱弾集』中国戯劇出版社、一九九六年）

第七章　母の越劇――浙江小百花越劇団・茅威濤・楊小青

劉厚生「這一方水土養育了楊小青」（『劉厚生文集③我的心啊在戯曲』上　中国戯劇出版社、二〇一二年九月）
張英「塡家底還是転基因――茅威濤与〝小百花〟的三十年」（『南方週末』（新聞）南方報業伝媒集団、二〇一四年八月二十二日）
「オンライン中国20世紀文学辞典索引」https://www.lang.osaka-u.ac.jp/~s_aono/zjcidian/index/fansi.htm
編集部編「引亢高歌迎鶏年――従三個現象看一個前途」（中国戯劇家協会編『中国戯劇』一九九三年一期）
龔和徳「茅威涛――走進少女心霊的王子」（中国戯劇家協会編『中国戯劇』一九九三年二期）
劉厚生「越劇的輝煌大作――小論『西廂記』編導芸術」（中国戯劇家協会編『中国戯劇』一九九三年十二期）
茅威濤「張珙是誰？」（中国戯劇家協会編『中国戯劇』一九九三年十二期）
劉覚「越劇的発展需要茅威濤」（中国戯劇家協会編『中国戯劇』一九九三年十二期）
曾昭弘「『西廂記』改編雑談」（『小百花「西廂記」創作評論集』百花文芸出版社、一九九四年）
胡志紅「浙江小百花越劇団紀事」（葉炳南主編『新中国地方戯劇改革紀實』上　中国文史出版社、二〇〇〇年十月）
黄蓓（武漢大学芸術学院）の言葉　http://www.tinglana.com/（二〇一〇年取得、現在閉鎖）
秋山洋子「中国の女性学――李小江の「女性研究運動」を中心に」（日本女性学会学会誌四号編集委員会編『女性学』四号、日本女性学会、一九九六年十二月）
趙征「〝小百花〟叢中的茅威濤」（葉炳南主編『新中国地方戯劇改革紀實』上　中国文史出版社、二〇〇〇年十月）
曾昭弘「『西廂記』改編瑣談」（中国戯劇家協会編『中国戯劇』一九九三年十期）

楊小青・中山文「楊小青と越劇の六十年」（愛知大学現代中国学会編『中国21』vol. 20、風媒社、二〇〇四年八月）
楊小青「私の追求する『詩的なるもの』」（中山文編著『［新版］越劇の世界　中国の女性演劇』NKStation、二〇一九年九月）
楊小青「賦与古典名劇現代美――導演越劇〈西廂記〉札記」（中国戯劇家協会編『中国戯劇』一九九三年十二期）
曲六乙「茅威濤的審美追求和張珙的美学意蘊」（中国戯劇家協会編『中国戯劇』一九九三年十二期）
童道明「『西廂記』の喜劇意識」（中国戯劇家協会編『中国戯劇』一九九三年十二期）
濵田麻矢「Ⅲ―10　女性学からジェンダー研究へ」（関西中国女性史研究会編『［増補改訂版］中国女性史入門　女たちの今と昔』人文書院、二〇一四年二月）
杉本雅子「Ⅳ―6　女は家に帰れ」（関西中国女性史研究会編『［増補改訂版］中国女性史入門　女たちの今と昔』人文書院、二〇一四年二月）

第八章　女たちの越劇

「オンライン中国作家辞典」https://www.lang.osaka-u.ac.jp/~s_aono/zjcidian/zuojia/l/linbai.htm
楊小青「私の追求する『詩的なるもの』」（中山文編著『新版 越劇の世界　中国の女性演劇』NKStation、二〇一九年九月）
張英「塡家底還是転基因――茅威濤与〝小百花〟的三十年」（『南方週末』南方報業伝媒集団、二〇一四年八月二十二日）
津田忠彦「浙江小百花越劇団招聘公演のこと」（中山文編著『［新版］越劇の世界　中国の女性演劇』NKStation、二〇一九年九月）
中山文・細井尚子「2006年中国越劇藝術節報告」（神戸学院大学人文学会編『人間文化H＆S』第二二号、神戸学院大学人文学会、二〇〇七年九月）
加藤徹「中国地方劇脚本の流伝と展開――梆子・皮黄劇「鍘美案」を題材として」（東京大学東洋文化研究所編『東洋文化』第七一号、東京大学東洋文化研究所、一九九〇年十二月）

及川純子「趙五娘から秦香蓮――解放後の戯曲改革」（慶應義塾大学藝文学会編『藝文研究』vol. 92、慶應義塾大学藝文学会、二〇〇七年六月）
所収『秦香蓮』（陳予一主編『経典京劇劇本全編』国際文化出版公司、一九九六年二月）
加藤徹「地方劇『秦香蓮』の成立と発展」（『東京大学大学院人文科学研究科修士論文』一九八八年十二月）
陳予一主編『経典京劇劇本全編』（国際文化出版公司、一九九六年二月）所収『秦香蓮』
厳遅「在探索中前進――2006年浙江戯劇創作総述」（『戯文』浙江省芸術研究所、二〇〇七年二月）
顧錫東「徽班進京与越劇到上海」（上海越劇藝術研究中心・上海越劇院藝術研究室編、高義龍・盧時俊主編『重新走向輝煌――越劇改革五十周年論文集』中国戯劇出版社、一九九四年）
楊小青・中山文「楊小青と越劇の六十年」（愛知大学現代中国学会編『中国21』vol. 20、風媒社、二〇〇四年八月）
傅謹「三十年与四個段階――浙江小百花発展之路」（《戯劇与影視評論》編集部編『戯劇与影視評論』二期、中国戯劇出版社、二〇一四年）

終章　越劇は自分をどうみたか
王文娟「回憶我的舞台生涯」（《文化娯楽》編集部編『越劇芸術家回憶録』浙江人民出版社、一九八二年十一月）
杉山太郎「越劇を見るということ（三）」（『中国の芝居の見方　中国演劇論集』好文出版、二〇〇四年六月）
姜進著・森平崇文訳「越劇の物語――革命史あるいはエスノグラフィー」（『近きに在りて』第五八号編集委員会編『近きに在りて　近現代中国をめぐる討論のひろば』第五八号、汲古書院、二〇一〇年十一月）
阿部範之「『舞台の姉妹』の反時代性――中国映画と舞台芸術を巡るアプローチから」（同志社大学言語文化学会運営編集委員会編『言語文化』十二―一、同志社大学言語文化学会、二〇〇九年八月）
越劇『舞台姐妹』（七彩台版　出演：銭恵麗・単仰萍）
https://www.youtube.com/watch?v=mHL7OgW2UnU　二〇二一年十一月十七日取得

図版出典

カラー口絵

口絵1　『西廂記』普救寺…楊小青氏提供
口絵2　『西廂記』…楊小青氏提供
口絵3　『寒情』…津田忠彦氏提供
口絵4　『陸游与唐琬』…楊小青氏提供
口絵5　『班昭』…楊小青氏提供
口絵6　『大唐驪歌』…鄭曼莉氏提供
口絵7　『摂政王之恋』…楊小青氏提供
口絵8　『李慧娘』…楊小青氏提供
口絵9　『九斤姑娘』…楊小青氏提供
口絵10　『江南好人』中央　茅威濤（沈黛役）…茅威濤氏提供
口絵11　茅威濤（第一回日中戯劇友誼賞受賞者）『二泉映月』（阿炳役）…茅威濤氏提供
口絵12　方亜芬（第四回日中戯劇友誼賞受賞者）『梁山伯与祝英台』（祝英台役）…方亜芬氏提供
口絵13　謝群英（第三回日中戯劇友誼賞受賞者）『摂政王之恋』（大玉児役）…謝群英氏提供
口絵14　趙志剛（第二回日中戯劇友誼賞受賞者）『家』（高覚新役）…趙志剛氏提供
口絵15　呉鳳花（第五回日中戯劇友誼賞受賞者）『穆桂英挂帥』（楊宗保役）…呉鳳花氏提供
口絵16　陳飛『梁山伯与祝英台』（祝英台役）…陳飛氏提供
口絵17　陳雪萍『梁山伯与祝英台』（梁山伯役）…陳雪萍氏提供
口絵18　鄭曼莉『孟麗君』（太師役）…鄭曼莉氏提供

第一章

図1　越劇関連地図…佐治俊彦『かくも美しく、かくもけなげな「中国のタカラヅカ」越劇百年の夢』草の根ビジュアル3（草の根出版会、二〇〇六年）
図2　一九三〇年代の上海…王明明氏提供
図3　男班…『上海越劇志』（中国戯劇出版社、一九九七年）

第二章

図1　嵊州の戯台…第三回中国越劇芸術節パンフレット（二〇一四年）

第三章

図1　三花…『中国越劇大典』（浙江文芸出版社、二〇〇六年）

第四章

図1　筱丹桂…前掲『中国越劇大典』
図2　竺素娥…前掲『中国越劇大典』
図3　姚水娟『花木蘭代父従軍』…前掲『中国越劇大典』
図4　姚水娟『蔣老五殉情記』…前掲『中国越劇大典』

図版出典

図5　樊迪民…前掲『上海越劇志』
図6　『姚水娟専集』
…https://news.qq.com/rain/a/20231024A04WL700
図7　『越謳』
…https://news.qq.com/rain/a/20231024A04WL700

第五章
図1　『十八相送』…前掲『上海越劇志』
図2　水袖の技　陳飛『情探』（敫桂英役）…陳飛氏提供
図3　袁雪芬『香妃』（香妃役）…前掲『上海越劇志』
図4　尹桂芳『天雨花』（左維明役）…李惠康編『一代風流尹桂芳』（上海文芸出版社、一九九五年）
図5　尹桂芳『沙漠王子』…前掲『一代風流尹桂芳』
図6　袁雪芬『祥林嫂』（祥林嫂役）…前掲『上海越劇志』
図7　越劇十姉妹…前掲『上海越劇志』

第六章
図1　一九五〇年、北京で周恩来と接見…前掲『上海越劇志』
図2　一九六〇年、周恩来夫妻と袁雪芬…前掲『上海越劇志』
図3　『梁山伯与祝英台』…前掲『上海越劇志』
図4　『紅楼夢』…前掲『上海越劇志』

第七章
図1　越劇王子・趙志剛『紅楼夢』（賈宝玉役）
…趙志剛氏提供
図2　浙江小百花越劇団『五女拝寿』チラシ
…杉山太郎氏提供
図3　浙江小百花越劇団『西厢記』「佳期」初めての夜
…楊小青氏提供

図4　浙江小百花越劇団『西厢記』回り舞台…楊小青氏提供
図5　浙江小百花越劇団『西厢記』「佳期」初めての夜
…楊小青氏提供

第八章
図1　楊小青近影…楊小青氏提供
図2　浙江小百花越劇団『陸游与唐琬』…楊小青氏提供
図3　茅威濤『孔乙己』
…https://img3.doubanio.com/view/subject/m/public/s2873217.jpg
図4　浙江小百花越劇団　新版『陸游与唐琬』
…楊小青氏提供
図5　楼明迪『天道正義』（秦香蓮役）…パンフレット
図6　浙江越劇団　現代劇『紅色浪漫』…楊小青氏提供
図7　『越女三章』…パンフレット
図8　呉鳳花『屈原』…第三回中国越劇芸術節パンフレット
図9　浙江小百花越劇団　新版『梁山伯与祝英台』
…チラシ

終章
図1　上海越劇院『舞台姐妹情』（二〇一三年）パンフレット…鄭曼莉氏提供

初出一覧（本書収録に当たり、いずれも大幅な加筆修正を行った）

序　章　**越劇とはなにものか？**
「〝戯曲〟の歩き方」（『中国の伝統劇入門――季国平演劇評論集』晩成書房、二〇一七年）

第一章　**男たちの越劇――浙江省の遺伝子**
「越劇形成期概説――男たちの越劇」（神戸学院大学人文学部編『人文学部紀要』第三九号、二〇一九年三月）

第二章　**少女の越劇（一）――男たちが生み育てた卵たち**
「少女の越劇一――施家嶴第一女科班の誕生から解散まで」（神戸学院大学人文学部編『人文学部紀要』第四〇号、二〇二〇年三月）

第三章　**少女の越劇（二）――男芸から女芸へ**
「少女の越劇二――第二期女子科班群の浙江巡演時代」（神戸学院大学人文学会『人間文化』第四八号、二〇二一年一月）

第四章　**姉妹の越劇（一）――時代性の獲得**
「姚水娟と樊迪民の越劇改良運動――『姚水娟専集』と『越謳』から」（神戸学院大学人文学部編『人文学部紀要』第二五号、二〇〇五年三月）

第五章　姉妹の越劇（二）――観客の獲得
第一節　袁雪芬の越劇改革・第二節　尹桂芳の越劇改革
「姉妹の越劇――姚水娟・袁雪芬・尹桂芳の時代」（中国ジェンダー研究会編『中国の娯楽とジェンダー　女が変える／女が変わる』勉誠社、二〇二二年三月）
第三節　『祥林嫂』の展開
「袁雪芬と上海の越劇――家と女をめぐって」（関西中国女性史研究会編『ジェンダーからみた中国の家と女』東方書店、二〇〇四年二月）
「越劇『祥林嫂』の女性像――女性演劇の視点から」（『日本ジェンダー研究』第一一号、日本ジェンダー学会、二〇〇八年九月）

第六章　父の越劇――社会的地位の獲得
「父の越劇――共産党指導による展開」（神戸学院大学人文学部編『人文学部紀要』第四三号、二〇二三年三月）

第七章　母の越劇――浙江小百花越劇団・茅威濤・楊小青
第一節　浙江省百花越劇団と『五女拝寿』
「ジェンダーの越劇史――中国の女性演劇」（小浜正子編『ジェンダーの中国史』勉誠出版、二〇一五年十一月）
第二節　新時代の女小生・茅威濤
梅花奨与茅威涛（中国戯劇家協会編『中国戯劇梅花奨20周年文集』中国戯劇出版社、二〇〇四年）
「梅花奨と茅威濤」（中国文芸研究会（永井英美・和田知久・三須祐介）編『中国文芸研究会会報』第三〇〇号、二〇〇六年十月）
第三節　楊小青と「詩的越劇」
「楊小青と越劇の六十年」（愛知大学現代中国学会編『中国21』vol. 20、風媒社、二〇〇四年八月）

第八章　女たちの越劇

第一節　新版『陸游与唐琬』論——茅威濤との邂逅

書き下ろし

第二節　『班昭』論——劇種を越えて

「従昆劇『班昭』到越劇『班昭』」（共著伊藤茂）（楊建新主編『粉墨丹青——楊小青導演芸術』中国戯劇出版社、二〇一二年）

「昆劇『班昭』から越劇『班昭』へ——劇種がもつ意味をめぐって」（共著伊藤茂）（中山文編著『［新版］越劇の世界　中国の女性演劇』水山産業、二〇一六年三月）

第三節　『天道正義』論——普通の女性たち

「『天道正義』にみる越劇の伝統と女性像——二〇〇六年中国越劇芸術節上演作品から」（女性史総合研究会編『女性史学』第一八号、二〇〇八年七月）

第四節　越劇の展開

「浙江越劇の現在——第三回中国越劇芸術フェスティバルより」（神戸学院大学人文学部編『人文学部紀要』第三五号、二〇一五年三月）

「浙江の越劇——越劇史にかえて」（中山文編著『［新版］越劇の世界　中国の女性演劇』水山産業、二〇一六年三月）

終　章　越劇は自分をどうみたか

「もうひとつの越劇史——三つの『舞台姉妹』をめぐって」（神戸学院大学人文学部編『人文学部紀要』第四二号、二〇二二年三月）

謝辞

本書は、二〇二三年度に奈良女子大学大学院文学研究科へ提出した博士学位申請論文「越劇の成立と展開——中国女性演劇に見る近代とジェンダー」をもとにしている。この学位論文は、一九九九年四月から一年間に中国で観た二五〇本余りの演劇作品から発想を得、前著『越劇の世界——中国の女性演劇』を作成する中で形づくられた。この博士論文を執筆する過程で、いくつかのJSPS科研費と神戸学院大学人文学部推進費及び出版助成を受けた。

先ず、JSPS科研費からは以下の助成を受けた。

・JSPS 13837035「ジェンダーからみた中国の「家」と「女」」（研究代表・野村鮎子氏）
・JSPS 15510227「中国文化におけるジェンダーの表象に関する研究」（研究代表・中山文）
・JSPS 22520163「越劇作品におけるジェンダー意識とその現代的意義——日中比較に見る女性演劇の可能性」（研究代表・中山文）
・JSPS 19H04387「日本戦時下の中国語雑誌『女声』研究——フェミニスト作家田村俊子編集長の視点から」（研究代表・山崎眞紀子氏）

次に、神戸学院大学人文学部推進費からは以下の助成を受けた。

・「中国演劇に見る近代個人主義の摂取及び影響についての研究」（研究代表・伊藤茂氏）
・「越劇におけるジェンダー研究のためのデータベース制作」（研究代表・中山文）

・「日本新派劇・中国文明戯（早期話劇）・中国戯曲改革の相互影響についての研究」（研究代表・伊藤茂）
・「日中サブカルチャーに見る舶来文化の受容」（研究代表・中山文）
・「サブカルチャーの「場」文化に関する日中比較研究」（研究代表・中山文）
・「越劇作品におけるジェンダー意識とその表現について――女性演劇の可能性」（研究代表・中山文）
・「越劇作品における男役形象の変遷――宝塚歌劇の影響から」（研究代表・中山文）

また、二〇一六年度神戸学院大学人文学の出版助成を得て『越劇の世界――中国の女性演劇』を刊行した。今回の出版は二〇二四年度の同出版助成による。

それぞれの研究代表者及び共同研究でお世話になったみなさまに、記して感謝申し上げます。

越劇と出会い、初めて知ることばかり。その発見を他の人にも伝えたいと興奮して書き続けた。中国演劇について学術的基礎もないまま書き散らしたものをまとめ、ようやく二〇二三年に越劇研究で博士論文を提出した。その時々の興味に応じて書いていたため、博士論文としてのストーリーを作るのに難渋した。何度も諦めかけたが、旧友谷田純先生（大阪大学名誉教授）の熱い応援とゼミ卒業生中出未来子さんの献身的な援助を得て、なんとか提出をみた。博士論文審査では松浦恆雄先生から厳しいご指摘を受け大きな啓発もいただいた。長年博士論文提出を待ってくださった野村鮎子先生の寛大なご指導にはお礼の申し上げようもない。このたびの出版に際しては、直前まで伊藤茂先生（神戸学院大学名誉教授）に御指導を賜った。中国演劇フィールドワークでは細井尚子先生（立教大学教授）から多くを教えていただき、佐治俊彦先生（和光大学名誉教授）には快くお手製の地図を提供していただいた。また同僚の白方佳果先生にはご多忙の中、初校のチェックをしていただいた。みなさまに心よりお礼申し上げます。
この原稿を書きためるのに、何度中国を訪問し劇場で至福の時間を過ごしたことだろう。そのたびに越劇が、中国の友人が、中国そのものが身近になり、中国演劇を研究対象に選ぶことのできた幸福を感じずにはおれません。私に芝居を教え共に芝居を語ったすべての友人たちに心より感謝いたします。快く写真を提供してくださった楊小青さん、鄭曼莉さん、陳飛さん、陳雪萍さん、茅威濤さんはじめ中国の友人にもお礼を申し上げます。前著『越劇の世界――中国の女性演劇』に続き、今回も杉山太郎先生のご遺族がたてられた日中戯劇友誼賞受賞者五名のブロマイドを掲載いたしました。また、二〇一六年に神戸学院大学で上演した『梅花版　梁山伯と祝英台』に出演してくださった三名の梅花賞受賞者のものも掲載しました。これらを上手に使って立派な本に仕上げてくださった勉誠社の黒古麻己さん、どうもありがとうございました。

長年にわたりこんなにも贅沢な研究生活を送ることができたのは、家族みなが元気で快く協力してくれたおかげです。不自由なこともたくさんあったでしょうに、よく我慢してくれました。どうもありがとう。

最後に、幼少期から中国への興味を導いてくれた亡父小島巖さん、子育て・家庭生活を支え続けてくれた母美津子さんへ。お二人の誠心誠意の支援があればこそ、開いたばかりだった学問の世界への扉を閉じることなく、まっとうすることができました。お二人のもとに生まれて幸運でした。最大の感謝とともに、お二人に拙著を捧げます。

二〇二五年二月十一日

中山　文

索　引

人　名

あ行

か行

さ行

た行

な行

は行

ま行

や行

ら行

事　項

あ行

か行

さ行

た行

な行

は行

ま行

や行

ら行

わ行

著者略歴

中山　文（なかやま・ふみ）

博士（文学）、大阪外国語大学中国語学科・同大学院修士課程修了。神戸学院大学人文学部・人間文化学研究科教授。北京大学・復旦大学訪問教授。日本ジェンダー学会理事、日本現代中国学会・ジェンダー史学会・中国女性史研究会・中国文芸研究会、日本ペンクラブ会員。

専門は中国文学・演劇。おもに中国演劇におけるジェンダー表象の研究、喩栄軍作品の翻訳。近年は演劇教育、ジェンロントロジーにおける演劇の可能性に取り組む。

共編著に『新版　越劇の世界　中国の女性演劇』（NKStation、2019年）。主な論文に、「姉妹の越劇 ― 姚水娟・袁雪芬・尹桂芳の時代」（中国ジェンダー研究会編『中国の娯楽とジェンダー　女が変える／女が変わる』勉誠社、2022年3月）、「『女声』劇評にみるジェンダー観 ― 関露のみた海派話劇」（『日中戦時下の中国語雑誌『女声』フェミニスト田村俊子を中心に』春風社、2023年12月）、「空中ディスプレイを活用した実験演劇の実践」（『応用老年学』vol18、2024）など。主な翻訳に『www.com』（作：喩栄軍）中国現代戯曲集4（晩成書房、2001年）、『日の出』（『中国現代戯曲集』8、曹禺特集【上】晩成書房、2009年）など。

中国《ちゅうごく》の女性演劇《じょせいえんげき》
――越劇とジェンダー

著　者　中山　文
発行者　吉田祐輔
発行所　㈱勉誠社
〒101-0061 東京都千代田区神田三崎町二―一八―四
電話　〇三―五二一五―九〇二一㈹
二〇二五年三月二十五日　初版発行
印刷　製本　中央精版印刷

ISBN978-4-585-37018-5　C3074

中国の娯楽とジェンダー
女が変える／女が変わる

二〇世紀前半に上海で花開いた娯楽を、ジェンダー論、文学、歴史学、舞踏史、演劇学など多角的視角から掘り起こし、中国研究や大衆娯楽研究の再構築をめざす。

中国ジェンダー研究会 編・本体二八〇〇円（＋税）

二一世紀の川劇
文化資源化の視点から

中国文化遺産「変面」継承者の著者が、経済・政治・教育の文脈で文化資源化されている川劇の動態を、実体験と文献調査、フィールドワークで論じた貴重な成果。

江玉 著・本体六八〇〇円（＋税）

中国古典戯曲演劇論

構成やしぐさ、演出効果に焦点を当てた中国元曲論、通俗の面白さは何かを追究した劇作家・李漁論、豊富な歴史知識と観劇体験に裏打ちされた京劇論の三部構成。

岡晴夫 著・本体一五〇〇〇円（＋税）

東アジア古典演劇の伝統と近代

近代の日本および東アジアの伝統演劇を「変容」「変化」という視点から具体的に論じ、「伝統の相対化」や「文化の動態把握」の問題についての見通しを示す。

毛利三彌・天野文雄 編・本体二八〇〇〇円（＋税）